KB078900

삶이 당신보다 더 잘 안다

Living Untethered

: Beyond the Human Predicament by Michael A. Singer

삶이 당신보다 더 잘 안다

숲속 현자의 내맡김 수업

마이클 A. 싱어 지음 | 이균형 옮김 | 성해영 감수

라이팅하우스

—— 마이클 싱어는 오랫동안 사랑받아 온 내맡김 수행의 안내자이다. 이 최신작에서 싱어는 존재의 기쁨과 고통 속으로 더 궁구해 들어간다. 그는 이 냉혹한 시대에 '감사'와 '받아들임'이라는 오랜 기술을 익힘으로써 한 영혼이 살아 있는 우주 속에서 자신의 자리를 찾아갈 수 있도록 든든하고 변함없는 통찰을 제공해 준다. 당신은 이 책에서 우리 시대가 너무나 필요로 하는 처방을 다시금 발견할 것이다. 『삶이 당신보다 더 잘 안다』는 우리가 진정으로 살아 있기 위한 기술을 연마하기에 좋은 숫돌이다.　　_마크 네포, 『고요함이 들려주는 것들』 저자

—— 매혹적인 과학 지식과 가장 높은 영적 가르침이 결합된, 심오하고 실질적인 지혜를 담고 있는 아름다운 책이다. 마이클 싱어는 그 따뜻한 매력과 함께 바로 지금 여기서 우리를 가장 높은 행복으로 끌어올려 준다.

_릭 핸슨 박사, 신경심리학자, 『붓다 브레인』 저자

—— 『삶이 당신보다 더 잘 안다』는 마음속 장애물을 제거함으로써 감정에서 해방되어 가장 높은 참나와 연결되는 것이 어떤 힘을 갖는지를 증언해 주는 책이다. 나는 꿈을 다룸으로써 과거의 심리적 패턴과 생산적이지 못한 생각에서 해방될 수 있는 방법을 논한, 꿈에 관한 장을 특히 좋아한다. 이처럼 지혜롭고 도전적인 책을 써 준 마이클 싱어에게 감사드린다.

_주디스 올로프, 정신과 전문의, 『나는 초민감자입니다』 저자

―― 마이클 싱어가 또 하나의 걸작을 낳았다. 영성이 실질적인 효과를 보여 주기를 요구하는 이 시대에 『삶이 당신보다 더 잘 안다』는 정곡을 찔러준다. 싱어는 과학과 영성을 통합하여 우리가 진실을 이해할 수 있도록 도와준다. 삶의 어떤 영역에서든 막혀 있는 듯한 기분을 느끼고 있다면 이 책은 신이 보내 준 선물이 될 것이다. 『삶이 당신보다 더 잘 안다』는 영성을 손에 잡힐 듯 구체적이고 실질적으로 이용함으로써 우리 자신을, 그리고 주변 세계의 모든 면과 우리 사이의 관계를 변혁시킬 수 있게 해 준다. 이것은 해방을 가져다주는 책이다. 당신을 자신으로부터 해방시켜라. 당신의 삶을 바꿔 놓을 존재의 새로운 방식에 마음을 열고 놀라움과 함께 이 책의 페이지들을 읽어 가라.

_저스틴 마이클 윌리엄스, 『깨어 있으라』 저자

―― 나는 수십 년 동안 사람들이 사업과 건강과 대인관계에서 성장과 변화를 경험하도록 도와 왔다. 마이클 싱어의 최신작인 『삶이 당신보다 더 잘 안다』는 인간의 마음이라는 철조망을 뚫고 전진해서 높은 희열을 맛보게 해 줄 실질적인 방법론을 제시한다. 그 희열은 완벽한 성취에서 오는 것이 아니라, 우리를 개인적인 자아 너머 더 깊은 곳으로 이끌어 줄 영혼의 깨달음에서 온다.

_토니 로빈스, 『네 안에 잠든 거인을 깨워라』 저자

―― 마이클 싱어의 천사와 같은 형이상학적인 메시지가 진짜 과학을 통해 우리를 향해 내려오고 있다. 자신을 깊은 혼돈 속에서 건져내기 위해서 우리는 이 강력한 메시지를 필요로 한다. 그것은 우리 모두가 가슴속에 이미 지니고 있었던 것이다.

_빔 호프, 『빔 호프 메소드』 저자

―― 맑은 종소리와도 같은 이 책에서 마이클 싱어는 독자에게 해방의 길을

제시한다. 우리 모두가 겪고 있는 '그릇된 동일시'라는 병으로부터의 해방 말이다. 그는 묻는다. '당신은 자기라고 생각해 온 그를 기꺼이 놓아 보낼 수 있겠는가?' 그는 깊고 용의주도한 배려로써 그 방법을 보여 주며, 우리의 수행의 결실은 '온전히 살아 있기', '황홀한 행복' 그리고 '평화의 도구가 될 능력의 자각'이될 것임을 약속한다. _엘리자베스 레서, 『부서져야 일어서는 인생이다』 저자

—— 마이클 싱어는 변함없이 깊은 가슴과 겸손으로 영원한 진리의 깨달음을 전한다. 『삶이 당신보다 더 잘 안다』는 우리로 하여금 자신의 인간성을 심판하거나 외면하지 않고 맞아들일 수 있도록 도와준다. 이 책을 읽어 가는 동안 독자는 늘 거기에 있던 '존재의 영원한 자리'에 다가가고 있는 자신을 느끼게 될 것이다. 마음에 새겨야 할 모든 장들을 스스로 속도를 늦추면서 읽어 나가는 동안, 이 책과 그 모든 깨달음의 보석들이 변함없는 동반자가 되기를.

_맷 칸, 『사랑 사용법』 저자

—— 『삶이 당신보다 더 잘 안다』는 우리의 진정한 본성에 눈뜨게 해 주는, 값을 따질 수 없는 안내서이다. 이 책은 우리로 하여금 그 어느 때보다도 더 진정한 자신으로 돌아가도록 도와준다. _라이트 왓킨스, 『보아야 할 곳 알아차리기』 저자

—— 저술가이자 영적 스승(1975년, 플로리다에 명상·요가센터인 우주의 사원을 세운 설립자)인 싱어는 전작인 『상처받지 않는 영혼』의 메시지를 이어서 진정한 삶—깨어 있는 의식을 통한 받아들임에 중심을 둔 삶—을 위한 이 안내서를 썼다. 이 책은 '현실'에 대한 물리학적인 이해를 밑바탕으로 깔고, 그 위에 책 전반에 걸쳐 사용되는 에너지의 흐름이라는 개념과 형이상학적 차원의 인간 상태 사이의 관계를 설명한다. 싱어는 깨어 있는 의식의 개념을 설명하기

위해 동양사상과 현대 심리학의 용어를 자유자재로 사용하고 성경 구절도 여러 차례 인용한다. 독자로 하여금 자신이 머릿속 생각이 아님을 이해하고 해방된 삶을 되찾도록 돕는다는 목적을 위해, 이 책의 문체는 경쾌하고 유머러스하며, 본문은 일상 속 예시를 통해 이해하기 쉽게 쓰여져 있다. _《라이브러리 저널》

—— 원하는 현실을 얻기 위해 긍정적인 마음에 초점을 맞추는 것에 지쳤는가? 아무리 벗어나려고 해도 끊임없이 반복되어 올라오는 감정들에 애쓰며 저항하고 있는가? 그렇다면 지금 당신에게 꼭 필요한 책을 만나게 된 것을 축하한다. 기쁨과 밝음, 긍정에 초점을 맞추는 시대를 지나 이제는 오래된 삼스카라, 즉 현실을 창조하는 내면의 어둠을 수용하고 치유하는 새로운 시대의 흐름이 찾아왔다. 내가 가장 사랑하는 작가 마이클 싱어는 전작 『상처받지 않는 영혼』에서 더 나아가, 신간 『삶이 당신보다 더 잘 안다』에서 영적 여정을 걷는 모든 이들을 위한 실용적인 의식 여행의 지도를 제시한다.

마음이 고통에서 헤맬 때 그의 문장들은 나침반이 되어 가슴이라는 집으로 나를 인도했다. 그리고 가슴 안에서 영혼은 비로소 깊은 자유로움을 느꼈다. 이 책과 함께 진정한 자기 해방의 여정에 올라선 여러분을 환영한다.

_이윤영, 〈러브포레스트〉 채널 운영자

—— 많은 책과 영적 스승들을 찾아다니며 나는 누구이고 어떻게 살아가야 할지 답을 구해 왔다. 하지만 언젠가부터 성장이 멈춰 버린 것처럼 같은 자리를 도는 듯한 답답함이 있었다. 『삶이 당신보다 더 잘 안다』는 그 답답함이 어디에서 비롯되었는지, 지금 무엇에 막혀 있는지, 그래서 어디로 가야 하는지를 친절하고 자세하게 알려 주었다. 반복되는 삶의 문제가 우리 내면과 어떻게 연결되어 있는지부터 열린 가슴으로 에너지가 늘 흐르게 하는 방법까지 어떻게 이 모

든 내용을 한 권의 책에 쉽게 써낼 수 있었는지 놀랍기만 하다.

저자의 전작인 『상처받지 않는 영혼』이 마음을 들여다보는 계기가 된 책이었다면 『삶이 당신보다 더 잘 안다』는 '나'를 알아차리는 과정에서 올라온 궁금증들을 명확하게 풀어 주면서 한 단계 더 나아가게 이끌어 주는 책이다. 마음을 이제 막 들여다보기 시작한 초심자부터 내면의 남은 장애물을 놓아 보내고 더 열려 있기를 원하는 모든 분들이 꼭 한번 읽어 봤으면 하는 책이다.

_전성희, 〈써니즈 : 함께 성장〉 채널 운영자

『삶이 당신보다 더 잘 안다』는 『상처받지 않는 영혼』의 완결판입니다. 전작이 '우리의 영혼은 어떻게 자유로워질 수 있는가'에 대한 포괄적인 안내서였다면, 이번 책에서 마이클 싱어는 더 자세하고 친절한 설명을 제시합니다. '인간의 곤경을 넘어서'라는 원서의 부제가 보여 주듯 삶의 근본적인 '곤경'을 어떻게 넘어설 수 있는지가 이 책의 요지입니다. 인간의 곤경은 무엇을 의미할까요? 저자는 우리가 불가피하게 마주하는 불행이라고 보았습니다.

마침 저는 서울대에서 〈명상과 수행〉이라는 교양 수업을 가르치고 있습니다. 수업은 '나만의 명상법'을 만들어 우울함, 무기력과 같은 일상의 고통을 해결하는 것을 목적으로 합니다. 결코 평범하지 않은 수업이지만 매 학기 백여 명이 넘게 수강하고 있습니다. 수강생들은 '명상'을 통해 삶을 더 행복하게 만들겠다는 목표로 수업을 신청하는데, 이들 대부분은 종교가 없습니다. 그런데도 종교 전통이 발전시킨 명상에서 삶의 돌파구를 찾으려 한다는 점이 매우 흥미롭지요.

뜻밖에도 학생들은 현대인들이 불행해지기 쉽다는 대목에 가장 공감합니다. 현대인들은 어느 때보다 풍요로워졌고 높은 수준의 권리와 자유도 누립니다. 그러나 무한에 가까운 자유와 함께 그에 수반되는 책임도 개인이 전적으로 짊어지게 되었습니다. 게다가 넘치는 정보와 급격한 사회 변화는 각자의 선택을 더욱 확신하기 어렵게 만듭니다. 또 타인과의 비교는 내 선택의 만족도를 현저하게 낮추기 쉽죠. 그러니 현대인은 풍요 속에서 오히려 불행합니다. 유례없는 변화와 발전을 겪어 내는 한국 사회는 더욱 그러합니다. 이런 맥락에서 학생들은 그들이 경험하는 불행과 스트레스가 전적으로 '자기 책임'만은 아니라는 사실에 안도한 것이지요.

싱어는 이처럼 불행한 현대인에게 해결책을 제안합니다. 그의 해답은 '숲속 현자의 내맡김 수업'이라는 한국어판의 부제에 이미 잘 드러납니다. '내맡김'이란 우리를 고통스럽게 만드는 곤경을 넘어서게 만드는 통찰과 지혜를 뜻합니다. 그것이 그가 제시하는 방법입니다. 싱어는 인간의 곤경이 무엇이며, 왜 발생하는지를 먼저 살핍니다. 곤경이 있어야지 그것을 넘어서려는 노력이 필요해질 테니까요. 각자가 느끼는 행복과 불행은 결국 마음의 상태를 의미하므로, 분석의 초점은 인간의 의식에 맞추어집니다.

그에 따르면 인간의 의식은 주로 '외부세계, 생각, 감정'에 의해 점유됩니다. '외부세계'는 우리를 둘러싼 물리적 환경입니다. 눈앞의 물리적 환경은 수십억 년 지구의 시간이 모두 담겨 있기에 매우 경이롭습니다. 이런 외부세계는 인간의 의도, 생각 등과는 무관하게 존재합니다. 그러나 우리는 세계를 나름대로 각색하느라 바쁩니다. 외부세계의 비개인적 속성은 물론, 그것의 경이로움마저도 아예 무시합니다. 예컨대 궂은 날씨는 대기 조건을 포함한 여러 요인이 결합한 결과이지만, 각자의 좋고 싫음을 반영하는 '생각'을 결부시켜 이를 부정적으로 인식하기 십상입니다. 심지어 여기에 과거의 기억과 감정까지 덧붙입니다. 외부세계에 이렇게 각자의 '생각'과 '감정'까지 덧칠되면, 심리적 안녕을 해치는 불행의 악순환이 고착되기 마련입니다. 이것이 인간의 곤경입니다.

　그럼 어떻게 이 곤경을 벗어날 수 있을까요? 싱어에 따르면 해답의 첫발은 외부세계를 있는 그대로 받아들이는 데에 있습니다. 외부세계는 물론, 의식 내부의 다양한 생각과 감정 등을 '있는 그대로' 알아차리라는 것이지요. 그런 후에 외부세계, 생각, 감정의 변화무쌍한 흐름에도 불구하고 변하지 않는 중심을 마음에서 발견하라고 조언합니다. 즉, 우리는 각자의 의식에서 '텅 빈 마음' 혹은 '참나의 자리'를 찾아야 합니다. 변화의 흐름에 압도되지 않는 '지켜보는 의식(witness consciousness)' 혹은 '알아차리는' 마음의 자리로 옮아가라는 것이지요. 싱어는 이런 일련의 활동을 '명상'이라는 단어로 요약합니다.

싱어는 자신이 '나무에 낮게 달린 과일'로 표현한, '날씨'나 '교통 체증'과 같은 일상의 심각하지 않은 상황에서부터 알아차림을 부단히 연습하라고 제안합니다. 그러니 알아차림은 외부 상황과 사건을 있는 그대로 받아들이는 태도와 뗄 수 없는 짝을 이룹니다. 다시 말해 내 (과거의) 생각과 감정을 습관적으로 외부 상황과 결부시켜서는 곤란하다는 것이지요. 이럴 때 우리는 일상의 사소한 불쾌감을 비롯해 과거의 경험으로 인해 의식에 깊게 뿌리내린 삼스카라에서 벗어날 수 있습니다. 부지불식간에 나의 사고와 행동을 결정지었던 심리적 힘 말이지요.

특히 그는 '감정'이 근원적인 삶의 에너지이고, 이것이 자유롭게 가슴에서부터 흘러나올 때 행복이 가능하다고 역설합니다. 감정이란 '갇혀 있던 에너지의 방출'이므로, 우리가 과거의 감정에서 벗어날 때 비로소 현재를 살아갈 힘을 얻는다는 것이지요. 그것은 싱어가 '샥티'라고 명명한 삶의 에너지가 과도한 억압 또는 무분별한 방출로 막히지 않고, 자연스럽게 표출될 때 기쁨과 환희가 찾아온다는 주장입니다. 그러니 영성이란 '가슴을 치유해 행복의 상태를 구현하는 것'에 다름 아닙니다. 그는 또 부정적인 생각과 감정에 사로잡혀 습관적으로 불행해지는 상황에서 벗어나는 첫 단추는 진정 행복해지겠다는 각자의 의지와 결단에 달려 있다고 거듭

강조합니다.

저자는 외부세계를 있는 그대로 인식하는 것에서 출발해, 개인적인 생각과 감정에서 자유로워지고, 마침내 삶의 근원적 에너지를 표현함으로써 행복에 도달하는 일련의 과정을 참으로 꼼꼼하면서도 우아하게 짚어 나갑니다. 이 과정에서 정신분석학을 비롯한 현대 심리학의 통찰과 동서양 종교의 지혜를 절묘하게 엮어 내고요. 그래서인지 책의 전개가 마치 한여름 계곡의 청량한 시냇물처럼 참으로 자연스럽고 시원스럽습니다. 영성 분야의 책을 평생 국내에 소개해 온 이균형 선생님의 번역도 책을 더욱 맛깔스럽게 읽히도록 만듭니다.

세속화된 현대 사회에서 종교는 예전의 권위와 영향력을 잃었습니다. 그러나 종교 전통이 축적해 왔던 지혜와 통찰은 여전히 우리에게 필요합니다. 싱어는 종교와 영성이 중요하다는 사실과 함께 이 활동이 결코 우리가 딛고 있는 삶의 현실을 벗어나지 말아야 할 것을 강조합니다. 또 명상과 깨달음이라는 용어가 개인의 에고를 키우는 데 남용되어서는 안 된다고도 역설하지요. 그래서일까요. '명상'이 삶의 곤경을 벗어나게 하는 핵심이라는 사실이 책의 주제이지만, 놀랍게도 명상이라는 단어는 몇 차례 등장하지 않습니다.

종교는 인간을 진정으로 행복하게 만드는 길을 부단히 모색해 왔습니다. 저자는 우리 삶의 근원적인 에너지를 멋지게 표현함으로써, 존재 본연의 기쁨과 환희를 맛보는 일이야말로 종교와 영성이 추구해 온 참된 목표임을 선언합니다. 그리고 이 길은 신비가 루미(Rumi)의 말처럼 '세상'이 아니라, 명상을 통해 '나'를 바꾸는 것에서부터 시작해야 한다고도 말이지요.

제 수업을 듣는 학생들을 포함해, 삶이 더 행복해지기를 원하는 모든 분께 이 책을 꼭 권하고 싶습니다!

성해영(서울대학교 종교학과 교수)

목차 ─────────────────────────────────────

PART 1

의식의 자각

참나의 자각

광막한 우주 공간을 돌고 있는 한 행성 위에 우리가 고작 수십 년을 타고 앉아 있다는 사실, 확장된 시각에서 바라보면 이것은 우리를 매우 곤혹스럽게 만드는 인간의 곤경이다. 지구는 이곳에 45억 년 동안 존재해 왔지만 우리는 고작 80년 남짓 되는 시간 동안만 이 행성에 탑승하는 유한한 존재이다. 우리는 이 행성 위에서 태어났고, 죽으면 이곳을 떠날 것이다. 이것은 단순 명료한 진실이다. 하지만 그만큼 단순 명료하지 못한 사실은, 지구 위에서 사는 우리의 얼마 안 되는 생애가 과연 어떻게 펼쳐질 것인가 하는 것이다. 물론 지상의 삶은 매우 흥미진진한 것이 될 수 있다. 삶의 모퉁이들을 돌 때마다 새로운 열정과 영감이 솟아날 수도 있다. 우리의 삶이 그렇게 펼쳐지기만 한다면 하루하루가 얼마나 아름다운 탐험 여행이 될까. 그러나 유감스럽게도 이 땅 위의 삶이 우리가 원하는 대로만 일어나는 일은 극히 드물다. 게다가 만약 거기에 저항하면 우리의 경험은 아주 불쾌한 것이 되어 버릴 수도 있다. 저항은 긴장과 불안을 일으키고, 그것은 삶을 무거운 짐으로 만들어 버린다.

동서고금의 현자들은 이런 불상사를 피하여 삶을 온전히 맞아들일 수 있으려면 현실을 받아들이는 것이 무엇보다 중요하다고 가르쳐 왔다. 현실을 받아들이지 않고는 삶의 파도가 지나갈 때 그 속을 헤엄쳐 더 나은 세상으로 나아갈 수가 없다. 과학은 현실을 탐구하여 그 법칙을 알아내고, 그 법칙을 이용하여 우리의 삶을 향상시키는 것을 기본 목적으로 한다. 과학자는 현실을 부정할 수 없다. 그들은 노력의 시작점부터 현실을 온전히 받아들여야만 한다. 예컨대 하늘을 날려면 중력의 법칙이 존재함을 부정하는 것이 아니라 그것을 온전히 받아들여야만 하는 것이다. 영적인 영역에서도 똑같은 진실이 적용된다. 깊은 영적 삶을 살려면 '내맡기기(surrender)', '받아들이기(acceptance)', '저항하지 않기(nonresistance)'와 같은 가르침을 바탕으로 삼아야만 한다. 하지만 이런 개념들은 이해하기가 힘들 수 있다. 이 책을 통해서 당신은 받아들이기란 것이 너무나 이해할 만하고 실천 가능한 것임을 깨닫고, 그것이 약속하는 큰 선물인 자유와 평화와 내적 깨달음을 맛보는 여정에 오를 것이다. 받아들이기란 현실에 저항하지 않는 것이라고 말하면 가장 이해하기 쉽다. 아무리 애써도 이미 일어난 일을 일어나지 않게 할 수는 없다. 유일한 선택은 그 일을 받아들이거나 아니면 저항하는 것이다. 함께 여행해 가는 동안 우리는 자신이 어떻게, 그리고 왜 그런 결정을 내리게 되는지를 살펴볼 것이다. 하지만 그 전에 당신의 내부에서 결정을 내리고 있는 그는 대체 누구인지를 알아야만 한다.

당신은 분명히 '그 안에' 있다. 내면의 그 존재를 당신은 직관적으로 느끼고 있다. 그것은 무엇일까? 그것은 바로 참나(Self, 참자아), 곧 '진정한 나'에 대한 의식으로서, 우리가 논할 수 있는 가장 중요한 주제다. 받아들임이라는 영성 속으로 깊이 다이빙해 들어가려면 받아들이거나 아니면 저항하는 그 안의 존재가 누구인지를 이해하는 데서부터 출발해야만 한다.

참나의 본질에 접근하는 데는 많은 방법이 있다. 아주 단순한 것에서부터 시작해서 천천히 가 보자. 누군가가 당신에게 "안녕하세요, 그 안에 계시나요?" 하고 묻는다고 상상해 보라. 당신은 어떻게 응답할 건가? 아무도 "아니, 난 이 안에 없어요"라고 말하지는 않을 것이다. 그건 완전히 터무니없는 말이다. 당신이 그 안에 없다면 누가 대답했단 말인가? 당신은 분명히 그 안에 있다. 한데 그건 또 무슨 뜻일까?

'그 안의 당신'이 무슨 뜻인지를 밝혀내기 위해, 누가 당신에게 세 장의 사진을 보여 준다고 상상해 보라. 사진을 한 장씩 차례로 보여 준 다음에 그는 이렇게 묻는다. "사진이 바뀌었는데 그 세 장의 사진을 본 사람은 모두 동일한 당신입니까?" 그러면 당신은 대답할 것이다. "물론 똑같은 나지요." 아주 좋다. 바로 이것이 우리가 서 있는 자리를 밝혀 준다. 이 단순한 예에서, '그 안의 당신'은 당신이 보는 대상이 아님이 분명해진다. 당신은 보는 그다. 사진은 바뀌었지만 그것을 보고 있는 당신은 동일한 존재로 남아 있었다.

이 사진 실험에서 보는 대상이 당신이 아님을 이해하는 것은 어렵지 않다. 하지만 우리가 다른 것보다 더 깊이 동일시하는 대상들이 있다. 예컨대 몸 말이다. 우리는 자신을 몸과 너무나 깊이 동일시하는 나머지 이렇게 말한다. "나는 마흔세 살에 키가 160cm인 여자입니다." 그게 과연 그 안에 있는 당신일까? 마흔세 살 먹은 키 160cm의 몸이? 아니면 몸은 그 안에 있는 당신이 인식하는 무엇일까? 이것을 밝혀내기 위해 손부터 살펴보자. 손을 볼 수 있느냐고 물으면 당신은 "그럼요, 지금 손을 보고 있어요"라고 할 것이다. 좋다. 하지만 손이 잘려서 없다면 어떻게 될까? 고통에 대해서는 신경 쓰지 말고, 고통은 없다고 잠시만 상상하라. 당신은 그래도 거기에 있을까? 당신은 손이 없다는 것을 알아차릴까? 그것은 바뀌는 사진과도 마찬가지다. 손이 있었을 때 당신은 그것을 보았다. 손이 없어졌을 때 당신은 손이 없는 것을 보았다. 그 안에서 '보는 당신'은 바뀌지 않았다. 당신이 보는 그것이 바뀌었다. 당신의 몸은 당신이 보는 또 하나의 대상일 뿐이다. 그렇다면 의문이 남는다. 그 안에서 보고 있는 그는 누구인가?

손에서 멈춰야 할 이유는 없다는 사실을 주목하라. 외과수술 기술이 엄청나게 발달해서 인공심장과 인공허파나 기타 의학 장비의 힘을 빌리면 신체의 많은 부분을 제거해 버릴 수도 있다. 그래도 자아에 대한 느낌은 그대로 그 안에 남아 있으면서 변화를 인식할 것이다. 몸이 그토록 변해도 그 안의 당신은 변함없이 그대로 남아 있다면 몸이 어찌 당신일 수가 있는가?

다행히도 당신이 몸이 아니라는 것을 깨닫도록 도와주려고 그렇게까지 해야 할 필요는 없다. 그보다 훨씬 더 단순하고 직관적인 방법이 있다. 당신이 세 살, 열 살, 스무 살, 혹은 쉰 살이 되었을 때의 몸이 서로 똑같아 보이지 않았다는 것을 당신은 물론 알아차렸을 것이다. 당신이 여든, 혹은 아흔 살이 될 때도 몸은 물론 똑같아 보이지 않을 것이다. 하지만 그것을 바라보는 그 안의 당신은 동일하지 않은가? 열 살 때 거울 속에서 지금의 당신과 같은 모습을 보았는가? 아니다. 하지만 그때나 지금이나 보는 것은 당신이 아니었는가? 당신은 그때나 지금이나 내내 그 안에 있어 왔다. 그렇지 않은가? 이것이 우리가 논하고 있는 모든 것의 핵심이다. 당신은 누구인가? 눈을 통해 보이는 그것을 보고 있는, 그 안에 있는 그는 누구인가? 세 장의 사진을 보았을 때 당신은 그 사진들이 아니라 그것을 보는 그였듯이, 거울 속을 들여다볼 때 당신은 거울 속의 모습이 아니라 그것을 보는 자다.

이런 본보기들을 통해 우리는 조금씩 조금씩 참나의 본성을 밝혀 갈 것이다. 보이는 것과 당신의 관계는 언제나 주체와 대상의 관계다. 당신은 주체, 보이는 것은 대상인 것이다. 온갖 다양한 대상들이 당신의 감각을 통해 들어오지만 그것을 경험하는 주체는 하나밖에 없다. 바로 당신 말이다.

2 의식이라는 수신기

　당신이 내면에 있다는 사실을 알아차리고 나면 주변의 대상들이 당신의 의식을 어수선하게 만드는 경향이 있음을 깨달을 것이다. 이웃집 개가 짖거나 누가 방 안으로 들어오거나 커피 향을 맡거나 하면 당신의 의식은 그 대상에게 쏠린다. 당신은 날마다 외부의 대상들로 인해 워낙 산만해져 있어서 '당신 자신', 즉 그 대상들을 지각하는 '의식이라는 수신기'를 중심자리로 삼고 지내는 일은 거의 없다. 잠시 이 의식이라는 수신기와 그것을 어수선하게 만드는 대상들 간의 관계를 파헤쳐 보자.

　과학적으로 따지자면 당신은 외부의 대상을 보고 있는 것조차도 아니다. 바로 지금도 당신은 눈앞의 대상을 실제로 내다보고 있지 않다. 실제로 일어나고 있는 일은 외부의 물체를 구성하고 있는 분자들에 광선이 부딪히고, 이 반사된 빛이 당신 눈의 광수용체를 때리면 그것이 시각 메시지가 되어 시신경을 통해 송신되고 있는 것이다. 그러면 그 메시지가 마음속에서 외부 대상의 모습으로 인식된다. 사실 당신은 대상을 안에서 보고 있는 것이지 외부에서 보고 있는 것이 아니다.

내면에 있는 당신이 어떤 것인지를 알기 위해 우리는 양파의 껍질을 천천히 벗겨 내고 있다. 매사는 겉으로 보이는 것과 같지 않다. 과학도 그것을 뒷받침해 준다. 그것은 마치 안에 앉아서 당신 앞에 놓인 세상의 광경을 비춰 주는 마음의 평면 스크린을 들여다보고 있는 것과도 같다. 당신은 분명 눈에 보이는 대상이 아니다. 따지고 보면 당신은 실제 대상을 보고 있는 것도 아니다. 이제 다시 돌아가서 질문하자면 이렇게 된다.

'내 앞에 놓인 대상의 마음속 이미지를 보고 있는 이 안의 나는 누구인가?'

인도에 한 위대한 성자가 있었다. 라마나 마하리쉬라는 깨달음을 얻은 스승이다. 그가 평생 걸어온 영적 여정은 매 순간 끈질기게 이렇게 묻는 것이었다. '내가 무엇을 볼 때, 누가 그것을 보는가? 내가 무엇을 느낄 때, 누가 그것을 느끼는가?' 요가의 스승 파라마한사 요가난다가 깨달음을 지칭하는 말로서 썼던 참나의 실현(Self-realization)은 그 안에 있는 당신의 실체를 온전히 깨달아 그것이 되었다는 뜻이다. 참나의 자리로 돌아가는 영적 여행은 당신 '자신(yourself)'을 찾기 위한 것이 아니라, 오로지 당신이 '참나(Self)'임을 깨닫기 위한 것이다. 유대교와 기독교의 관점에서도, 누군가가 자신도 영혼을 갖고 있는지 묻는다면 올바른 대답은 이것이다. "아니, 당신이 영혼을 갖고 있는 것이 아니라 내면에 있는 당신―의식―이 바로 영혼이다." 그러니 '당신은 누구인가?'라는 질문은 가장 본질적인 질문이다. 묶여 있는 것이 누구인지를 알지 못하면 당신은 자신을 해방시킬 수가 없다. 마찬가지로, 저항하고 있는 것이 누구인지를 모르면 받아들이기를 이해할 수가 없다.

참나에 대한 우리의 탐구를 계속 이어가 보자. 앞서 우리는 당신이 젊었을 때 눈앞의 거울 속에 비친 자신의 모습을 보았던 일에 대해 논했다. 나이가 들었을 때는 그와는 많이 달라진 모습을 보았다. 여기서 당신의 나이는 몇 살인가? 당신 몸의 나이를 말하는 것이 아니다. 눈을 통해 거울 속의 몸을 보고 있는 내면의 당신의 나이는 몇 살인가? 열 살 때 당신이 그 안에 있었다면, 스무 살 때 당신이 그 안에 있었다면, 자신이 죽어가고 있음을 느끼며 당신이 침대에 누워 있게 될 거라면, 그 안의 당신은 몇 살인가? 대답은 하지 마라. 그저 이 질문이 아주 깊은 곳에서 당신을 건드리도록 놔두어라. 당신은 이제 나이에 대한 전통적인 관념을 내려놓을 준비가 되었는가?

또 다른 흥미로운 실험을 해 보자. 당신이 샤워를 한 후에 거울을 들여다보고 있다고 상상하라. 거울에 비친 남자, 혹은 여자의 모습이 보이는가? 어떤 신비한 힘에 의해 갑자기 그 모습이 바뀐다면 어떨까? 어떻게 해서인지는 몰라도 당신의 신체 부위들이 변했다. 당신이 남자라면 이제 당신은 여자의 모습을 보고 있다. 당신이 여자라면 이제 당신은 남자의 모습을 보고 있다. 그 몸을 보고 있는 내면의 당신은 여전히 이전과 동일한 당신일까? 지금 완전히 달라진 몸을 바라보고 있는 것은, 늘 그 눈을 통해 밖을 내다보곤 하던 바로 그 의식일까? 당신은 아마 이렇게 말할 것이다. "무슨 일이야? 어떻게 된 거지?" 그럼에도 그 모든 경험을 하고 있는 것은 이전과 동일한 당신일 것이다. 그렇다면 그 안의 당신은 여자인가 남자인가? 신체를 지니지 않은 내면의 당신은 성별도 지닐 수가 없다. 당신이 지닐 수 있는 것은 단지 눈을 통해 밖을 내다볼 때 보이는 몸이 특정한 형태와 모양을 가졌음을 인식하는 의식뿐이다. 그 형태와 모양은 남자일 수도, 여자일 수도 있지만 그것을 알아차리는 당신은 그 어느 쪽도 아니다.

질문은 남아 있다. 자신이 그 안에 있음을 직관적으로 아는 의식인 당신은 누구인가? 당신의 몸은 나이가 있고 성별이 있다. 하지만 그 몸을 인식하는 그에게는 그런 관념이 무의미하다. 당신이 백 년 된 커다란 항아리를 본다고 해서 그것이 당신을 백 살의 키 큰 사람으로 만들어 주는가? 인종도 마찬가지다. 당신의 피부는 특정한 색깔을 가질 수 있지만 그것을 지각하는 의식은 아무런 색깔도 없다. 당신은 몸이 아니다. 당신은 자기 몸의 특징을 알아차리는 의식이다. 당신은 이 모든 것을 보고 있는, 내면의 깨어 있는 의식이다. 질문은 이것이다. 당신은 자신이라고 생각했던 그를 기꺼이 놓아 보낼 수 있는가? 왜냐하면 당신이 자신이라고 생각해 온 그는 참나, 곧 진정한 당신이 아니기 때문이다. 내면의 동일한 그 존재가 당신의 몸을, 당신의 집을, 당신의 자동차를 보고 있다. 당신은 주체다. 나머지 모든 것은 의식의 대상들이다.

좀 더 가벼운 것으로 눈을 돌려보자. 당신은 밤에 잠을 자고, 종종 꿈도 꾼다. 아침에 일어나면 "꿈을 꿨군" 하고 말한다. 이 말에는 사실 매우 심오한 뜻이 담겨 있다. 꿈을 꾼 사실을 당신은 어떻게 아는가? 단순히 꿈을 기억하는가, 아니면 그 안에서 실제로 꿈을 경험하고 있었는가? 대답은 단순하다. 당신은 그 안에서 꿈을 경험하고 있었다. 눈을 통해서 외부세계를 바라보는 그와 동일한 당신이 꿈속에서 일어나는 사건들을 경험하고 있었다. 그 안에는 의식을 지닌 단 하나의 존재가 있어서, 당신은 깨어서 보는 세계, 아니면 꿈의 세계를 경험하고 있는 것이다. 당신이 양쪽 세계의 경험을 이야기할 때, 모두 직관적으로 '나'라는 말을 사용한다는 사실에 주목하라. "나는 팔을 활짝 펴고 구름 속을 날고 있었는데 갑자기 잠이 깨 버려서 내가 침대에 누워 있다는 걸 깨달았어."

아주 오래된 요가 경전인 『요가수트라』에서 파탄잘리는 꿈 없는 깊은 잠에 대해 말한다. 그는 당신이 잠들어 꿈을 꾸지 않고 있을 때, 그것은 의식이 없는 상태가 아니라 아무것도 의식하지 않는 상태라고 말한다. 이런 상태에 대해 잠시 숙고해 보면 당신은 자신이 그 안에서 언제나 의식하고 있다는 사실을 발견할 것이다. 충격으로 의식을 잃거나 혼수상태에 빠진 사람들조차 깨어나서는 종종 자신이 경험했던 것을 이야기한다. 임사체험으로 몸을 떠났던 사람들도 깨어나서는 그런 경험을 이야기한다. 이런 경험들의 근원이 무엇이었든 간에, 그 안의 동일한 당신이 그것을 경험했고, 그 경험을 이야기할 수 있었던 것이다. 이것을 어찌 의식이 없었다고 할 수 있겠는가? 의학적으로는 소위 '의식이 있다'는 것은 주변 환경에 대한 지각과 연관된다. 그러나 그 안의 당신이 깨어서 무엇이든 간에 의식하는가 의식하지 않는가 하는 개념은 전적으로 다른 이야기다. 당신은 언제나 의식하고 있다. 당신은 처음부터 의식하고 있었다. 내부의 것이든 외부의 것이든 주의가 쏠린 대상을 당신은 의식한다. 당신은 누구인가? 내면의 실체에서 깨어서 의식하는 그 존재는 누구인가?

내면의 삶

우리는 당신 삶의 가장 근본적인 진실로 돌아와 있다. 당신은 내면에 있다. 당신은 자신이 그 안에 있음을 알고 있다. 그리고 당신은 늘 그 안에 있어 왔다. 이것은 흥미로운 의문을 제기한다. 몸이 죽으면 그때도 당신은 자신이 존재함을 지각할까? 흥미롭지 않은가? 흥분하지 마시라. 우리가 당신을 대신해서 대답해 주지는 않을 테니까. 하지만 결국은 누군가가 답을 제공해 줄 것이다. 바로 '당신' 말이다. 몸이 죽은 후에도 자신이 거기에 있을지에 대해서, 언젠가는 틀림없이 당신이 스스로 답을 얻게 될 것이다. 어째서 사람들은 죽음에 대해 그토록 골머리를 앓는 것일까? 죽음은 우리의 인생 중에서도 가장 흥미진진한 국면인데 말이다. 그것은 실로 평생에 딱 한 번밖에 맞이할 수 없는 경험이다! 그것이 죽음의 순간에 당신을 기다리고 있는 경험이다. 그 최후의 순간 이후에 당신은 거기에 있거나, 아니면 없을 것이다. 거기에 없다면, 걱정 마시라. 그건 '아이고 맙소사, 내가 여기 없다니. 끔찍해!' 이런 상황은 아닐 테니까. 당신이 거기에 없다면 그건 아무런 문젯거리가 되지 않는다. 하지만 반대의 경우는 훨씬 더 흥미롭다. 만약 당신이 거기에 있다면 어떻게 될까? 당신은 몸도 가질 필요가 없는 완전히 다른 우주를 구경한다는 게 어떤 것인지를 깨닫게 될 것이다. 이에 대해서는 더 길게 이야기하지 말자. 그러다간 이 주제에 대한 사람들의 온갖 신념과 관념, 견해 속으로 한없이 빠져들 테니까. 그저 그것을 평생에 딱 한 번뿐인 궁극의 경험으로서, 기대할 만한 어떤 것으로서 남겨 두자.

죽음을 두고 일부 사람들이 그토록 골머리를 앓는 이유는 그들이 자신을 몸과 동일시하기 때문이다. 그것만으로는 양에 차지 않다는 듯, 그들은 자신을 집과 자동차와도 동일시한다. 사람들은 자신이 아닌 물건들에도 자아 감각을 투사한다. 그러고 나서 그들은 그 물건들을 잃어버릴까 봐 두려워한다. 내적 성장의 길을 가다 보면 당신은 더 이상 그런 외부의 대상들과 자신을 동일시하지 않게 될 것이다. 당신은 내면의 더 깊은 자아의 느낌과 하나가 된다.

당신이 그 안에 있다는 것이 분명해졌으니, 이제는 이렇게 물어

볼 만하다. 당신은 그 안에서 무엇을 하는가? 더 관심 가는 질문
은, 그 안에 있는 것은 어떤 느낌인가이다. 얼마나 흥미로운 질문
인가? 그 안에 있는 것은 어떤 느낌일까? 솔직히 대답한다면 대부
분의 사람들은 그 안이 늘 그렇게 재미있지는 않다고 말할 것이다.
사실이지, 때로 그건 꽤나 힘들다. 그게 무슨 뜻인가? 이것이 바로
우리가 내적 성장에 관해 논할 때 정말로 정직하게 이야기해야 할
부분이다. 대부분의 사람들은 그 안이 언제나 멋진 곳이 될 수 있
는지를 알지 못한다. 지금껏 가장 멋졌던 일을 꼽아 보자. 첫 아이
를 품에 안았을 때, 결혼식을 올리던 날, 첫 키스, 복권에 당첨되었
던 순간. 그 상태를 회상하고 그 기분을 몇 배로 증폭시켜 보자. 또
그것이 늘 지속되게 해 보자. 다만 그 상태는 갈수록 더 높이 고양
된다. 그것이 그 안에서 당신이 경험할 수 있는 것이다. 그것이 진
실이다. 그 안은 실로 아름답다. 그런데 뭔가가 그것을 엉망진창으
로 만들어 놓고 있다. 먼지와 바나나 껍질과 피자 부스러기가 온
데 널려 있는 집 안으로 걸어 들어가는 것을 상상해 보라. 아주 아
름다운 집인데 아무도 돌보지 않았다. 그 집을 다시 아름답게 되
돌릴 수 있지만, 그러려면 작업이 필요하다. 당신의 내면도 정확히
이런 상태다. 사실은 우리가 이 내적 탐사의 길 위에 서 있는 이유
가 바로 그것이다. 모든 사람이 원하는 것은 같다. 그들은 그 안이
멋진 곳이 되기를 원한다.

사람들은 그 안을 멋진 곳으로 만들어 보려고 온갖 종류의 일을 벌인다. 어떤 이들은 신나는 경험을 하려고, 또는 만족스러운 관계를 찾으려고 뛰어다니며 애를 쓴다. 심지어는 술이나 약물로 고통을 달래려 한다. 모두가 똑같은 이유 때문이다. 문제는 그들이 잘못된 길로 거기에 다가가려고 애쓰고 있다는 것이다. 그들은 그 안을 '어떻게' 하면 멋진 곳으로 만들 수 있을지를 알고 싶어 한다. 더 중요한 의문은 "그곳이 '왜' 멋지지 않은가"인데 말이다. 그곳이 왜 멋지지 않은지를 알아내고 그 원인을 제거하고 나면 당신은 그 안이 실로 멋진 곳이 될 수 있다는 사실을 깨달을 것이다. 삶이란, '이 안은 좋지 않으니까 기분이 좀 나아지려면 그걸 보상해 줄 것들을 찾아야 해' 하는 그런 게임이 되어야만 하는 게 아니다. 그것이야말로 모든 사람들이 하고 있는 것이다. 그들은 내부에서 좀 더 편하게 지낼 수 있게 해 주리라고 기대되는 외부세계의 사람이나 장소, 물건들을 찾아 헤맨다. 사람들은 내부를 고치기 위해 외부를 이용하려고 한다. 하지만 그보다는 애초부터 왜 그 안이, 자신의 내면이 멋지지 않았는지를 알아내는 데서부터 시작하는 편이 낫다.

4 마음속의 난장판

"나는 이 안에 있어. 난 의식이 있어. 그런데 내가 의식하는 것은 이 안이 그렇게 늘 멋지지만은 않다는 거야."

이런 솔직한 말은 '받아들임'과 '참나의 힘'에 관한 우리의 탐사를 이어가기에 훌륭한 발판이 되어 준다. 당신이 경험하는 무엇이 그 안을 때로는 멋지다가도 때로는 매우 힘든 곳이 되게 만드는 걸까? 당신이 내면에서 경험하는 것은 단지 세 가지뿐이다. 그것을 한번 살펴보자. 첫째, 당신은 감각을 통해 들어오는 외부세계를 경험한다. 온 세상이 저 밖에 놓여 있고, 그중 당신 앞에 놓인 것이 눈과 귀와 코와 미각 및 촉각 기관을 통해서 들어온다. 일단 들어오면 그것은 유쾌하거나, 불쾌하거나, 아니면 그저 지나가는 경험이 된다. 그러니까 외부세계는 당신이 대하는 것들 중에서도 내면의 상태에 깊은 영향을 미치는 것들 중의 하나다.

외부세계가 매우 강력하게 느껴질 수 있지만, 그것이 당신이 내면에서 경험하는 것의 전부는 아니다. 그 안에는 생각도 있다. 당신은 그 생각들이 이렇게 말하는 것을 듣는다. '어떻게 받아들여야 할지 모르겠어. 그녀가 왜 그랬는지 도무지 이해를 못 하겠다니까.' 혹은 '우와! 나도 저런 차가 있으면 주말마다 전원으로 드라이브나 다니며 즐길 텐데.' 당신의 머릿속에서 이 모든 말을 하는 게 대체 누구냐고 물으면, 당신은 아마 당신 자신이라고 대답할 것이다. 하지만 그건 당신이 아니다. 그것은 당신의 생각이고 당신은 그 생각을 알아차리는 자다. 생각은 당신이 그 안에서 지각하는 또 하나의 대상일 뿐이다. 당신은 외부로부터 들어오는 세상을 지각하고, 안에서 만들어지는 생각을 지각한다.

생각은 어디서 나올까? 이에 대해서는 나중에 길게 논할 테지만 당장은 생각과 외부세계가 당신이 그 안에서 경험하는 세 가지 중 두 가지라는 사실만을 알아 두자. 당신이 경험하는 세 번째 대상은 느낌과 감정이다. 두려움과 같은, 갑자기 올라오는 느낌이 있다. 당신의 마음은 이렇게 말할 것이다. "난 두려워." 하지만 그러면서도 실제로 두려움을 '느끼지' 않았다면 그 영향력은 훨씬 적을 것이다. 문제는 실제로 두려움의 감정을 경험한다는 사실이다. 어떤 느낌은 유쾌하다. "사랑을 느꼈어. 이전에 느꼈던 그 어떤 것보다 더 큰 사랑을 말이야." 당신은 그 느낌을 좋아한다. 어떤 느낌은 불쾌하다. "두렵고 당혹스럽고 미안한 느낌이 한꺼번에 올라오는 걸 느끼고 있어." 이런 느낌을 당신은 좋아하지 않는다. 안 그런가?

우리는 참나에 대해 벌써 꽤 많은 탐사를 해 왔다. 당신이 그 안에 있음을 우리는 이미 증명했다. 가장 강력한 증거는 자신이 그 안에 있음을 당신 스스로가 알고 있다는 사실이다. 이것이 당신의 의식의 자리이다. 혼란에 빠질 때, 언제든지 거울 앞에 서서 말해 보자. "어이, 너 그 안에 있니?" 자신에게 손을 흔들면서 깨닫자. "그래, 누가 손을 흔들고 있군. 저걸 보는 난 누구지?" 이것이 의식의 자리로 중심을 찾아 돌아가는 하나의 방법이다. 그렇게 서서, 그 밖에 또 어떤 것이 의식되는지를 알아차려 보라. 감각을 통해 들어오는 '주변 환경'과, 마음을 지나가는 '생각'들과, 가슴속에서 일어나 편안하거나 불편한 느낌을 자아내는 '감정'이 있는지를 알아차려라. 이 세 가지 내적 경험의 무대 위에서, 당신의 의식이 벌이는 '지구별살이'라는 게임이 펼쳐진다.

그런데 문제는 그 안에서 당신은 별 희망이 없다는 점이다. 이 세 가지 경험의 끊임없는 공세는 마치 내면에서 쉴 틈 없이 벌어지고 있는 난장판과도 같다. 그 효과는 너무나 압도적이어서 그건 마치 당신을 해치려는 하나의 공모와도 같아 보인다. 외부세계가 당신의 생각에 가장 강력한 영향을 미치고, 그러면 대개 생각과 감정들이 그 뒤로 줄을 설 것이다. 마음이 '이건 싫어'라고 말하는데 가슴은 엄청난 사랑을 느끼는 경우는 매우 드물 것이다. 예컨대 프레드가 지나가는 걸 보고 당신의 마음은 이렇게 말한다. '프레드를 만나기는 싫어. 지난번에 다퉜는데 지금 만나는 건 불편해.' 당신은 두려움을 느끼기 시작할 것이다. 밖에서 이런 사건이 들어와서 생각을 지배하면서 힘든 감정을 일으키기 전까지만 해도 당신은 아무렇지도 않았다. 당신은 그 압도적인 경험 속으로 빨려 들어가 버린 것이다. 이제 누가 "그 안에서 사는 게 어떠세요?" 하고 묻는다면 당신은 아마 "참 힘드네요. 도무지 어떻게 해야 할지를 모르겠어서 무진 애를 먹고 있어요"라고 말할 것이다. 이건 재미가 없다. 안 그런가?

붓다는 인생이란 고통의 바다라고 했다. 그가 비관적으로 말한 것이 아니다. 실제로 인생은 고해다. 부자든 가난뱅이든 병자든 건강한 사람이든 젊은이든 늙은이든 상관없다. 고통받지 않는 순간도 분명 있긴 하지만, 일어나는 일의 거의 대부분은 그저 큰 탈 없이 살기만을 위한 발버둥이다. 따지고 보면 인생이란 그런 것이다. 어떤 시점에 이르면 당신은 자신이 평생 해 온 일이란 모두가 그저 큰 탈 없이 살아남으려는 발버둥이었음을 깨달을 것이다. 어렸을 때 그토록 울었던 이유도 그것이다. 그 안에서 당신은 편안하지 않았던 것이다. 그래서 당신은 장난감을 갖고 싶어 했다. 그것이 마음을 편안하게 해 주리라고 생각했기에. 그래서 당신은 그 사람과 결혼하고 싶어 했다. 그래서 당신은 유럽이나 하와이로 휴가를 떠나고 싶어 했다. 그리하여 당신은 결국 자신이 평생 그 안에서 벌여 온 일이란 큰 문제 없이 살아남으려고 발버둥 친 것뿐임을 깨닫게 되는 지점에 이른다. 먼저 당신은 무엇이 자신을 편안하게 만들어 줄지를 생각하고, 그다음 밖으로 나가 그것을 실현시키려고 애쓴다.

그런데 편안해지려고 애쓴다는 건 대체 무슨 뜻일까? 그 한 가지는 자신의 생각과 감정을 품고 살기에 더 편한 것으로 만들려고 애쓴다는 뜻이다. 괜찮은 생각과 감정도 있고 별로인 생각과 감정도 있다. 당신은 괜찮은 쪽을 좋아한다. 그게 당신이 가지려고 발버둥 치는 대상이다. 당신은 자신의 생각이 긍정적이고 아름답고 기분을 고양시키는 것이길 원한다. 문제는 그 안으로 들어와서 당신의 생각과 감정을 매우 구린 것으로 만들어 놓는 외부세계의 현실이 존재한다는 사실이다. 인생이 견디기 힘들어질 수 있는 것은 바로 이 때문이다.

세상과 당신의 생각과 감정의 상호작용은 매우 흥미로운 의문을 제기한다. 이 세 가지 것들은 대체 무엇이며, 대체 어디서 오는 걸까? 당신은 그것을 어느 정도까지 제어할 수 있을까? 그것이 왜 어떤 때는 당신을 기분 좋게 만들고 어떤 때는 기분 나쁘게 만드는 걸까? 우리는 이런 의문들을 속속들이 살펴볼 것이다. 그러고 나면 당신은 정말 중요한 것은 생각도, 감정도, 외부세계도 아니라는 사실을 깨달을 것이다. 진정으로 중요한 것은 그 안에서 그것들을 경험하고 있는 당신이다. 당신은 잘 지내고 있는가? 우리가 알게 될 것은 그 안의 당신이야말로 당신이 여태껏 경험해 본 그 어떤 것보다도 더 높은 존재라는 사실이다. 이 모든 것을 보고 있는 그는 온 우주에서 가장 아름다운 존재이다. 마침내 참나의 자리로 돌아가는 길을 찾는 때가 온다면, 이것이 바로 당신이 깨닫게 될 사실이다. 이것이 그리스도께서 가르치신 것이요, 붓다께서 가르치신 것이요, 모든 전통의 위대한 영적 스승들이 가르치신 것이다. 왕국은 그대 안에 있다. 그 안의 그대는 신의 모습으로 지어진 위대한 존재다. 하지만 그것을 알려면 그대 자신을 마음속의 소란스러운 난장판에서 해방시켜야만 한다.

사물의 본질

당신의 한평생이란 의식의 이 세 가지 대상―외부세계, 생각, 감정― 을 의식적으로 경험하는 것으로 이뤄진다. 이제 우리는 이 경험들의 기원과 본질에 대한 탐사에 나설 준비가 되었다. 그것이 어디서부터 오는지를 이해하고 나면, 그것들은 당신을 혼란케 하는 힘의 일부를 잃게 될 것이다. 그러면 당신은 그것을 받아들이거나 물리치는 자신의 습성에 대해 좀 더 잘 이해할 수 있게 된다. 의식의 대상들을 공부하는 목적은 단지 그에 대한 지식을 얻으려는 것만이 아니라 그로부터 자유를 얻기 위한 것이다.

　이제 당신 앞을 지나쳐 가고 있는 이 세상의 본질에 대해 이야기해 보자. 당신의 눈앞을 지나쳐 가는 매 순간은 마치 영화 필름처럼 한 컷 한 컷 지나간다. 순간들은 결코 멈추지 않는다. 그것은 시간과 공간 속을 하염없이 흘러간다. 이 모든 순간들은 어디서 생겨나오는 걸까? 당신은 왜 그것을 지금 경험하는 그런 식으로 경험하고 있는 것일까? 당신 앞을 지나쳐 가는 그것들과 당신 사이의 진정한 관계는 무엇일까?

우리는 마음과 감정의 본질 그리고 그것이 어떻게, 왜 그처럼 끊임없이 변덕을 부리는지도 탐사해 볼 것이다. 그것은 아마 외부세계보다도 더 흥미로울 것이다. 의식의 이 세 가지 대상은 끊임없이 변화해 가지만 당신은 언제나 거기서 그것을 경험하고 있는 부동불변의 존재다. 당신의 본질은 무엇일까? 그렇게 뒷전에 앉아서 의식하고 있음을 의식하는 그 일은 어떤 느낌일까? 이것이야말로 영성의 모든 것이다. 당신을 혼란케 하는 그 세 가지 대상 중 어느 하나에도 흔들리지 않게 되면 당신의 의식은 더 이상 대상 속으로 끌려들지 않는다. 의식의 초점은 너무나 자연스럽게 의식의 근원 속에 머물러 있을 것이다. 그것은 마치 다양한 대상을 비추는 손전등 빛과도 같다. 불빛이 비추는 대상을 바라보는 대신 빛 자체를 바라보면, 당신은 그 온갖 대상들을 밝혀 주는 것은 어디서나 동일한 빛임을 깨달을 것이다. 마찬가지로 내부와 외부를 지나쳐 가는 모든 대상을 알아차리는 것은 어디서나 동일한 의식인 바, 당신은 바로 그 의식이다. 그 의식의 근원으로 돌아간다면 그것은 당신이 할 수 있는 가장 아름다운 경험이 될 것이다.

이것이 우리 앞에 펼쳐진 여정이다. 우리를 자신의 위대한 본성
으로부터 떼 내어 그저 살아남기 위해 발버둥 치게 만드는 그 혼
돈의 늪에서 빠져나오는 길 말이다. 자신이 씨름하고 있는 이 대상
들의 본질을 이해하기 시작하면 당신은 당신을 움켜잡고 있는 그
것들의 손아귀에서 자연스럽게 놓여날 수 있게 될 것이다. 이 놓아
보내는 행위가 바로 '받아들임'과 '내맡김'이 의미하는 것이다. 당
신의 내면에는 세상도, 당신의 생각과 감정조차도 훼방할 수 없는
깊은 평화의 경지가 존재한다. 이 대상들은 제멋대로 계속 존재할
수 있지만 더 이상은 당신의 삶을 지배하지 않을 것이다. 당신은
자유롭게 세상을 만나며 살지만 욕망과 두려움 대신 봉사와 사랑
의 마음으로써 그렇게 살아갈 것이다.

이제 당신은 이 책의 기저에 깔린 목적을 알았다. 세 가지의 큰
훼방꾼을 놓아 보내는 방법을 배워 당신 존재의 근원으로 돌아가
는 것 말이다. 곧 깨닫게 되겠지만, 이것이야말로 이 지상에서 맞
이하는 당신의 시간을 온전히 즐길 수 있는 유일한 방법이다. 이것
이 바로 '해방된 삶(Living Untethered)'의 의미이다. 당신 존재의
속 알맹이로 돌아가는 길은 고된 수련을 요구하지 않는다. 가장 높
은 길은 나날의 삶을 통해 의식을 혼란케 하는 것들을 조금씩 놓아
보내는 법을 터득해 가는 것이다. 저항하는 대신 받아들임으로써,

당신은 마침내 모든 것이 명료하게 보이는 자리—참나의 자리—에 영구적으로 자리 잡게 될 것이다. 당신은 지금까지 경험해 보지 못했던 가장 아름다운 에너지 속에서 살게 될 것이고, 그것은 멈추는 일이 없을 것이다. 삶의 매 순간 속에 내면으로부터 언제나 솟구치는 에너지의 아름다운 흐름이 이어질 것이다.

우리는 자아를 해방시키는 이 과정을 매우 과학적이고 분석적인 방법으로 접근해 갈 것이다. 이를 통해 당신은 자기 앞을 지나쳐 가는 의식의 세 가지 대상을 마주하여서도 매우 편안해져서 더이상 그 경험을 어찌해 보기 위해 평생을 허비할 필요가 없어질 것이다. 당신은 지나쳐 가는 이 대상들이 당신 존재의 저급한 측면—몸, 마음, 감정—을 대변하는 상징물임을 깨달을 것이다. 당신은 이와는 사뭇 대조되는, 자기 존재의 높은 측면인 순수한 자각의식의 자리에 뿌리를 내리는 법을 배워서 완전한 자유와 행복을 누리며 살 수 있다. 준비되었는가? 자, 이제 우리의 외부세계와 마음과 감정의 내면세계 그리고 그 모든 것을 경험하는 의식에 대한 탐사여행을 떠나 보자. 우리 앞을 지나쳐 가는 것들에 대한 이 받아들임의 길에 대해 좀 더 배워 보자.

PART 2

외부세계

당신 앞의 순간

내적 자유를 향해 가는 우리의 길에서 각 단계마다 그 앞을 내다 보는 시야를 유지하는 것은 매우 중요하다. 우리가 수시로 돌아가 야 할 든든한 땅은 '의식의 자리'에 당신이 있다는 사실이다. 당신 은 자신이 거기에 있음을 안다. 아니, 자신이 그 안에 있다는 것을 늘 알고 있었다. 하지만 당신은 외부세계와 마음속에서 일어나고 있는 일들에 너무나 매몰된 나머지 자신이 그 안에 있다는 사실 에는 주목하지 않았다. 의식의 근원에는 주목하지 않고 의식의 대 상들 속에서 정신 줄을 놓아 버린 것이다. '영적 깨어남'이란 대상 들에 얽매여 있던 의식을 놓여나게 하는 과정이다. 이를 위해서는 날마다 마주하는 의식의 대상들의 본질을 이해하는 것이 큰 도움이 된다.

　이제 외부세계부터 탐사를 시작해 보도록 하자. 당신이 오감을
통해 받아들이는 것들은 나날의 경험에서 매우 중요한 부분이다.
당신은 날마다 시각, 청각, 미각, 후각, 촉각 신호의 끝없는 홍수 속
에 빠져 있다. '참나', 곧 내면에서 살고 있는 그 의식적 존재가 된
다는 것이 과연 어떤 것인지를 탐사해 보려면 그보다 먼저 시간을
두고 외부세계를 철저히 이해할 필요가 있다. 왜냐하면 외부세계
야말로 당신 삶의 가장 주된 부분을 차지하고 있기 때문이다. 저
밖에는 실제로 무엇이 있고, 그것은 어디서 생겨나왔으며, 그것과
당신의 관계는 무엇일까?

　주변 세계와 당신 사이의 관계부터 탐사해 보자. 우선, 당신은
아마도 동의하지 않을 것 같은 한 선언을 들어 보라. 바로 지금 당
신 앞의 이 순간은 당신과는 아무런 관계도 없다. 이 말에 반박하
려고 나서기 전에, 당신 앞의 이 순간을 그저 한번 바라봐 보라. 그
에 대해서 아무것도 하지 말라. 그것에 대해 심사숙고하지도 말고,
긍정적으로 생각하려 들지도 말라. 그저 내 앞에 한순간이 놓여 있
음을 알아차리라. 이제 왼쪽을 보라. 또 다른 한순간이 당신 앞에
놓여 있다. 오른쪽을 보라. 또 다른 한순간이 당신 앞에 놓여 있다.
그 순간들은 당신이 보기 전부터 거기에 있었다. 그리고 당신이 보
고 나서도 여전히 거기에 있을 것이다. 바로 지금, 세상에는 당신

이 보지 못하고 있는 얼마나 많은 순간들이 존재하는가? 온 우주에는 또 어떤가? 그 순간들이 당신과는 아무런 상관이 없다는 사실을 당신은 인정해야만 한다. 그 순간들은 그 자체로서 존재하며, 그 순간을 둘러싸고 있는 모든 것과의 관계 속에 있다. 그 순간들은 당신이 만들지 않았고 당신이 그것을 오고가게 하지도 않는다. 그것은 그저 거기에 있다. 당신 앞의 순간은 당신이 그것을 보고 있지 않을 때조차 존재하는, 우주 속 또 하나의 순간일 뿐이다. 그것은 전혀 개인적인 것이 아니다.

그럼에도 불구하고 당신 앞의 순간은 비개인적인 것처럼 보이지 않는다. 그것은 매우 개인적인 것처럼 보인다. 그래서 그것이 그토록 많은 문제를 일으키는 것이다. 당신 앞의 순간이 원하는 대로 펼쳐지지 않을 때 당신은 괴로워하고, 성미에 맞으면 기뻐한다. 앞으로 살펴보겠지만, 이것은 당신이 그 순간 속에 갖다 붙이는 어떤 것 때문에 그렇게 된다. 그것은 그 순간 자체에 내재하는 것이 아니다. 우주의 모든 순간들은 그저 우주의 순간들이다. 이 비개인적인 순간들에 개인적인 기대를 갖다 붙여서 개인적인 것으로 보이게 만드는 것은 당신 자신이다.

사물을 바라보는 우리의 습관적인 방식을 내려놓기가 얼마나 어려운지에 대한 첫 번째 깨달음이 바로 이것이다. 지금 이 순간 머나먼 오지에서 일어나고 있는 일이 우리와는 아무런 상관도 없다는 사실은 누구나 당연하게 받아들인다. 마찬가지로, 토성의 고리와 목성의 폭풍과 화성의 사막이 우리와 아무런 상관이 없다는 사실을 받아들이는 것도 전혀 어려운 일이 아니다. 달리 말해서, 99.9999퍼센트 이상의 우주가 우리와는 아무런 상관도 없다. 하지만 어떻게든 그중 0.0001퍼센트는 상관이 있다. 어느 곳의 0.0001퍼센트일까? 바로 당신의 눈앞에 있는 부분이다. 당신이 그것을 바라보고 있다는 이유로, 그것은 더 이상 비개인적인 우주의 것이 아니라 어떻게든 개인적인 것이 되어 버렸다.

문제는, 여태껏 당신이 그 순간에다 개인적인 기대를 갖다 붙임으로써 그것을 정말 중요한 것으로 만들어 놓았다는 사실이다. 하지만 당신 앞에 놓인 순간을 보지 못하는 수십억의 사람들에게는 그것이 아무런 문제도 안 된다는 사실에 주목하라. 그들은 그것에 전혀 무관심하다. 그것은 그들의 생각을 흔들어 놓지도, 감정을 뒤집어 놓지도 않는다. 당신이 그 순간을 더 이상 경험하지 않고 있다면 그 순간은 당신조차 괴롭히지 않는다. 대신 당신이 주의를 돌리는 그다음 순간이 당신을 괴롭힐 것이다. '그녀가 왜 저기 앉아 있지?' '누구하고 얘기하는 거야?' '불빛이 너무 눈부셔.' 이런 새로운 순간들이 뜬금없이 당신을 건드리기 시작한다. 당신이 그것을 바라보고 있기 때문이다. 문제의 진실은, 그 순간들은 당신이 바라보기 이전에도 똑같이 존재하고 있었다는 것이다. 당신이 깨닫게 될 가장 놀라운 사실 중 하나는, 눈앞의 순간이 당신을 괴롭히고 있는 것이 아니라는 점이다. 눈앞의 순간을 두고 당신이 당신 자신을 괴롭히고 있는 것이다. 그것은 개인적인 것이 아니다. 당신이 그것을 개인적인 것으로 만들고 있다. 그 어느 시점에도 우주에서는 무수한 순간들이 펼쳐지고 있다. 그리고 그것들과 당신 사이의 관계는 정확히 동일하다. 당신은 주체이고 그것들은 대상인 것이다.

이 진실을 지적으로 깨닫고 나면 나날의 삶 속에서 매 순간이 이전과 같은 방식으로는 바라보이지 않을 것이다. 이해를 돕기 위해 아름다운 태평양이 내다보이는 샌프란시스코의 항구로 나가 보자. 바다를 바라보면서 눈앞에 보이는 것들이 당신과 상관이 있는지 없는지를 자문해 보라. 파도가 보이고 물보라가 보이고, 어쩌면 고래나 바다사자를 볼 수도 있을 것이다. 그것은 그저 그 순간 우연히 당신의 눈앞에 펼쳐진 것이다. 다른 날에, 아니 다른 시간에 왔다면 당신의 눈에 보인 것은 상당히 달랐을 것이다. 하지만 그것이 당신을 괴롭히지는 않을 것이다. 당신이 어떤 개인적인 기대를 품고 항구로 왔을 때만 그것이 당신을 괴롭힌다. '고래를 보고 싶어.' '사람들이 말하던 집채만 한 파도를 보고 싶어.' 이런 기대를 품고 왔다면 당신은 그냥 그날의 바다 풍경을 보러 나온 사람들과는 사뭇 다른 경험을 하게 될 것이다. 한 사람은 그저 자신의 경험을 즐기는 데 반해 다른 사람은 그 경험을 자신의 개인적인 성미에 맞게 만들려고 애를 써야만 한다.

바다의 경우에는 눈앞의 순간이 자신과 아무런 상관이 없음을 아는 것이 어렵지 않아서, 당신은 경험을 단순히 즐길 권리를 누린다. 대개 바다와 자신을 동일시하지는 않으므로 이것은 삶의 다른 부분들보다 쉽다. 하지만 바다를 바라보고 있든 삶을 바라보고 있든 간에 눈앞에 놓인 것과 당신 사이의 관계는 언제나 동일하다는 사실은 의심의 여지가 없다. 그 순간들은 그저 당신이 서 있게 된 우주의 특정한 시간과 장소에서 일어나게 된 일이다. 그 어느 것도 개인적인 일이 아니다. 하지만 당신은 자기 앞의 순간을 너무나 개인적인 것으로 받아들이는 듯해 보이니, 외부세계에 대한 우리의 탐사를 좀 더 이어가서 그런 순간들이 어디서 생겨났고 왜 그런 식으로 존재하는지를 살펴보도록 하자.

당신이 사는 세계

당신 앞의 이 순간이 어디서 왔는지를 알고 싶다면 과학자들을 찾아가 보는 것이 좋을 것이다. 그들은 아리스토텔레스와 플라톤의 시대부터 이것을 궁구해 왔다. 존재의 태초부터 인간은 이 모든 것이 어디서 왔는지, 무엇이 그것을 만들었는지, 그것이 왜 여기에 있는지를 숙고해 왔다. 오늘날 이것을 물어본다면 과학자들은 외부세계를 바라볼 때 우리 눈에 보이는 것들은 사실은 그보다 훨씬 더 미세한 물체들이 뒤섞인 덩어리라고 말할 것이다. 우리의 시각과 모든 감각은 분자들의 구조물을 하나로 뭉뚱그려서 보여 주고 있다. 앞서 살펴보았듯이, 당신은 사실 세상을 내다보고 있는 것이 아니다. 외부세계가 감각을 통해 당신의 내부로 들어오고 있는 것이다.

　어떤 작용을 통해 이런 일이 일어나는지를 살펴보기 위해 색의 본질을 규명해 보자. 외부세계를 바라보면 그것은 분명히 색깔을 지니고 있는 듯하다. 그러나 빛 자체를 제외하면 물체에는 색깔이 없다. 우리가 색을 경험하는 유일한 이유는 물체에서 반사된 빛이 색깔을 지니고 있기 때문이다. 프리즘을 통해서 보면 이것을 알 수 있다. 프리즘에 빛을 비추면 다양한 색의 빛이 보인다. 소위 전자기파 스펙트럼이란 것이다. 빛은 다양한 주파수를 지니고 있는데 그 각각의 가시 주파수 파동이 색깔로 지각되는 것이다. 빨주노초파남보, 기억나는가? 이들이 빛의 스펙트럼 중 가시영역을 구성한다. 빛의 파동이 물체에 부딪히면 물체의 다양한 분자와 원자들이 특정 주파수의 빛은 흡수하고 특정 주파수는 반사한다. 물체 자체는 색깔을 지니고 있지 않다. 우리가 지각하는 다양한 색깔은 물체에서 반사되는 빛이다. 이것은 눈에 보이는 것이 언제나 진실은 아니라는 말의 완벽한 본보기다. 의식이 경험하는 것의 진정한 본질을 파헤쳐 가는 동안 우리는 이와 같은 예를 거듭거듭 마주치게 될 것이다.

　과학자들은 원자야말로 물질의 최소 단위로서 그 이상은 쪼갤 수 없다고 생각해 왔다. 하지만 오늘날 우리는 원자가 전자와 중성자와 양성자로 이뤄져 있음을 안다. 그것은 우리가 날마다 보고 있는 모든 사물의 기본 구성단위다. 우리는 여기서 잠시 멈춰서 사물을 바라보는 당신의 그 지극히 개인적인 방식을 놀려 먹을 수 있다. 예컨대 당신이 뭔가를 좋아한다고 말할 때, 그건 정확히 무슨 뜻일까? 당신이 좋아한다고 하는 그것은 무엇일까? 벽지의 색깔이 좋다고 한다면 그건 전자기파 스펙트럼 중에서 다른 부분은 빼고 일부만이 좋다는 말이다. 외부의 그 어떤 대상도 마찬가지다. 당신은 정말 특정한 분자만을 좋아하고 다른 분자들은 싫어하는가? 얘기가 좀 이상하게 돌아가고 있지 않은가? 이 사실은 매우 강력한 힘을 지니고 있다. 당신이 보고 있는 모든 것은 빛을 반사해 내고 있는 원자들의 덩어리란 말이다.

과학자들은 수 세기에 걸친 연구 끝에, 원자들은 공유결합과 이온결합의 법칙을 통해 서로 끌어당겨져서 분자로 뭉쳐진다고 말한다. 복잡하게 들리겠지만, 사실 이것은 단지 어떤 원자와 어떤 원자들이 서로 모여서 결합할지를 결정하는 전자기 법칙에 관한 얘기다. 따라서 이 법칙은 당신이 외부세계에서 무엇을 보게 될 것인지를 결정한다. 이 차원에서 바라보면 그것이 개인적인 일은 아님을 분명히 알 수 있다. 그것은 당신과 아무런 상관도 없다. 어떤 원자나 분자가 서로 모여서 결합할지는 당신이 결정하는 것이 아니다. 그것은 온 우주에서 지금 이 순간까지 수십억 년 동안 일어나고 있는 일이다.

우리의 과학자들은 현재까지 알려진 우주에는 오직 118가지 형태의 원자만이 존재하며 그중 92가지가 지구상에 자연적으로 존재한다고 말한다. 이것이 주기율표를 이루고 있는 원소들이다. 주기율표의 원소들은 당신이 삶에서 매 순간 보고 상호작용하는 것들을 구성하고 있는 벽돌이다. 이것은 지구상에만 해당되지 않는다. 모든 항성과 행성들 그리고 우리가 가 본 모든 곳에서 마주쳤던 모든 것이 이 기본 원소들로 이루어져 있다. 대부분의 사람들이 학교에서 자연과학을 배웠을 테지만, 그것을 나날의 삶 속에 적용해 본다면 어떨까? 당신 앞에 놓여 있는 것은 그저 자연의 법칙에 의해 뭉쳐진 엄청난 양의 원자 덩어리들이다. 이 모든 것은 과학일 뿐이다. 거기에 개인적인 것은 아무것도 없다. 원자들의 흐름이 지나쳐 가는 것을 보고 개인적으로 받아들여 기분 나빠한다는 것은 말도 안 된다. 한 무더기의 원자들이 모여 있는 방식 때문에 당신이 왜 흥분한단 말인가? 걱정 말라. 이 논의가 끝나기 전에 우리는 한 무더기의 원자를 두고 개인적으로 흥분하는 이 현상을 샅샅이 들여다볼 테니까.

이제부터는 이야기가 정말 흥미진진해질 것이다. 왜냐하면 의문은 이렇게 바뀔 테니까. '원자는 어디서 생겨났을까?' 이제 우리는 물질의 기원을 탐구해 볼 것이다. 원자가 어디서 생겨나왔는지를 알면 당신은 우주 속에서 제자리를 찾은 느낌을 누릴 수 있게 된다. 당신의 나날의 삶 속에서 일어나고 있는 일이란, 서로 뭉쳐서 원자와 분자를 이루고 있는 전자와 중성자와 양성자들을 당신의 의식이 바라보고 있는 것뿐이다. 당신이 살고 있는 세계가 바로 이런 곳이라고 하니, 잠시 시간을 들여 그 모든 것이 대체 어디서 생겨나는지를 살펴보기로 하자. 이것을 알고 나면 삶에 대한 당신의 관점이 송두리째 바뀔지도 모른다.

8

물질의 기원

물질의 기원을 공부해 보면 전 세계의 과학자들이 창조의 기본 모델에 꽤 많이 동의하고 있다는 것을 발견하게 될 것이다. 그들은 138억 년 전에 '빅뱅'이라 불리는 거대한 폭발이 있었던 것으로 이해한다. 이 폭발 이전에는 모든 은하계와 그 안의 모든 것, 우주의 모든 질량과 물질이 원자보다도 작은 하나의 공간 속에 들어 있었다고 여겨진다. 이것은 어떤 미친 사람의 이론이 아니라 현대 과학이 말하는 바다. 이 과학적 창조론이 어떻게 우리를 영적으로 해방시켜 줄 수 있을지를 살펴보자. 경외와 감사의 정에 흠뻑 빠지게 되기를 기대하며…….

빅뱅 후에 팽창된 에너지는 너무나 뜨거워서 아무런 형체나 꼴도 지니고 있지 않았다. 그것은 그저 거침없이 방사되는 에너지였다. 몇 분의 일 초 만에 이 에너지의 장 속에서 아원자 입자가 형성되기 시작했다. 방사되는 에너지는 너무나 뜨거워서 우리가 알고 있는 것과 같은 원소들은 형성될 수가 없었고 방사에너지는 광속으로 팽창해 가고 있었다. 그래서 온 우주는 약 38만 년 동안 형체를 지니지 못했다. 그 후에는 중력과 전자기력이라는 기본 힘이 아원자 입자들을 한데 끌어당겨서 최초의 원자를 형성시킬 수 있을 정도로 방사에너지의 열이 식어 내렸다. 우리는 이 아원자 입자들을 전자와 중성자와 양성자로 알고 있다. 모든 것은 원시 에너지장에서 탄생했고, 그 장에서 아원자 입자들이 나왔다. 현대 과학은 이것을 '양자장(quantum field)'이라 부르고, 양자물리학은 이 아원자 입자와 그것이 어떻게 우리가 알고 있는 물질들을 만들어 내는지를 연구하는 과학이다.

최초의 원자는 수소 원자였다. 왜냐하면 그것은 음전하를 지닌 하나의 전자와 양전하를 지닌 하나의 양성자로 이루어진, 가장 간단한 구조체이기 때문이다. 이 입자들은 전자기력으로 인해 서로에게 이끌려 하나의 원자를 형성했다. 수소 원자가 형성되기 시작하자 엄청난 양의 짙은 수소 가스 구름이 모였다. 이 구름이 퍼져서 옅어지자 광자라 불리는 아원자 빛 입자가 빠져나오기 시작했는데, 그것이 우리가 알고 있는 것과 같은 빛의 기원이다. 성경이

'태초에… 땅이 혼돈하고 공허하며 흑암이 깊음 위에 있고…(창세기 1장 2절)'라고 말하는 것이 흥미롭다. 이것은 과학자들이 창조의 기원을 바라보는 것과도 매우 흡사하다. 태초에는 엄청나게 짙은 가스의 구름 속에서 아무런 빛도 빠져나오지 못했다. 팽창력에 의해 구름이 충분히 옅어지자 갑자기 '빛이 있으라 하시니 빛이 있었다(창세기 1장 3절).' 성경의 창세기와 현대 과학의 우주론이 말하는 창조의 기원이 유사하다는 점은 놀랍다.

수소 원자가 어디서 생겨났는지를 알았으니, 이제는 우리의 세계를 이루고 있는 다른 원소들의 근원도 탐사해 볼 수 있다. 팽창 속도가 더욱 떨어지자 우주의 또 다른 기본 힘인 중력이 작용하기 시작했다. 물론 중력은 질량을 지닌 물체들을 한데로 끌어당기는 작용을 한다. 수소 원자는 질량을 지니고 있으므로 원자들이 서로 더 가까이 끌어당겨지자 중력이 더욱 강해져서 두 개의 원자를 하나로 융합시켰다. 두 개의 수소 원자핵이 하나로 융합되자 헬륨 원자가 만들어졌다. 가벼운 원소가 더 무거운 원소로 융합되는 과정을 핵융합이라 부르고, 이 작용은 수억 년에 걸쳐 온 우주에서 일어나고 있다.

두 원자 사이에 이 같은 융합이 일어날 때마다 엄청난 양의 원자 에너지가 방출된다는 사실에 주목할 필요가 있다. 갑자기 온 우주에 걸쳐 핵폭발이 일어나기 시작하면서 강력한 에너지가 방출되었다. 이것이 소위 원시별들의 탄생이다. 엄청난 양의 에너지를 방출하면서 헬륨 원자를 그 부산물로 남기는 수소 원자 융합에 의해 별이 태어나는 것이다. 헬륨은 수소 핵융합 과정이 남기는 재라고 생각할 수 있다. 빅뱅 이후로 수소 가스의 구름이 가장 짙어지는 곳에서는 어디서든 최초의 원시별들이 타오르기 시작했다. 이것이 문자 그대로 별들이 생겨난 곳이다. 오늘날 당신이 바라보는 모든 별들은 이 수소 핵융합 과정을 통해 태어난 것이다.

이 모든 일은 138억 년 전에 일어났지만 오늘날 우리는 그 과학적 증거를 가지고 있다. 별들은 바로 지금도 태어나고 있다. 그래서 우리는 그 과정을 관찰할 수 있는 것이다. 오리온성운을 관찰할 수 있을 만큼 강력한 망원경을 가지고 있다면 그 가스 속에서 빛나고 있는 별들을 볼 수 있다. 오리온성운이나 말머리성운과 같은 성운들은 그저 현란하게 빛나는 가스 구름의 아름다운 사진에 불과한 것이 아니다. 성운은 별들의 요람이다. 138억 년 전에 최초의 별들이 만들어질 때 일어났던 것과 정확히 동일한 과정을 통해 이 성운들 속에서도 별들이 탄생하고 있는 것이다. 별들은 태어나고, 곧 살펴보겠지만, 또한 죽는다. 이곳 지구상에서 일어나는 것과 동일한 생명의 우주적 순환과정 속에서 말이다.

여기까지의 탐사를 통해 이제 우리는 수소와 헬륨 가스와, 빛을 내며 타오르면서 우주를 밝히는 별들로만 이루어진 우주를 가지게 되었다. 하지만 우리가 날마다 대하는 외부세계는 이보다 훨씬 더 복잡하다. 이 나머지 것들은 어디서 생겨난 것일까? 이것을 이해하기 위해서는 먼저 별의 일생을 자세히 들여다봐야 한다. 별 속의 수소 가스가 핵융합을 계속하면 중력이 그 산물인 헬륨을 별의 중심부로 끌어당긴다. 헬륨이 수소보다 더 무겁기 때문이다. 이것은 중심부의 중력을 증가시켜 수소융합으로 폭발한 에너지가 외부로 방사되는 힘을 상쇄할 수 있게 된다. 이것이 별들이 안정된 상태로 남아 있을 수 있는 이유다. 별이 융합할 수소가 소진되어 간다면 어떻게 될까? 별은 죽어가기 시작한다.

사망 과정의 초기에 중심부 바깥층에 남아 있던 수소는 점화되어 외부를 향해 팽창하면서 별의 원래 크기보다 훨씬 큰 '적색거성'을 만들어 낸다. 이해하기 쉽게 말하자면, 우리의 태양만 한 크기의 별이 태울 수소를 소진하기 시작한다면 그것은 지구궤도를 삼킬 만큼 큰 적색거성으로 팽창할 것이다. 하지만 걱정 마시라. 과학자들은 우리의 태양이 앞으로도 50억 년을 더 태울 수 있는 양의 수소를 가지고 있다고 하니까.

한편, 별이 수소융합을 그쳐 가는 동안 헬륨으로 이루어진 중심부의 중력은 점점 더 커진다. 왜냐하면 그 힘을 상쇄해 줄 핵융합이 더 이상 일어나지 않기 때문이다. 그러면 별은 중심부를 향해 붕괴하기 시작할 것이다. 원래의 크기가 얼마만 했는지에 따라 별의 중심부는 우주 공간 속으로 날려가 버리거나, 아니면 헬륨을 탄소와 같은 그보다 더 복잡한 원소로 융합시키기 시작할 수 있을 만큼 중력이 커진다. 이런 더 복잡한 원소들의 융합 과정은 이전보다 더 뜨겁게 별을 재점화시킬 것이다. 별의 크기에 따라 이 같은 '출산의 진통'은 거듭거듭 되풀이될 수 있다. 순환이 되풀이될 때마다 더 복잡한 원소가 가벼운 원소의 핵융합 부산물로 생겨난다. 그리고 연료가 소진됨에 따라 별은 마침내 다시 붕괴되기 시작할 것이다. 이 죽음의 순환과정이 돌아갈 때마다 주기율표에는 더 많은 원소들이 생겨난다.

이 죽음과 재탄생의 순환과정이 몇 번이나 되풀이될지는 별의 원래 크기에 의해 결정된다. 별의 크기가 클수록 붕괴 과정에서 발생하는 중력도 더 커져서, 더 복잡한 원소의 융합 과정에 다시 불을 붙일 수 있을 만큼 큰 힘을 발휘한다. 대부분의 별은 핵융합의 부산물이 철(주기율표상의 26번째 원소)이 될 때 이 과정을 멈춘다. 철은 융합되는 동안 그 과정에서 발생하는 열보다 더 많은 열을 흡수해 버리기 때문이다. 그래서 철은 핵융합반응을 지속시켜 주지 못한다. 큰 별들은 이전의 순환주기에서 완전히 연소되지 않고 남은 원소들의 껍질에 싸인 철의 중심핵을 갖게 될 때까지 이 과정을 이어 간다. 이것이 주기율표의 가벼운 원소(1번에서 26번까지), 즉 수소부터 철까지의 모든 원소가 창조되는 과정이다.

이 모든 사실이 흥미롭고 교육적이기는 하지만, 이 이야기의 목적은 '외부세계'가 대체 어디서 생겨났는지를 말해 주기 위한 것임을 잊지 말라. 놀랍게도 우리의 세계를 이루는 모든 원소들은 별들 속에서 만들어져 나왔다. 예컨대 당신의 몸을 살펴보자. 당신의 몸을 이루는 모든 원소들이 어디서 생겨났는지는 이미 설명했다. 그 것은 별들이 빛을 발하게 하는 현상의 직접적인 부산물이다. 인체 질량의 거의 99퍼센트는 수소, 탄소, 산소, 질소, 칼슘, 인 등 여섯 가지의 원소로 이루어져 있다. 이 원소들은 모두 철보다 가벼우므로 일반적인 별들의 연소에서 나온 산물이다. 우리는 이 모든 것을 이론이 아니라 사실로서 알고 있다. 과학자들은 각 순환 단계에 있는 별들을 관찰하여 별의 일생을 연구했고, 우리는 별이 무엇으로 만들어져 있는지를 알고 있다. 그런 건 아랑곳없다는 듯이 어떤 사람들은 이렇게 묻는다. "이런 과학적 사실이 우주의 창조자는 신이라는 나의 믿음을 깨는 건 아닌가요?" 이에 대해서는 이렇게 대답할 수 있을 것이다. "물론 그렇지 않습니다. 이것은 단지 신이 우주 속의 모든 구조물들을 '어떻게' 창조했는지를 보여 줄 뿐이니까요."

별은 우주를 창조해 내는 데 쓰인 용광로다. 당신이 마주하는 낱낱의 원자는 모두 별들 속에서 창조되었다. 그리고 바로 지금 이 순간에도 무수한 별들이 원소들을 계속 만들어 내고 있다. 피츠버 그에 있는 강철 용광로는 아주 고온이어서 거기서 강철을 생산해 낼 수 있다. 그 강철은 거대한 고층 빌딩을 짓는 재료로 쓰인다. 마찬가지로 별들은 우리가 날마다 마주치는 원자들을 생산해 내는 용광로다. 이쯤이면 당신도 별들을 결코 이전과 같은 방식으로 바라볼 수가 없으리라.

9

창조의 힘

일반적인 별들이 우리 세계의 가벼운 원소들을 어떻게 만들어 내는지를 살펴보았으니, 이젠 그보다도 훨씬 더 매혹적인 이야기로 넘어가도 되겠다. 금, 백금, 은과 같은 주기율표상의 무거운 원소들이 창조되는 과정 말이다. 무거운 원소란 철(26번)보다 원자번호가 큰 모든 원소를 말한다. 철은 주기율표상에 경계선을 그어 준다. 철은 융합 과정에서 방출되는 것보다 많은 양의 열을 흡수하기 때문이다. 그래서 철은 별의 붕괴를 멈출 만큼 충분한 양의 열에너지를 방출하지 못한다. 원래의 별 크기가 애초부터 엄청나게 크지 (적색초거성) 않았다면, 중심부가 철이 되기에 이르면 별은 결국 죽어 버린다.

적색초거성이 죽는 동안에 일어나는 일은 '알려진 우주'에서 가장 경이로운 사건들 중의 하나인 바, 이것이 무거운 원소들의 창조에 필요한 에너지원을 제공해 준다. 붕괴 이전의 별이 충분히 컸다면 그 강력한 붕괴력은 중심부의 원자들을 실로 찌부러뜨려 버릴 수 있다. 그래서 이 엄청난 힘은 철 원자를 융합시키는 대신 전자들을 원자핵 자체의 속으로 밀어넣어 버린다. 전자는 음전하를 띠고 핵 속의 양성자는 양전하를 띠므로 이들은 서로를 끌어당겨서 전하를 띠지 않는 중성자가 된다. 이런 현상이 일어나면 철의 원자핵에는 단단히 뭉친 중성자의 덩어리만 남게 된다. 원자도, 전자도, 양성자도 남아 있지 못한다. 중성자가 될 때까지 붕괴해 버리는 이 거대한 별의 힘이 우리가 알고 있는 물질 구조를 파괴해 버리는 것이다.

이제 남은 것은 중성자별이다. 그것은 크기가 작지만 엄청난 질량을 갖고 있다. 중성자별은 한 도시 정도의 크기이지만 지구의 30만 배가 넘는 질량을 가지고 있다. 중성자의 밀도는 너무나 높아서 그것을 한 숟가락만 지구에 가져와도 그 무게는 12조 파운드(5조 4천억kg)나 나갈 것이다.

별의 중심부가 중성자까지만 붕괴되어도 그때 방출되는 에너지는 너무나 강력해서 초신성 폭발이라는 거대한 현상을 일으킨다. 이 폭발은 너무나 엄청나서 단 한 개의 초신성이 그 은하계의 수십억 개의 별에서 나오는 빛을 다 모은 것보다도 더 밝은 빛을 방사한다. 그것은 우리의 우주에서 발견된 것 중 가장 밝고 강력한 폭발이다.

밝혀진 바로는, 초신성 폭발 동안에 발생하는 엄청난 에너지는 우리가 날마다 대하는 나머지 원소들을 창조해 내는 데 쓰인 바로 그 힘이다. 가벼운 원소들이 창조되는 동안에 중력이 하지 못했던 일을 초신성의 거대한 폭발은 해낼 수 있었다. 무거운 원소들의 융합 말이다. 다음에 당신의 결혼 예물 금반지를 보거나 통조림 깡통을 딸 때는 그 원소들이 존재하게 되기 위해서는 수십억 개의 별들이 합쳐 낸 크기의 힘이 필요했다는 사실을 돌이켜보라.

당신은 날마다 대하는 무수한 물체들로 둘러싸여 있다. 거대한 고층 빌딩들과 작은 핀에 이르기까지 다양한 물체들이 감각을 통해서 힘들이지 않고 의식 속으로 들어온다. 그 밑바닥에서 보면 이 낱낱의 물체들은 원자로 만들어져 있다. 당신은 방금 이 모든 원자들이 어디서 나왔고 그것이 왜 당신이 만들어 낸 것이 아닌지를 이해하는 시간을 가졌다. 그것들은 별 속에서 창조되었다. 이 사실은 당신을 겸손해지게 만들어 눈앞에 펼쳐진 창조의 힘에 경외감을 느끼게 하는 데 일조할 것이다. 희망컨대 이 깊은 겸손과 경외의 마음이 자유와 해탈을 향해 가는 당신의 영적 여행에 도움을 주기를.

개인적인 일이 아니다

우리는 방금 당신 주변의 세계가 어디서 생겨났는지를 살펴보았다. 그것은 빅뱅과 함께 비롯되었고, 원자의 핵융합 과정을 통해 다양한 형태의 모든 원소들이 창조되었다. 별들이 죽음을 맞아 폭발할 때, 별의 외곽을 형성했던 모든 물질은 별들 사이의 우주 공간 속으로 흩어져 날려 갔다. 탄소, 산소, 규소, 금, 은 등의 원소가 모두 원소들의 구름이 되어 우주 공간 속을 떠다녔다. 그러다가 중력이 그것들을 한데 끌어당겨 행성을 형성시켰다. 별 속에서 생산된 92가지 자연계의 원소로 지구라는 행성이 형성된 과정도 바로 이것이다. 이 과정은 130억 년 동안 이어졌고, 당신의 몸을 비롯하여 당신이 날마다 대하는 모든 것은 이 '별의 먼지'로 이루어져 있다. 이것이 실상이니, 우리는 이 사실을 수시로 기억에 떠올리며 숙고해 보아야 할 것이다.

우리가 이 논의를 시작했던 지점으로 돌아가 보자. 우리는 당신 앞에는 언제나 하나의 순간이 놓여 있다는 사실에서부터 출발했다. 그저 눈만 뜨면 그 순간이 거기에 있다. 그것은 어디서 온 걸까? 이제 우리는 안다. 당신 앞에 놓인 순간은 별에서 왔다. 원자들은 다 함께 태양의 용광로 속에서 구워져 나왔다. 그런 다음 한데 끌어당겨져서 우리가 지구라 부르는 이 땅덩어리가 되었다. 그다음에 어떤 일이 일어났는지는 과학 시간에 당신도 배웠다. 원소들은 전자기력의 법칙에 따라 서로 결합하여 H_2O와 같은 안정된 분자를 형성했다. 이런 법칙들의 상호작용으로 인해 바다에 물이 존재하는 것이다. 그리고 다른 더 복잡한 분자들이 형성되자 그것은 원생액을 만들어 내어 살아 있는 생명체를 형성시켰다. 당신 몸 세포 하나하나의 모든 부분들이 수십억 년 전 별에서 창조된 원소들로 이루어져 있다.

이것은 당신의 몸이 어디서 생겨났는지를 설명해 주지만, '당신이' 어디서 생겨났는지는 설명해 주지 않는다. 당신은 원자들로 만들어진 것이 아니다. 당신은 원자들로 만들어진 물체를 지각하는 의식이다. 당신의 몸은 다윈이 말하는 오랜 세월에 걸친 진화 과정의 산물일지 모른다. 하지만 그 안에 있는 당신은 어떤가? 당신은 어디서 났고 어떻게 그 안에 있게 되었는가? 그리고 왜 그런 식으로 그 안에 있는가? 자연과학이 외부세계는 설명해 준다손 치더라도, 내부는 어떻게 되는가? 이것이 바로 다음 장들에서 우리가 탐사하게 될 부분이다.

존재의 실상에 관해 과학이 발견한 사실들은 창조에 대한 경외심을 더욱 불러일으킬지언정, 줄어들게 하지는 않을 것이다. 우리의 우주에 일어난 이런 놀라운 일들을 우리가 해명해 낼 수 있다는 사실은 당신에게 경외감을 남겨 주었으리라. 138억 년이 지난 후에 그것이 결국 어떤 결과를 낳았는지를 바라보라. 이 맥락 속에서 당신 앞에 놓인 광경을 한번 살펴보라. 이제 당신은 그 모든 것이 어디서 생겨났는지를 안다. 그것을 유심히 살펴보라. 당신 눈앞의 이 모든 것은 매우 성스럽다.

자, 이 같은 창조의 과정이 당신과 무슨 관계가 있는가? 이런 일이 일어나도록 당신이 옆에서 거들기라도 했는가? 앞으로 수십억 년간 모든 곳에서 일어날 일들을 근처에서 구경이라도 할 건가? 물론 아니다. 우주는 인과의 법칙에 의해 돌아가는 놀라운 시스템이다. 과거의 일이 현재의 일을 일으키고, 현재의 일은 미래의 일을 일으킬 것이다. 이것이 태초부터 온 우주에서 일어나 온 일이다. 당신 눈앞의 낱낱의 순간들이 지금과 같이 드러나기 위해서는 그 모든 일이 백수십억 년 동안 정확히 그대로 일어나야만 했다.

이것이 무엇을 의미하는지를 제대로 이해하려면 당신의 가족사에서 한 가지 간단한 예를 살펴보면 된다. 만일 당신의 증고조모께서 증고조부를 만나지 않았다면 당신은 지금 여기에 있을 수가 없다. 이것은 단순한 사실이다. 모든 것이 다른 모든 것들과 어떻게 서로 얽혀 있는지를 알 수 있도록, 잠시 그들이 만나게 된 사연을 들어 보자. 그 사연은 공룡시대까지 거슬러 올라가서 시작된다. 지금의 플로리다 중남부 지역에 맹렬한 폭풍이 지나간 후, 한 마리의 거대한 공룡이 어슬렁거리고 있었다. 이 공룡이 질펀한 땅 위에 그 거대한 발을 휘저으며 다닐 때 진흙 위에는 커다란 발자국들의 흔적이 남았다. 세월이 지나면서 이 깊은 발자국 흔적 속에는 빗물이 고이고, 그 주변의 땅은 융기하기 시작했다. 이 웅덩이는 매우 넓어져서 결국은 지금의 오키초비(Okeechobee) 호수가 되었다.

수백만 년 후에 맑은 물과 물고기와 다른 동물들을 찾아온 마야이미(Mayaimi) 부족이 이 호숫가에 정착했다. 또 수백 년이 지났고, 이번에는 스페인에서 온 이민자들이 호숫가에 작은 마을을 건설했다. 당신의 증고조모는 마야이미족의 후손이었고, 증고조부는 이 작은 스페인 마을을 방문하러 와 있었다. 장대비가 쏟아지던 어느 날 당신의 증고조부는 살롱에서 술을 마시고 있었다. 살롱을 나올 때 그는 너무 취해 있어서 비에 흠뻑 젖은 채 근처를 걸어오고 있던 당신 증고조모의 모습은 보지도 못하고 있었다. 그가 계단을 헛디뎌서 땅바닥에 철퍼덕 엎어진 바로 그 순간, 놀란 당신의 증고조모도 진창에 미끄러져서 그를 위에서 덮쳐 버렸다. 이런 맙소사, 그들은 서로의 꼴을 바라보며 웃음을 터뜨렸다. 그건 첫눈에 빠진 사랑이었다. 그 나머지는 당신의 가족사다.

달리 말해서, 만일 그 공룡이 수백만 년 전에 그곳을 휘젓고 다니지 않았다면, 그리고 마야이미 부족이 그 호숫가에 정착하지 않았다면, 그리고 만일 스페인 사람들이 그곳에 마을을 이루지 않았다면, 그리고 그날 장대비가 내리지 않았다면, 그리고 만일 당신의 증고조부가 술에 흠뻑 취한 채 증고조모가 놀라 미끄러지게 한 바로 그 자리에 굴러떨어지지 않았다면, 당신은 여기에 없을 것이고, 그 밖의 많은 일들도 일어나지 않았을 것이다. 지금의 낱낱의 일들은 과거의 무수한 시간과 공간 속에서 일어났던 낱낱의 일들의 소산인 것이다. 당신은 행위자가 아니라 현실을 경험하는 자다.

만약 이것이 사실이라면 이렇게 생각하는 것은 너무 바보 같지 않은가? '지금 이 순간이 이렇게 여기까지 오는 데는 138억 년이 걸렸어. 그리고 그 모든 사건들 하나하나가 정확히 그렇게 일어나야만 했어. 그런데 그게 맘에 안 들어.' 이건 웃기는 말이다. 그건 토성이 띠를 가진 게 마음에 안 든다고 하는 거나 마찬가지다.

이제 우리가 왜 일부러 긴 시간을 들여서 당신 앞에 놓인 상황이 어디서 생겨나왔는지를 살펴보았는지 알겠는가? 그건 당신과는 아무런 상관도 없다. 그것은 그 상황이 지금과 같이 놓여 있도록 만든 무수한 요인들의 산물인 것이다. 이것이 내맡김과 받아들임의 진정한 의미를 제대로 마주하는 우리의 첫 대면이다. 외부세계를 내맡기는 것이 아니다. 당신은 그것을 온전히 받아들여야 한다. 내맡길 것은 외부세계에 대한 당신의 개인적이고 억지스러운 판단이다. 토성이 띠를 가져도 괜찮겠느냐고 누가 묻는다면 당신은 아마 무척 황당해하면서 이렇게 말할 것이다. "그게 나와 무슨 상관이란 말이오? 희한한 걸 다 물으시네." 진실은 세상일이 낱낱이 다 그런 식이란 말이다. 세상의 일들은 당신과는 아무런 상관이 없다. 그것은 세상일이 그렇게 되도록 만든 힘들과 관계된 문제다. 그리고 그 힘들의 유래는 백수십억 년 이전까지 거슬러 올라간다. 이 진실을 온전히 받아들이는 것이 내맡김이다. 백수십억 년에 걸친 상호작용의 결과를 당신이 맘에 들어 하거나 안 들어 하거나 할 권리가 있다고 생각하는 당신의 그 부분을 당신이 놓아 보내야만 하는 것이다. 내맡김이란 진실을 살고 있지 않은 당신의 그 부분을 놓아 보내는 것이다. 이것이 진정한 내맡김이다.

결국은 당신도 자기 앞에 놓여 있는 순간이 매우 성스러운 것임을 깨닫게 될 것이다. 그 순간이 어디서 생겨나 내 앞에 왔는지에 관한 우리의 과학적 탐사는 사실 매우 영적인 것이다. 양자물리학은 무소부재하고 균일한 에너지장인 양자장에서 온 우주가 생겨나고 있는 이치를 탐구하고 있다. 과학자들은 만물이 빛으로 만들어진 원리를 보여 주고 있는데, 여태껏 그것은 순전히 영적인 관념이었다. 우리의 과학자들은 현대의 사제들이다. 그들은 우리에게 배후의 창조력이 창조물들을 창조해 낸 이치를 가르쳐 주고 있다. 과학은 우리 앞의 매 순간을 깊이 감사하고 경외해야 할 이유를 보여 준다. 영적인 사람은 이 진실을 이해하여 그것을 자기 존재 속에 스며들게 하고, 그에 따라 자신의 삶을 살아간다.

당신 앞의 순간이 거기에 이르기까지 138억 년이 걸렸고, 당신이 그 순간 앞에 이르기까지도 138억 년이 걸렸다면 매 순간은 실로 하늘이 맺어 준 짝이다. 정확히 당신이 경험하고 있는 그것을 경험하고 있는 그 자리에는 다른 아무도 끼어들어 있지 않다. 진실은 아무도 그런 적이 없으며, 아무도 그러지 않으리란 것이다. 지금의 이 순간은 다시 또 오지 않을 것이다. 모든 순간들은 시간과 공간 속을 그저 줄줄이 지나갈 뿐이다. 당신은 백수십억 년이 걸려서 창조된 하나밖에 없는 쇼를 구경하고 있는 것이다. 그것이 바로 당신 눈앞에서 펼쳐지고 있고, 당신은 그에 대해 불평을 늘어놓고 있다. 우리가 함께 가고 있는 이 여행의 의도는 그 불평의 온갖 이유를 무엇이든 모조리 치워 없애 버리려는 것이다.

당신 앞의 순간은 창조의 선물이다. 거기에는 형상과 색깔과 소리가 있다. 거기에는 사람들과 온갖 할 일들이 있다. 화성에서는 그렇지 않다. 그리고 우리가 지금까지 탐사하면서 보아 온 우주의 그 어디에도 그런 곳은 없다. 하지만 우리는 이 삶을 끊임없이 놀라워하고 감사하면서 살지 않는다. 우주론과 양자물리학에 관한 이 논의가 영적인 이야기라고 말하는 것은 이 때문이다. 이 이야기는 비개인적인 온갖 것을 개인적인 것으로 만드는 당신의 권리를 앗아간다. 당신의 의식은 눈앞의 순간을 알아차리겠지만, 그 순간을 당신이 창조하지는 않았다. 그저 창조의 한순간을 경험할 멋진 기회가 당신에게 주어지고 있는 것일 뿐이다. 그것이 여기에 도달하는 데는 백수십억 년이 걸렸다. 그러니 부디 이 쇼를 놓치지 마시라.

사람들은 과학과 신이 마치 서로 반목이라도 한다는 듯이 그 둘을 맞붙여 놓고 소란을 떤다. 진짜 문제는 그들이 그 어느 쪽도 진정으로 믿지 않는다는 사실이다. 과학이 만물의 창조원리를 설명해 준다고 진정으로 믿는다면, 당신은 자신이 마주치는 만물이 양자들을 끌어당겨서 원자와 분자로 만들고 눈앞의 형체를 이루어 나타나게 하는 양자장의 조화라는 사실을 끊임없이 자각하면서 삶을 살아갈 것이다. 당신은 그것을 맘에 들어 하거나 안 들어 하지 않을 것이다. 단지 그것을 경외할 것이다. 마찬가지로 신이 만물의 창조자임을 진정으로 믿는다면 당신은 이 신성한 창조계의 경이를 감사하고 경외하면서 살 것이다. 감히 그것이 마음에 드느니 안 드느니 하지 않고, 그 존재에만도 황홀해할 것이다.

당신은 씨앗이 땅에 떨어지면 그 안에 숨어 있는 영민한 화학자가 물과 흙 속의 분자들을 쪼개어 그것을 햇빛과 섞어 만든 재료를 엮어서 옥수숫대나 나무로 만들어 내는 그런 세상에서 살고 있다. 우리는 이 '영민한 화학자'가 바로 DNA라 불리는 복잡한 분자라고 배웠다. 이 놀라운 분자구조는 어디서 생겨난 걸까? 그 속의 모든 원소들은 별들 속에서 생산되었고, 그것들이 자연의 네 가지 힘(중력, 전자기력, 강력, 약력)에 의해 절로 한데 끌어당겨져서 DNA 분자구조를 이루었다. 인간의 지능은 DNA의 창조에 관계하지 않았지만 DNA는 지구상 모든 동식물의 생명을 책임지고 있다. 우리는 너무나 완벽해서 끊임없이 놀라야 마땅한 그런 세계에서 살고 있다. 하지만 우리는 그 모든 것을 개인적인 일로 각색해 내느라 정신이 없어서 과학의 위대성도, 신의 위대함도 다 까맣게 잊어버린다.

우리는 '그 안에' 있는 게 당신에게는 어떤 느낌인지를 물으면서 이 탐사를 시작했었다. 당신은 자신이 내면에 있다는 것을 안다. 당신이 하고 있는 경험의 본질은 어떤 것인가? 이에 답하기 위해서 우리는 당신이 살고 있는 외부세계의 기원과 본질을 탐사해 보았다. 바라건대 이제는 당신도 좀 더 깊은 감사와 경외의 마음을 갖게 되었기를. 당신 앞에 놓인 그 순간은 특별한 것이다. 당신은 그에 대한 감사를 실천하고 그것이 당신의 삶에 끼치는 영향을 알아차리게 되기를 원하고 있을지도 모른다.

　다음에는 마음과 그 안의 생각들, 그다음에는 가슴과 그 안의 감정들을 다루어 볼 것이다. 그것들은 감각을 통해서 들어오지 않는다. 하지만 그것은 분명 당신이 경험하고 있는 것들이다. 그 각각의 층들을 훑어가는 동안 놓아 보내기—받아들이기와 내맡기기—가 조금씩 더 쉬워질 것이다. 명심하라. '삶'을 내맡기는 것이 아니다. 당신은 '삶에 대한 저항'을 내맡기게 될 것이다. 우리는 당신 주변과 내면에서 실제로 일어나고 있는 일을 늘 의식한다는 뜻으로 깨어서 알아차리기(mindfulness)라는 용어를 사용할 수 있다. 당신은 그저 일들의 겉모습만 의식하는 것이 아니라 그 진정한 본질도 의식한다. 그것이 어디서 생겨나왔는지, 왜 그런 식으로 존재하는지, 그것이 당신 앞에 나타나기까지 무엇이 필요했는지를 말이다. 깨어서 알아차리기는 당신이 개인적인 혼란을 놓아 보내고 나면 애쓸 없이 저절로 일어나는 과정이다. 자기 앞의 순간이 이러저러해야만 한다고 생각하는 대신, 당신은 그것이 그런 식으로 놓여 있는 것을 경이롭게 여기기 시작한다. 사실 그 순간은 존재 자체만으로도 놀라운 일이다.

　이제부터 당신은 어디를 보든지, 마주치는 모든 것에 '감사합니다'라고 말해야 한다. 그리고 별들을 찬미해야 한다. 별들은 그저 밤하늘에서 반짝이는 낭만적인 무엇이 아니다. 별들은 우주의 용광로다. 그들이 당신을 위해 이 모든 것을 창조해 냈다. 그에 대해 감사를 표할 수 있겠는가? 당신은 이 사실에 감사하고, 자신이 숲과 바다와 하늘을 누릴 자격이 있는 아무런 일도 하지 않았음을 자각할 수 있는가? 당신은 '당신이' 어디서 생겨나왔는지조차 모른다. 그저 '그 안에서' 자기 앞에 펼쳐지는 이 놀라운 선물을 경험하고 있는 것일 뿐이다. 이것이 영성이다. 당신의 개인적인 자아 대신 현실과 조화를 이루는 것 말이다.

PART 3

마음

텅 빈 마음

의식을 지닌 존재인 당신은 감각을 통해 들어오고 있는 세계를 인식한다. 하지만 당신의 인식 범위는 외부의 세계에만 한정되어 있지 않다. 당신은 내부의 것도 경험한다. 외부세계가 들어오면 때로는 그것이 당신의 기분을 좋아지게 만든다. 또 어떤 때는 기분을 나빠지게 만든다. 사실 외부세계는 원자들의 구조물에 지나지 않는데 그것이 왜 당신의 내부에 영향을 미칠까? 원자들의 덩어리가 어떻게 당신의 마음을 온통 혼란에 빠뜨릴 수가 있는 것일까? 무슨 일이 일어나고 있는 걸까?

당신은 세 가지 다른 것들을 경험할 수 있다고 했다. '외부세계'와 '마음'과 '감정' 말이다. 외부세계의 본질은 깊숙이 살펴보았으니, 의식의 두 번째 대상인 마음을 이해하는 여행을 떠나 보자. 마음이란 무엇일까? 우리는 모두 마음이 무엇인지 알고 있다. 우리는 살아가면서 날마다 마음을 경험한다. 가장 단순한 의미로, 마음은 생각이 존재하는 곳이다. 우리는 늘 생각을 품고 있다. '저자는 왜 저렇게 차를 천천히 모는 거야? 지각하겠네. 이걸 어쩐다?' 이것은 말할 것도 없이 생각이다. 그런데 그건 어디에 존재할까? 물론 외부세계에 존재하는 것은 아니다. 과학자들이 아무리 애를 쓴들 당신의 생각을 읽어 낼 수는 없다. 하지만 당신은 읽을 수 있다. 수십억 달러를 써서도 당신의 생각을 읽는 기계는 만들어 낼 수 없다. 하지만 당신은 아무런 애도 쓰지 않고 읽어 낼 수 있다. 이것은 당신이 가진 꽤 놀라운 능력이다.

잠시 이 사실을 곰곰이 새겨보자. 당신의 의식은 기계가 탐지하지 못하는 것들을 인식하는 능력을 가지고 있다. 바로 생각과 감정 말이다. 의식의 이 대상들은 분명 존재한다. 하지만 그것은 우리가 '물질계'라 부르는 곳에 존재하지 않는다. 우리의 과학자들은 온 우주가 결국은 에너지임을 보여 주었다. 생각과 감정은 단지 너무나 높은 주파수로 진동하는 에너지여서 기계가 그것을 감지하지 못하는 것이다. 언젠가는 기계도 그것을 해낼 수 있게 될지도 모른다. 미세한 진동을 감지할 수 있는 기계를 만들어 내기 전까지 기계는 감마선과 엑스레이, 심지어는 적외선조차 탐지하지 못했다.

당시에 과학자들은 이 고주파수의 대상들을 우리 세계 밖의 어떤 것으로 제쳐 놓지 않았다. 그들은 단순히 전자기파 스펙트럼의 정의를 확장하여 그것들을 그 안에 포함시켰다. 고주파의 진동이 항시 존재하지 않았던 것이 아니라 우리가 그것을 탐지해 내지 못했던 것일 뿐이다.

마찬가지로 당신의 생각은 거기에 있고, 늘 거기에 있었다. 과학자가 "아니오, 당신의 생각은 거기에 없소. 그건 탐지가 안 되니 존재하지 않소"라고 한다면 어떨까? 당신은 그저 웃고 말 것이다. 당신은 생각이 거기에 있음을 안다. 우리가 이야기해 온 바로 그 의식인 당신은 이 높은 진동수의 에너지에서 창조되어 나오고 있는 생각에 주의를 보낼 수도 있고 보내지 않을 수도 있는 능력을 가지고 있다. 근래에 와서 사람들은 이 빠른 진동의 주파수대를 정신계 (mental plane, 멘탈계)라 칭해 왔다.

마음이라는 주제에 관해서는 많은 의문이 올라온다. 예컨대 생각이란 무엇이고 그것은 어디서 생겨나오는가? 과학자들은 당신의 생각에 직접 다가갈 수가 없으므로 오로지 당신만이 이 의문에 답할 수 있다. 당신은 그 안에 있고, 자신의 마음을 들여다볼 수 있다. 당신은 '나의 마음'이나 '나의 생각'이라는 말까지 사용한다. "어젠 끔찍한 생각을 했어. 요즘 들어 내 생각이 정말 날 괴롭히네." 자신이 끔찍한 생각을 했다는 걸 당신은 어떻게 아는가? 자신의 생각이 당신을 괴롭힌다는 걸 당신은 어떻게 아는가? 당신이 그 안에 있기 때문에 그 안에서 생각을 경험한다는 게 어떤 것인지를 아는 것이다. 마음이란 생각이 만들어질 수 있는 아주 높은 진동수의 에너지장이라고 할 수 있다. 마음은 생각 자체가 아니다. 마음은 생각이 그 안에 존재할 수 있는 에너지장이다. 구름은 하늘이 아니라 하늘에 존재하고 하늘에 있는 재료로부터 생성되듯이, 생각은 마음이 아니라 마음속에 존재하고 마음속에 있는 재료로부터 생성되어 나온다.

불교는 텅 빈 마음에 대해 말한다. 가장 순수한 의미에서 '마음'이라고 할 때 우리가 가리키는 것도 바로 그것이다. 그것은 그 안에 아무것도 없는, 하나의 에너지장이다. 거기에는 생각이 하나도 없다. 거기에는 우리가 마음이라 부르는, 절대적으로 고요하고 형상 없는 에너지장만이 있다. 이것은 관념이 아니다. 당신도 거기에 갈 수 있다. 깊은 경지에 이른 명상가는 이것을 이해한다. 텅 빈 마음으로, 그저 공(空) 속에 머문다. 당신은 거기에 있지만 아무런 생각이 없다. 그저 완전히 적막하고 완전히 비어 있다. 그것은 마치 소프트웨어가 설치되어 있지 않은 강력한 컴퓨터와도 같다. 컴퓨터는 강력한 성능을 지니고 있지만 아무것도 하지 않고 있다. 텅 빈 마음이란 이와 같다. 그것은 멍청한 게 아니다. 사실 그 잠재된 능력은 어마어마하다. 단지 아무 생각도 만들어 내지 않고 고요히 있는 것일 뿐이다. 기본적으로 이것이 불교가 말하는 '텅 빈 마음'이 의미하는 것이다. 그리고 마음을 이해하기 위한 우리의 여행은 이 지점에서 출발한다.

외부세계는 이 마음의 장과는 무관하게 존재한다. 마음이 고요하든 시끄럽든 상관없이 지구는 축을 중심으로 계속 돌아가고, 은하계들은 우주 공간을 계속 떠다닌다. 물질계를 이루는 에너지는 정신계를 이루는 에너지보다 더 낮은 진동수로 진동한다. 당신도 몸소 경험하고 있어서 알지만, 의식은 물질계와 정신계를 동시에 인식할 수 있다.

텅 빈 마음이라는 개념을 살펴보았으니, 그 마음의 장 속에서 대상들을 생성시키는 과정을 시작해 보자. 그 안에 있는 당신, 곧 의식이 물질계를 인식할 수 있도록, 당신은 보이는 것, 들리는 것, 냄새나는 것, 맛을 가진 것, 촉감을 가진 것들을 포착할 수 있는 다섯 가지 감각기관을 장착한 육체를 가지고 있다. 이 육체는 별들이 당신에게 주고 진화 과정이 완성시켜 준 하나의 선물이다. 감각의 존재로 인해 외부세계에서 나오는 진동이 들어온다. 그 진동은 감각기관의 수용체를 통과하여 감각신경을 타고 두뇌로 올라오고 마음속에 나타나, 거기서 당신은 그것을 경험한다. 이렇게 외부세계를 보여 주는 것이 마음의 가장 기본적인 기능 중 하나이다. 그것은 플로리다에 있으면서 캘리포니아에서 벌어지는 야구 게임을 보는 것과도 흡사하다. 실제의 물리적 빛과 소리의 진동은 경기장의 카메라에 포착된다. 그리고 그것은 디지털 신호로 바뀌어서 당신 집의 수신기로 전송된다. 그러면 그 수신된 신호가 TV 화면상에 영상으로 나타난다. 당신은 경기를 보고 있는 것처럼 보이지만 그렇지 않다. 당신은 카메라가 포착하여 전송한 신호가 만들어 낸 영상을 보고 있다.

당신이 주변 세계를 '보고' 있을 때 일어나는 일이 이것과 얼마나 유사한지는 놀라울 정도다. 당신의 감각기관은 꼭 카메라의 센서가 하는 것처럼 외부세계에서 오는 다양한 진동을 포착한다. 당신의 감각은 보이는 것과 들리는 것뿐만 아니라 다섯 가지 다른 진동을 포착할 수 있다. 당신의 감각기관은 그 다양한 진동들을 전자기적인 신경신호로 변환하여 두뇌로 보낸다. 그러면 그 신호가 마음의 에너지장 속에서 원래의 물리적 원본과 흡사하게 재생된다. 당신은 마음속에서 재생된 이미지를 인식함으로써 눈앞에서 일어나고 있는 일을 알아차리게 되는 것이다. 플로리다에 있는 TV 화면상에 재생된 이미지를 인식함으로써 캘리포니아에서 벌어지는 야구 경기를 시청하는 것과 마찬가지로 말이다.

당신은 저 밖의 외부 세상에 있는 것이 아니라, 당신의 내면에 있다. 그것도 그 안 깊숙이. 세상일은 모든 곳에서 벌어지고 있지만 당신은 오직 감각이 포착해서 마음속에 재생시켜 주는 그 부분만을 경험한다. 마음은 더 이상 텅 비어 있지 않다. 마음은 그 에너지를 당신의 감각 범위 안에 든 것들의 정확한 복사 이미지로 만들었다. 말한 대로, 당신은 밖을 향해 세상을 내다보고 있는 것이 아니다. 외부세계가 당신의 마음속에 재생되고 있고, 당신은 그 마음속 이미지를 보고 있는 것이다. 그것은 꿈을 꾸고 있을 때와 실제로 그리 다르지 않다. 꿈꿀 때, 이미지는 마음속에서 만들어지고 있다. 그리고 당신은 그것을 보고 있는 것이다. 깨어 있을 때도 마찬가지다. 그 마음속의 이미지를 마음이 직접 만들어 내는 것이 아니라 감각기관이 만들어 내고 있다는 점만 빼고는 말이다. 마음속에서 만들어지는 이 이미지는 당신 집의 TV 화면상에 만들어지는 이미지와 비슷하다. 꺼져 있던 TV 화면이 지금은 캘리포니아에서 벌어지는 야구 경기의 광경으로 바뀌어 있다. 마찬가지로 텅 비어 있던 당신의 마음이 지금은 주변의 외부세계의 모습으로 바뀌어 있는 것이다.

마음은 매우 비상하다. 당신의 TV는 수신된 디지털 신호를 해독하여 화면의 이미지와 스피커의 소리로 재생되게 하는 디지털 신호 재생장치를 가지고 있다. 당신의 마음은 코드화된 신경신호를 받아서 그것을 당신 눈앞의 생생한 전체 광경으로, 게다가 질감과 냄새와 맛까지 더해서 재생시켜 놓는다. 마음은 그 높은 에너지의 진동을 재료로 이 모든 가상현실을 정교하게 재생해 낸다. 외부세계의 이토록 정교한 복제물을 만들어 내는 것이 마음의 중요한 기능 중의 하나인 것이다. 그것이 그 안에 있는 당신에게 외부세계의 경험을 허락한다. 마음은 이토록 놀라운 선물이다. 그것은 본래 형상 없는 것이지만 가장 강력한 컴퓨터가 만들어 낸 것보다 더 훌륭한 형상을 창조해 낼 수 있다. 마음은 실로 최초의 개인용 컴퓨터다. 사실 그것은 너무나 개인적이어서 외부의 형상을 필요로 하지도 않는다. 이 컴퓨터는 화면도, 연산장치도, 그래픽 장치도 다 내장되어 있고 입력을 위한 키보드도 마우스도 음성인식 장치도 필요가 없다. 그것은 당신과 너무나 정교하게 연결되어 있어서 당신의 의지와 가슴의 아주 미세한 박동에도 응답한다.

우리는 이제 텅 빈 마음에서 출발하여, 당신이 주변 환경을 경험할 수 있도록 외부세계를 재생해 주는 마음에 이르렀다. 경험은 삶의 감로수다. 당신은 그 안에 있고, 마음의 재생능력을 통해 세상을 경험할 수 있다. 경험할 수 없다면 삶이란 것이 대체 무슨 의미가 있겠는가? 우리는 외부세계가 어떻게 생겨났는지를 논하느라 많은 시간을 보냈다. 당신 주변의 모든 것을 낳은 백수십억 년에 걸친 별들의 활동 말이다. 당신은 그것이 어떻게 생겨났는지를 보았고, 이제는 형상의 세계에 속하지 않는 의식이 어떻게 —마음의 기적을 통해— 그것을 경험할 수 있는지를 보고 있다.

사실 의식이야말로 가장 심오한 기적이다. '자신이 아는 그것'을

'안다'는 사실을 '아는' 실체 말이다. 그 밖의 모든 것은 당신이 의식하는 대상일 뿐, 진정한 마법은 의식 그 자체다. 의식이 마음속에 상영되는 현실을 그저 경험하고만 있을 때, 그것이 소위 지금이 순간에 있기라는 것이다. 이 논의의 이 지점에 이르면, 그밖에는 있을 곳이 달리 없다. 현실세계는 밖에 있고, 그것이 당신의 마음속에 비추어지고 있고, 당신은 제 앞에 펼쳐지고 있는 형상들을 인식한다. 이 아주 단순한 상태에서, 당신은 경험하게끔 된 것을 경험하고 있다. 당신에게 주어지고 있는 순간의 선물인 것이다. 그것이 들어오고, 당신은 그것을 경험했으므로 그저 그로부터 배운다. 거기에는 아무런 혼란이 없다. 거기에는 단지 자기 앞에 펼쳐진 순간과의 온전한 일체감만이 있다.

모든 사람이 이 같은 드문 순간들을 경험한다. 일심 집중된 그런 의식의 상태를 가져다준 것은 어쩌면 아름다운 석양이었을 수도 있다. 어느 모퉁이를 도는데 문득 자줏빛과 오렌지빛과 자홍빛이 아름답게 어울린 저녁노을이 눈에 들어온 것이다. 그것은 당신이 본 그 어떤 것보다도 아름다워서 당신의 넋을 완전히 앗아가 버렸다. '넋을 앗아가 버렸다'니, 그게 무슨 뜻일까? 그것은 당신의 마음속에 노을의 광경 외에는 아무것도 남아 있지 않았다는 뜻이다. 주택담보 대출금도, 남자친구와의 문제도, 과거에 대한 걱정도. 유일한 경험은 이 아름다운 노을이 당신의 눈을 통해 들어와서 마음속에 펼쳐지고, 당신의 온 존재와 하나로 녹아 버린 것, 그것뿐이다. 당신의 의식은 여기저기 흩어져 있는 게 아니라 그 순간의 경험에 온통, 오롯이 집중되어 있었다. 그것은 실로 영적인 경험이었다.

그것이 바로 『파탄잘리의 요가수트라』가 '경험과 경험자가 하나가 된 상태'라 일컫는 그것이다. 당신은 주체와 대상 사이에 융합이 일어나도록 허용한 것이다. 바로 앞에서 일어나고 있는 일에서 의식을 떼어내어 혼란시켜 놓는 것이 아무것도 없다. 이것이 요가의 '드하라나(dharana, 일심 집중)'의 상태다.

당신은 이처럼 일심으로 의식이 빨려들어가는 상태에 이르렀던 또 다른 경험이 있다. 사랑하는 이에게 깊이 다가간 순간, 모든 게 다 괜찮았고, 당신은 그 순간 속에서 자신을 잃어버렸다. 갑자기 온전한 아름다움과 평화가 덮쳐 온다. 의식이 의식하는 대상과 하나로 녹아들 때, 당신은 신의 임재를 느낄 수 있다. 요가 사상에서 참나는 '삿 칫 아난다(sat-chit-ananda)', 곧 '영원한 의식의 희열(eternal-conscious-bliss)'이라 불린다. 참나가 단 하나의 대상에 일심 집중할 때, 그는 참나의 본질—온전한 평화, 지극한 만족, 압도하는 희열—을 경험한다. 일심 집중된 의식의 흔들림 없는 상태에 들어가는 법만 배울 수 있다면 그것은 우리 앞에 언제든지 열려 있다.

12 개인적인 마음의 탄생

우리는 왜 고도로 집중된 황홀한 의식 상태에서 늘 살지 않는 것일까? 무엇이 잘못되었을까? 무엇이 이 전설의 낙원에서 우리를 쫓겨나게 한 걸까?

　그것은 아주 단순하다. 세계가 등장하고, 그것은 아름답다. 그 세계가 먼 길을 돌아 당신 안으로 들어올 때 그것을 경험하는 그 자체는 엄청난 감동을 준다. 그러나 그 모든 외부세계가 똑같게 느껴진다는 뜻은 아니다. 열기는 추위와 다르게 느껴진다. 둘은 다르기 때문이다. 한 쪽이 다른 쪽보다 낫다는 뜻이 아니다. 그 둘은 그저 느낌이 다르다. 어떤 사람이 당신을 부드럽게 만진다. 그것은 그가 달려와 부딪치는 것과는 아주 다르게 느껴진다. 이처럼 다른 것들은 서로 다르게 경험된다. 불교는 만물이 고유의 본성을 지니고 있다고 말한다. 똬리를 튼 방울뱀은 팔에 내려앉는 나비와는 아주 다른 경험으로 마음에 들어온다. 방울뱀은 자신의 고유한 진동을 방출함으로써 자신의 본성을 내보인다. 그 진동은 그 나름으로 경이롭다. 하지만 물론 나비와 똑같은 내적 경험을 만들어 내지는 않는다. 여기에는 잘못된 것이 아무것도 없다. 그것은 매우 현실적이다. 다양한 경험을 하는 것에 무슨 잘못이 있는가? 나비가 허구한 날 날아와 앉는다면 그것은 너무나 평범한 일이 되어서 결국은 아무것도 아니게 될 것이다. 신은 세상을 언제나 흥분되고 신나는 곳으로 만드는 방법을 알고 있었다.

사실 당신의 의식은 그 안으로 흘러들어오는 지식으로 인해 확장되어 간다. 당신은 자신이 하고 있는 경험을 통해 배우고 성장해 간다. 삶을 통한 이 배움이야말로 진정한 영적 성장이다. 그것은 영혼의 진화이다. 당신이 배우는 모든 것이 당신을 더 똑똑하게 하는 것과 마찬가지로, 당신이 하는 모든 경험은 당신을 더 지혜로워지게 한다. 방울뱀의 존재가 마음에 들어올 때, 그것은 실로 편안한 경험은 아니다. 그것은 나비와 같이 느껴지지 않는다. 하지만 그것만큼이나 풍부한 경험이고 그것만큼이나 중요하다. 여기까지도 기꺼이 마음을 열 수 있다면 당신은 아직도 낙원에 있는 것이다. 아무런 문제도 없다. 그저 배움의 경험이 있을 뿐이다. 어떤 일이 일어나든 당신은 더 커지고 있는 것이다.

그러나 불행히도 우리는 이렇게 살고 있지 못하다. 뭔가가 단단히 잘못되어 버렸다. 낙원에서 쫓겨난 이 일을 느린 화면으로 다시 보자. 먼저 뭔가가 안으로 들어온다. 방울뱀을 가지고 시작하자. 그것은 그리 편안한 경험이 아니다. 사실 방울뱀의 소리를 듣는 것은 누구에게나 불편한 경험이다. 그것은 생사 차원의 불안까지 일으킬 수 있다. 그것은 외부세계의 경험에 대한 강렬한 내적 반응일 것이다.

하지만 이 불편한 내적 반응은 본질적으로 나쁘지 않다. 그것은 그저 다른 진동일 뿐이다. 어떤 색은 위안을 주고 또 어떤 색은 거슬리는 것과 마찬가지로 말이다. 색깔은 좋지도 나쁘지도 않다. 그것은 전자기파 스펙트럼상에서 서로 다른 진동수를 지닌 것일 뿐이다. 당신은 이렇게 다양한 진동을 대해도 편안하게 느끼는 법을 배울 수 있다. 방울뱀이 평생 거기서 소리를 내며 당신 곁에 머물 것은 아니다. 그것은 왔다가 간다. 그리고 그것의 불편한 진동도 함께 갈 것이다. 그러면 또 다른 일이 일어난다. 당신은 성장을 도와줄 경험들로 가득한 터전에서 살고 있다. 당신은 그저 그 안에서 창조계가 들어오고 당신을 지나가는 것을 경험하고 있는 것이다.

하지만 당신은 그만큼 높은 수준의 받아들임을 실천하지는 않는다. 마음속에 펼쳐지는 것을 경험하고 있는 그 안의 당신, 당신은 자신에게 편안하지 않은 것에 저항할 수 있는 능력을 가지고 있다. 당신에게는 자유의지가 주어져 있는 것이다. 그 의지를 마음의 손처럼 사용하여 옳지 않다고 느끼는 생각이나 감정을 밀어낼 수 있다. 물론 당신도 그렇게 해 왔다. 그 저항은 의지의 작용이다. 의지는 당신이 지닌 내적 권능이다. 사실 그것은 의식에서 나오는 힘이다. 태양이 우주 공간 속의 제자리에 머물러 있으면서도 큰 힘을 지닌 빛을 발하는 것과 마찬가지로, 의식은 그 근원의 자리에 머물러 있으면서도 그 주의는 주목하는 무엇에나 보내어진다. 의식이 어떤 것에 주목할 때 그것은 큰 힘을 지닌다. 태양 빛이 돋보기에 의해 모아질 때 큰 힘을 지니게 되는 것과 마찬가지다. 당신은 집중의 힘을 느낄 수 있다. 그것은 실로 집중된 의식이다. 그것이 의지의 힘의 근원이다.

의지의 힘은 마음이 어떻게 명료한 자리에서 혼돈의 자리로 물러나게 되었는지를 이해하는 과정에서 매우 중요한 역할을 한다. 주의가 마음속에 펼쳐진 모든 대상에 골고루 보내지지 않는다는 것은 당신도 분명히 안다. 당신은 어떤 대상에 다른 대상보다 더 많은 주의를 보낸다. 그 대상의 진동이 더 편안했거나 불편했다면 당신은 그것을 '좋아했거나' 아니면 '싫어했을' 것이다. 이것이 각 개인의 마음이 형성된 바탕이다. '호(好)'와 '불호(不好)' 말이다. 그 것은 매우 원초적인 수준에서 일어난다. 기본적으로 그것은 내면의 당신이 들어오는 어떤 것에 대해 아무것도 하지 않고 그저 그것을 온전히 경험할 수 있는지 없는지에 달려 있다. 대상이 그저 지나가도록 허용할 수 있는 능력이 바로 이것이다.

내면의 어떤 경험이 당신에게 중립적으로 느껴지지 않으면 그것은 당신의 의식을 끌어당겨 거기에 집중시킨다. 그런 일이 일어나는 순간, 당신의 마음을 지나가는 것들은 더 이상 동등하지 않다. 어떤 것이 나머지 것들보다 더 도드라지는 것이다. 그런 일을 겪는 이유는 단지 당신이 의식을 거기에 집중했기 때문이다. 당신의 의식은 일종의 힘이고, 당신은 그 힘을 마음속의 특정한 대상에 집중시키고 있다. 의식의 힘이 마음속의 한 대상에 집중되면 그 대상은 다른 대상들처럼 마음을 그냥 지나가지 못한다. 태양풍이 우주 공간을 지나는 물체에 영향을 끼치듯이, 집중된 의식은 마음속을 지나는 대상에 영향을 끼치는 하나의 힘이다.

의식을 마음속의 특정한 형체에 집중시킬 때, 당신은 그 형체가 마음속을 지나가는 능력을 훼방한다. 거기에 집중하는 행위 자체가 그것을 마음속에 머물게 만드는 것이다. 당신도 이것을 안다. 암산을 하려고 할 때 당신은 숫자에 집중하여 그것을 계산하는 동안 마음속에 충분히 머물러 있게 한다. 사실, 어떤 것을 마음속에 품고 있으려면 그것에 의식을 집중해야만 그냥 사라져 버리지 않는다. 의식의 집중은 형체를 마음속에 얼려 놓아 그저 지나가 버리지 않게 만든다. 그러니까 당신이 방울뱀을 보았을 때, 그것도 마음속의 한 독립적인 사물이었을 것이다. 실제로는 방울뱀 외에도 마음속에는 나무와 풀과 하늘과 기타 등등의 사물이 들어와 있었다. 하지만 당신은 방울뱀에만 의식을 집중하고 나머지는 지나가게 했다. 흥미롭게도 당신은 방울뱀에 너무나 의식을 집중한 나머지 방울뱀의 경험이 마음속에 얼어붙어 있게 만든 것이다. 당신이 이 불편한 경험을 온전히 받아들여 들어오게 할 가능성은 없었다. 이것이 저항의 탄생이다.

'온전히 받아들인다'는 것의 의미를 당신은 아는가? 앞서 우리는 아름다운 노을과 완벽한 로맨스의 경험을 이야기하면서 이것을 논했다. 당신은 이 아름다운 순간을 온전히 경험하고 싶었고, 그래서 마음을 열어 거침없이 당신 존재 속으로 들어오게 했다. 이것은 어떤 것이 당신 존재의 가장 깊은 속을 건드리는, 삶의 특별한 순간들이다. 방울뱀이 그 속까지 들어갈 길은 없다. 그것은 생각해 볼 필요도 없다. 저항이란 단지 편하지 않은 것에 대한 자연스러운 반응이다. 당신은 그런 것에서는 떨어져 있으려고 애쓴다.

당신은 그 안에서 어떤 것을 멀리한 적이 있는가? 어쩌면 과거에 당신에게 상처를 준 누군가의 어떤 말, 아니면 어릴 때 겪었던 힘든 일, 아니면 끔찍한 이혼의 경험 등등 말이다. 당신은 물론 그런 일들을 멀리했다. 하지만 그것이 그런 일이 일어나지 않았다는 뜻은 아니다. 일어나지 않았다면 그게 그 안에 있지도 않을 테니까. 그 일이 일어나는 것을 당신이 막을 수는 없지만 그것이 속으로 들어오도록 놔둬야 할 필요도 없다. 마음은 넓은 장소다. 그 경험이 처음으로 마음속에서 이미지로 포착된 곳과 그것을 실제로 온전히 경험하는 곳 사이에는 여유 공간이 많다. 그 마음속의 이미지를 멀리하려면 의지력을 사용하면 된다. 이것이 저항의 가장 원초적인 발동이다.

'방울뱀을 경험하기'에 저항하고 그 순간의 나머지 것들은 지나보내고 나니 나비가 한 마리 날아온다. 나비는 당신의 팔에 사뿐히 내려앉고, 그것은 너무나 아름다운 경험이어서 당신은 절로 거기에 의식을 집중한다. 나비가 다시 날아가 버릴 때, 당신은 그것이 싫어서 의지력을 사용하여 그 마음속 이미지를 붙잡는다. 이것이 불교가 말하는 집착이다. 나비 자체는 날아가 버렸으니 붙잡아 놓을 수가 없다. 그래서 당신은 마음속 나비의 정신적 이미지를 붙잡아 놓으려고 애쓴다. 당신은 방울뱀을 경험한 느낌은 밀어내고 나비를 경험한 느낌은 붙잡는다. 이 양쪽의 정신적 이미지는 둘 다 마음을 지나가는 정상적인 여정을 마치지 못한다. 당신은 그것을 존재의 속 깊이 온전히 받아들여 경험하지 못했을 뿐만 아니라, 마음속에 박혀 남겨진 이 정신적 패턴들을 가지게 되었다. 방울뱀도 나비도 당신 앞에 남아 있지 않지만 그것은 마음의 에너지장 속에 패턴들로 남아 있다. 호불호의 힘이란 이런 것이다.

집착도 저항도 그 정신적 이미지를 당신의 마음속에 붙잡아 놓는다. 이것을 이해하는 것이 매우 중요하다. 경험하는 마음은 TV 화면과 같은 역할을 한다. 그것은 송신된 이미지를 펼쳐 보여 준다. 그런데 이제 당신은 외부세계가 더 이상 만들어 내지 않는 이미지를 붙잡아 놓고 있다. 그것은 당신의 마음속에 정신적 패턴으로 박혀 버렸고, 그 결과로 당신은 현실과 조화를 이루지 못하고 있다. 그날 당신은 현실이 던져 준 선물을 그 안에서 경험하고 있었는데, 지금은 마음속에 붙잡아 두었던 그 패턴까지 덤으로 경험하고 있다. 당신 마음속의 이 이미지는 다른 사람들 마음속의 이미지와는 완전히 다르다. 각 개인의 마음속에 갇혀 있는 정신적 패턴들은 저마다 다르고 매우 개인적인 것이다. 그것은 우리가 과거의 경험과 상호작용하는 방식에 의해 생겨나온다. 우리는 모두가 저마다 다른 과거를 경험했고, 저마다 다른 방식으로 그것을 대했기 때문에 우리의 마음속에 품어진 이미지들은 서로 완전히 다르다. 이것이 개인적인 마음의 탄생이다.

문제는, 현실은 개인적이지 않다는 점이다. 이미 살펴보았듯이, 이 세계는 우리가 창조하지 않았다. 우리는 단지 주변에서 펼쳐지고 있는 창조의 기적을 경험하고 있을 뿐이다. 거기에는 물론 다른 많은 것들과 함께 방울뱀도, 나비도 있다. 하지만 이제는 눈앞에 실제로 존재하지 않을 때조차도 '방울뱀'과 '나비'는 당신의 마음속에 있다. 당신이 마음속에 이런 정신적 인상들을 품고 있으니, 이제 현실은 당신의 주의를 얻기 위해 그것들과 경쟁을 벌여야만 한다. 이 내부의 인상들의 끊임없는 교란 때문에 외부세계에 오롯이 집중하는 당신의 능력은 방해를 받을 것이다.

13 낙원에서의 추방

저항은 낙원에서의 추방이라 할 수 있는 사건의 발단이다. 원래 당신은 이 경이롭고 변화무쌍한 창조계를 인식하고 있는 것만으로도 좋았다. 그것은 당신이 배우고 성장해 가도록 끊임없는 경험의 선물을 제공해 주었다. 음악이라는 선물을 생각해 보라. 음악에 깊이 몰입될 때, 거기에는 잡념이 없고 오로지 음악만이 물처럼 흘러 들어와 존재의 깊은 속을 적신다. 음악을 듣는 사이에 당신은 황홀경으로 날아오른다. 마음이 맑을 때는 모든 것이 이런 식으로 들어온다. 당신은 자신에게 쏟아지는 것을 경험하며 천상을 노닐거나, 아니면 존재의 내적 고요 속으로 깊이 침잠한다. 낙원으로 돌아온 것이다. 모든 것이 그저 아름답다.

마음속의 방울뱀이나 나비를 붙들고 있으면 그와 같은 순수한 의식 상태에 머물 수가 없다. 이 두 정신적 패턴은 당신의 주의를 끌어당기는 강력한 전하를 띤 대상이 되어 있다. 마음이 맑았을 때는 당신의 주의를 끈 것은 외부세계가 지나가면서 펼쳐 놓은 것들이었다. 그 광경들은 매우 만족스럽고 재미있었지만 그에 대해 당신이 아무런 짓도 하지 않았기 때문에 그것은 그저 왔다가 갔다. 그와는 반대로, 당신이 마음속에 붙들어 놓은 강력한 전하를 띤 대상들은 왔다가 가지 않는다. 당신 앞의 세계는 왔다가 가지만 이 마음속의 대상들은 당신이 마음속에 붙들어 두고 있기 때문에 남아 있다. 게다가 그것은 다른 것들보다 더 중요한 것으로 분류되어 있기 때문에 당신의 의식은 이 대상들 앞에서 더 잘 교란된다.

더 이상은 모든 것이 동등하지 않다. 그리고 이것이 중요한 문제를 일으킨다. 그다음 일은 당신도 안다. 길을 걸어가는데 밧줄이 떨어져 있다. 하지만 밧줄은 더 이상 당신이 방울뱀을 보기 이전처럼 느껴지지 않는다. 밧줄이 방울뱀을 상기시킨다. '상기시킨다'는 건 무슨 뜻일까? 그것은 방울뱀이 아니라 밧줄이다. 그럼에도 밧줄이 들어오면 의식은 이제 두 가지 선택지를 갖는다. 들어오는 밧줄에 모든 주의를 기울이거나, 아니면 마음속에 박혀 있는 방울뱀의 부정적 이미지에 의해 교란되거나. 마음은 즉시 이 두 가지 마음의 대상을 합쳐서 하나로 만들어 놓고는 겁에 질릴 것이다. 밧줄을 보고 겁에 질린다고? 그렇다. 공포의 밧줄.

　당신의 마음속에 박힌 나비의 이미지에도 비슷한 일이 일어난다. 나비가 날아간 후에도 당신은 여전히 마음속의 이미지에 집중하고 있다. 아직도 기분이 좋아서 그것이 더 이상 지금 여기의 현실이 아닌데도 붙들어 두려고 애쓰고 있다. 그때 어떤 사람이 지나간다든지, 밖에서 뭔가 새로운 것이 들어온다. 당신의 마음은 이 새로운 이미지를 완벽하게 보여 주지만 의식은 그것을 온전히 보고 있지 않다. 당신의 의식은 아직도 마음속에 남아 있는 나비의 이미지 때문에 산만하다. 원래는 당신 앞에 펼쳐진 순간이 곧 마음속에서 하고 있는 경험이 되었다. 그런데 이제 당신은 더 좋아하는 것이 생겨서, 눈앞의 현실보다는 나비의 정신적 이미지를 경험하고 싶어 한다. 그것은 의식이 집중할 완전히 새로운 세계가 되었다. 당신이 마음속에 지어낸 세계 말이다. 그 세계는 현실의 창조계와 일치하지 않는다. 그 마음속 세계는 당신이 지나 보내지 않았던 마음의 대상을 가지고 만든 당신 개인의 창조계이다. 그것이 마음속 이미지가 의미하는 것이다. 과거에 일어났지만 당신이 일부러 마음속에 붙들어 둔 것들 말이다. 곧 알게 되겠지만, 이런 인상들이야말로 결국은 자아개념, 곧 개인적 자아로 자라게 될 최초의 씨앗들이다.

　이것을 좀 더 명확히 살펴보기 위해 다시 TV 화면의 예를 들어 보자. 플라스마 화면이 처음 나왔을 때, 그것은 '잔상'이 있었다. 제조사는 한 이미지에 너무 오래 멈춰 놓고 있으면 그것이 플라스마 화면을 태워서 이미지의 그림자를 남기게 될 것이라고 경고했다. 쇼가 이어져도 이전의 이미지는 그대로 남아 있을 것이었다. 당신은 그런 TV를 보는 것이 좋겠는가? 뉴스를 다 보고 영화를 틀었는데도 아나운서의 잔상이 영화 장면 위에 겹쳐 보인다. 이것이 바로 나비와 방울뱀의 경우에도 일어나고 있는 일이다. 당신은 마음의 화면에 이 다른 이미지들을 품고 있기 때문에 더 이상 자기 앞에서 무슨 일이 일어나고 있는지를 또렷이 볼 수가 없다. 당신이 화면을 망쳐 버린 것이다. 그럴 의도는 없었다. 유쾌하지 않게 느껴진 경험을 옆으로 치워 두는 것은 아무런 잘못이 없는 것 같았다. 그래서 당신이 그 경험에 저항했을 때, 그것이 어디로 갔으리라고 생각되는가? 그것은 질긴 인상으로 당신의 마음속에 저장되었다.

이런 잔상들이 가져오는 결과는 느린 화면으로 잘 살펴볼 필요가 있다. 처음에는 창조의 기적이 일어났다. 그 기적은 당신이 경험할 수 있도록 감각을 통해 들어오는 것의 이미지를 창조해 냈다. 어떤 지점에서 당신은 특정한 진동이 좋지 않아서 그것이 마음속에 펼쳐졌을 때 밀쳐 내어 버렸다. 그 의도적인 저항이 그것을 마음속에 박혀 남아 있게 만들었다. 여기가 바로 개인적인 마음이 생겨나는 지점이다. 앞서 우리는 정말로 개인적인 것은 아무것도 없다고 말했다. 하지만 당신은 깨끗한 당신의 마음속을 얼어붙은 과거의 이미지로 채워 놓기를 선택했다. 이 인상들은 당신의 마음속에 남아 있으면서 당신의 의식을 끌어당길 것이다. 이제 당신은 남은 평생 동안 당신의 모든 경험을 왜곡시켜 놓을 제한적이고 경도된 현실관을 갖게 되었다. 이것이 개인적인 마음이 지닌 힘이다.

이제까지 우리는 당신이 저항한 방울뱀과 집착한 나비에만 주목했다. 그것만으로도 당신의 현실 경험을 왜곡시키기엔 충분하다. 하지만 자신에게 정직해져 보라. 이처럼 감정으로 충전된 인상들을 당신은 얼마나 많이 가지고 있는가? 당신은 평생을 이렇게 해 왔다. 게다가 저장된 인상들은 서로를 강화시킨다. 이제 당신은 내면에 방울뱀의 이미지를 저장해 놓았으므로 아기가 갖고 노는 방울 소리에도 걸핏하면 겁을 먹게 되었다. 실제로 그 불편한 느낌은 너무 기분 나빠서 그 아기 근처에는 접근조차 않으려고 할 수도 있다. 이것이 바로 개인적 습성이고, 이곳이 모든 개인적 호불호가 생겨나는 지점이다. 일단 호불호가 만들어지면 그것이 당신 삶의 모든 경험을 지배할 것이다.

마음속에 박혀서 남아 있는 이런 이미지를 요가 과학은 삼스카라(samskara)라 부른다. 그것은 『우파니샤드』라는 힌두 경전에서 거론된다. 지그문트 프로이트가 억압이론을 논하기도 수천 년 전의 사람들이 어떻게 이것을 알고 있었을까? 그것은 그들이 명상가

였기 때문이다. 그들에게는 그것을 가르쳐 줄 사람이 필요하지 않았다. 그들은 자신의 마음속에서 그것이 일어나는 것을 보았다. 깨어 있는 의식 속에 고요히 머물러 있으면 자기 앞에 무엇이 지나가는지를 알아차릴 수 있다. 당신은 자기 마음의 궁극적 경험자이다. 당신이 거기에 주의를 기울이지 않고 있을 뿐이다.

거기에 주의를 기울이는 대신 오직 나비를 좋아하고 방울뱀은 싫어하는 일에만 마음이 매여 있어서 당신은 고요한 의식 속에 머물러 있기를 잊어버리고 있는 것이다. 주변 세계가 들어와서 당신이 저장해 놓은 이미지를 자극하여 일깨워 놓으면 당신은 더 이상 현실을 객관적으로 관찰할 수 없게 된다. 의식은 일깨워진 삼스카라에 끌려가고, 모든 것이 왜곡된다. 이것이 당신의 개인적 자아, 곧 인격의 바탕이다.

인격이란 무엇일까? 그것은 당신이 자신에 관하여 마음속에 구축하는 무엇이다. '나는 방울뱀을 좋아하지 않는 사람이야. 나는 나비를 좋아하는 사람이야.' 당신은 이렇게 자아 관념을 구축해 간다. 다른 사람들에게는 그런 것이 없다. 그들은 천둥 번개와 무는 개와 귀찮게 다가드는 고양이에 대한 인격을 형성시켰다. 모든 사람이 각기 다른 경험을 했고, 그래서 모두가 각기 다른 개인적 마음을 내면에 구축해 가고 있다. 아무도 그것을 의도적으로 하지는 않는다. 반사적으로 그렇게 하는 것이다. 그것은 매우 자연스럽게 일어난다. 왜냐하면 우리는 삶을 열린 마음으로 경험할 준비가 되어 있지 않기 때문이다. 가장 높은 경지는 편안한 마음으로 삶의 경험에서 배우고 성장해 가는 것이다. 그런데 어떤 경험이 편안하지 않다면 그것에 저항하기 위해 의지를 작동시킨다. 그것은 단지 당신이 그 분야에서 아직 충분히 진화하지 못했다는 뜻이다. 물리적 차원의 진화가 있고, 영적 차원의 진화가 있다. 양쪽이 다 환경에 적응할 수 있는 당신의 능력을 요구한다. 물리적 진화는 몸의 적응 능력을, 영적 진화는 그 안의 '당신', 곧 영혼의 적응 능력을.

어떤 사건이 들어온다면 그것은 당신이 경험하게끔 되어 있었던 것이다. 그것을 경험하기에 어려움을 느낀다면, 그것이 바로 받아들이기를 배워야 하는 이유다. 당신은 무슨 권리로 현실에 매달리거나 저항하는가? 당신이 그 현실을 만든 것이 아니다. 그것을 만들어 낸 백수십억 년의 세월 동안 당신은 거기에 있지도 않았다. 우리는 다시금 이 질문으로 돌아왔다. '토성에 고리가 있는 게 마음에 드시나요?' 당신의 대답은 '그건 나와 전혀 상관없는 일이오'였다. 당신 앞에 놓이게 되기까지 백수십억 년이 걸린 현실의 그 어떤 귀퉁이에 대해서도, 그것만이 유일하게 올바른 대답이다.

진정한 의문은, 현실이 좋은가가 아니라 왜 현실을 불편해하는가이다. 그 이유는 사실 매우 단순하다. 그것을 소화해 낼 수가 없기 때문이다. 어떤 경험은 불편한 느낌을 남기지 않고 그냥 지나가게 하기가 어렵다. 하지만 그렇다면 그것을 어떻게 하는지를 배워야 한다. 당신은 테니스 치는 법을 배웠다. 피아노도 배웠다. 당신은 온갖 것들을, 심지어 미적분법까지도 배웠다. 처음에는 그런 것들을 하는 법을 몰랐다. 그것을 편안하게 해내기를 터득할 때까지 그것은 분명히 불편했다. 영혼은 배울 줄 안다. 그 안의 당신, 의식은 현실을 경험하는 법을 배울 수 있다. 그러기 위해서는 저항하지 말아야 한다. 그러지 않으면 당신은 현실을 금방 밀쳐 내어 버릴 것이다. 그것이 바로 받아들이기란 것이다. 저항하지 않기. 그것은 현실이 당신 존재의 가장 높은 부분 한가운데를 꿰뚫고 지나가도록 온전히 허용하리라는 결의를 품는 것이다. 결국 당신이 포기하는 것은 현실에 대한 저항뿐이다. 당신은 그것이 들어오도록 내버려 두는 법을 배운다. 그것이 안으로 쏟아져 들어오는 것이 불편하더라도 말이다.

나비의 경우처럼 긍정적인 경험도 마찬가지다. 당신이 좋아하는 사람이 와서 말한다. "알아? 난 널 정말 좋아해. 넌 아주 매력덩어리야. 그래서 너와 함께 있는 게 즐겁다고." 그것은 너무나 멋진 경험이라서 당신은 당장 그의 아름다운 말에 집착한다. 그는 돌아가서 자신이 하던 일을 하지만 당신은 그럴 수가 없다. 하던 일에 집중할 수가 없다. 마음속에 박힌 인상이 계속 마음을 흐트려 놓기 때문이다. 이것은 지금 여기에 있기와는 반대다. 당신은 그때 거기에 있기를 수행하고 있는 것이다. 당신은 방금 아름다운 경험을 했다. 그리고 그것을 망쳐 버렸다. 나비의 경우와 같이 그것에 집착함으로써 망쳐 버린 것이다. 삶의 경험 중 하나에 선호를 지어냄으로써 말이다. 이제 전화벨이 울릴 때마다, 그게 멋진 말을 해줬던 그가 아니라는 사실을 확인할 때마다 당신은 실망한다. 당신이 일을 이렇게 만들어 놓았다는 사실을 알아차려라. 누군가가 당신에게 좋은 말을 해줬는데 당신은 그것을 제대로 감당하지 못했다. 그것을 그저 하나의 멋진 경험으로 두지 못했다. 대신 당신은 마음속에서 그것에 집착했고, 그것이 사실상 당신을 혼란 속에 제대로 빠뜨려 버렸다.

당신이 자신의 의지로써 저항을 하든 집착을 하든, 그 잔상은 마음속에 남겨져 머물 것이다. 이제 당신은 과거의 보내지 못한 이미지인 삼스카라를 붙들고 있는 마음의 한 층을 만들어 낸 것이다. 당신은 이 저항과 집착의 행위가 삶의 질을 좌지우지한다는 사실을 깨닫게 될 것이다. 이런 인상들은 지금 이 순간의 현실로부터 당신의 의식을 흩뜨려 놓는다. 그보다 더 나쁜 것은 마음속의 이런 삼스카라에 끊임없이 흔들리고 있으면 당신은 자신의 본성을 결코 경험하지 못하리라는 것이다.

기억과 삼스카라 사이에는 엄청난 차이점이 있다. 컴퓨터에 기억장치가 있듯이 마음도 기억장치를 가지고 있다. 감각이 받아들인 것들의 압축파일을 장기적으로 저장해 놓는 것은 마음 본연의 기능이다. 저장된 이 기억은 약간의 의도만 일으키면 불러낼 수 있다. 어떤 사람의 이름을 알게 된다는 것은 그것이 장기기억에 저장된다는 뜻이다. 그 사람을 다시 만나면 대개 그의 이름이 별 노력 없이 마음의 전면에 떠오른다. 물론 때로는 그 기억을 불러내느라 애를 써야 하는 경우도 있지만 말이다. 이것이 기억이 저장되고 상기되는 일반적인 방식이다.

정상적인 기억과는 너무나 달리, 마음속에 펼쳐진 어떤 사건을 다루기가 힘듦을 경험하면 당신은 의식적으로든 무의식적으로든 의지로써 그것을 억누른다. 당신은 지금이든 앞으로든 그것이 마음속에 들어와 있는 것을 전혀 원하지 않는다. 그래서 그것을 마음에서 완전히 밀쳐 내려고 애쓴다. 이렇게 할 때 당신은 그 사건에 총체적으로 ─감각을 통해 들어온 것과, 정서적으로 느낀 것과, 그에 대해 생각한 것 모두에─ 저항하고 있는 것이다. 이 저항받은 경험의 '꾸러미'는 정상적인 방식으로 당신을 지나갈 수 없다. 당신이 그것을 허용하려 들지 않기 때문이다. 그 사건의 에너지는 통째로 당신의 마음속에 갇힌다. 그리고 그것은 거기에 얌전히 앉아 있지 않는다. 그것은 그 억압된 에너지를 풀어내려고 계속 애쓰기 때문에, 그것이 현재의 경험을 훼방할 뿐만 아니라 과거에 대한 기억까지 왜곡해 놓을 수 있다. 마음속의 억압된 에너지는 마치 컴퓨터 바이러스처럼 의식적인 마음과 잠재의식의 마음을 왜곡시킨다. 다음 장들에서 우리는 이 억압된 에너지 패턴, 곧 삼스카라가 당신의 자연스러운 에너지 흐름까지도 막아 버리는 작동 과정을 깊이 들여다볼 것이다.

영적 성장에 투신하기로 마음먹으면 우리는 과거에 저장되었던 억압을 놓아 보내고 지금부터는 더 이상 아무것도 저장하지 않기를 수행한다. 하지만 이것이 마음의 정상적인 기억 저장 기능까지 멈춤을 뜻하는 것은 아니다. 삶의 경험을 일부러 잊으려고 하는 것이 아니라 단지 경험에 대해 저항도 집착도 하지 않는 것이다. 그럼으로써 그것이 삼스카라로 저장되게 하지 않는 것이다. 그것은 해롭지 않은, 객관적인 기억으로 남는다.

어떤 사람들에게는 아픈 곳을 찌를 수도 있는 예를 들어 보자. 당신에게는 전남편이 있다. '나는 그를 만나고 싶지 않아. 그에 대해서는 말도 하고 싶지 않아. 누가 그의 이름을 부르는 것조차 싫어. 이혼한 지 여러 해가 지났어도 그건 날 불편하게 해!' 이것은 객관적인 기억에 관한 말이 아니다. 이것은 명백히 삼스카라이다. 당신은 남편과 이혼했다고 말하지만 사실상 이혼하지 못했다. 그는 아직도 마음속에서 당신을 괴롭히고 있다. 그가 참석할 것 같은 파티에도 나가지 않는다. 당신은 이런 인상을 마음속에 가두어 두었고, 결국은 아직도 전남편을 붙들고 씨름하는 대체우주를 지어냈다. 정상적인 기억은 이렇지 않다. 정상적인 기억은 얌전하다. 그것은 컴퓨터의 메모리와 같아서, 제멋대로 튀어나오지 않는다. 거기에는 풀어내야 할 억압된 에너지가 없다. 정상적인 기억은 당신이 필요로 할 때만 떠오른다. 그것은 평생을 두고 출몰하며 당신을 괴롭히지 않는다.

다행히도 삶에서 부딪히는 대부분의 것들은 당신에게 중립적이다. 그것들은 가두어지지 않고 지나가지만, 필요할 때는 불러낼 수 있다. 당신은 자동차를 몰고 정지선을 무수히 지나지만 그것이 제멋대로 돌아와서 앞을 가로막지는 않는다. 당신이 날마다 마주치는 자동차와 나무와 건물과 무수한 다른 대상들도 마찬가지다. 그것들은 들어왔다가 지나간다. 하지만 안에서 다루어 내기가 버거운 것들이 좀 있다. 그래서 당신은 거기에 저항하거나 집착한다. 이것이 당신이 현실이라는 낙원에서 쫓겨나게 된 경위다. 이미지들이 마음속에 남아서 초석이 되었고, 당신은 그 위에다 자신의 인격을 구축한 것이다.

인격의 베일

인격은 삼스카라를 바탕으로 마음속에서 돌아가고 있는 컴퓨터 프로그램과도 같다. 그것은 그 안에서 과거에 일어났던 일들, 지금 일어났으면 하는 일, 장차 일어나거나 일어나지 않기를 바라는 일을 당신에게 말해 주고 있다. 당신은 사실상 아주 복잡한 대체현실을 마음속에 지어내 놓은 것이다. 그것은 당신이 놓아 보내지 못하여 저장되어 있는 순간들의 거대한 동물원이다. 이쯤 되면 당신은 방울뱀이 실제로 나타나지 않아도 혼비백산한다. 마음속에 뱀의 경험이 박혀 있다는 사실은 다른 것도 그것을 상기시킬 수 있다는 뜻이다. 사실 당신은 외부의 자극조차도 필요 없이 스스로 뱀을 떠올릴 수 있다. 당신은 할 일을 생각하면서 거리를 운전해서 간다.

그러다가 문득 뱀이 얼마나 무서웠는지를 떠올리면서 다시 무서워한다. 우리는 더 이상 현실을 대하고 있는 것이 아니다. 우리는 그 안에다 엄청난 난장판을 벌여 놓아서, 삶이 이토록 엉망인 것도 놀라운 일이 아니다. 개인적인 마음의 성질은 이러하다.

그 안이 얼마나 난장판이 되어 있든 간에, 개인적인 마음은 당신이 아니라는 사실은 변함없다. TV 화면이 당신이 아니듯이 말이다. 하지만 TV 화면보다는 마음을 객관적으로 바라보기가 훨씬 더 어렵다. 그것은 마음속에 저장된 이미지가 지니고 있는 힘 때문이다. 이 과거의 이미지들은 외부에서 들어오는 현실의 이미지와 겨루면서 무엇이 현실이고 무엇이 과거인지를 분간하기 어렵게 만든다. 그 안이 그토록 난잡하니 객관적인 관찰자의 자리를 지키기가 그토록 어려운 것이다. 삼스카라는 가볍게 볼 것이 아니다. 그것은 삶의 경험을 심각하게 왜곡시켜 놓는다.

흔히 잉크반점 반응검사라 불리는 '로르샤흐 테스트'를 예로 들어 보자. 심리학자는 내담자에게 잉크반점을 보여 주면서 무엇처럼 보이느냐고 묻는다. 그러면 사람들은 곧장 성관계 중인 사람들이라든가, 아니면 엄마와 아빠가 싸우는 모습이라고 응답한다. 달리 말해서, 로르샤흐 검사는 마음속에 저장된 이미지를 자극하여 실제로는 거기에 없는 것을 보게끔 만드는 것이다. 사실은 온 세상이 거대한 로르샤흐 검사장이다. 우주는 당신 앞에 펼쳐지는 원자들의 물결이다. 그것은 잉크반점만큼이나 비개인적인 것이다. 하지만 그것은 당신의 삼스카라를 건드려서 저장되어 있던 정신적, 감정적 반응을 일깨워 낸다. 이제 당신은 외부에 지나가고 있는 것을 경험하는 대신 내부에 저장된 좋거나 싫은 감정, 신념과 판단 등등을 경험하고 있다. 이 이미지들은 너무나 강력하여 당신은 그것이 외부에 실재한다고 생각한다. 잉크반점의 경우처럼 말이다. 개인적인 마음이 당신의 삶을 완전히 점령하고 있는 것이다. 당신은 더 이상 실제로 일어나고 있는 것을 경험하고 즐길 수 있는 자유가 없다. 마음이 일어나고 있다고 말해 주는 것을 대면하도록 강요받고 있는 것이다.

삼스카라가 당신의 삶에 어떻게 영향력을 끼치는지를 좀 더 깊이 들여다보자. 우리는 외부에서 들어오는 것이 과거에 마음속에 가두어 놓았던 것을 건드려 자극하는 현상을 논했다. 당신이 처음 저항했을 때, 그 과거의 경험은 불편했다. 그리고 그것이 다시 온다면 역시 불편할 것이다. 더 나쁜 것은 로르샤흐 검사와 마찬가지로 외부에 실재하는 것을 보고 있는 게 아니라는 점이다. 당신은 내부의 문제를 외부에다 투사하고 있는 것이다. 삶이 늘 그토록 두렵고, 아픈 곳을 두드려 맞는 것만 같은 이유는 바로 이 때문이다. 사실은 삶이 당신의 아픈 곳을 때리는 것이 아니라, 당신이 자신의 아픈 곳을 삶에다 투사하고 있는 것이다. 그래도 당신이 그 안에다 저장해 놓은 것들이 모두 다 부정적인 것만은 아니다. 과거의 긍정적인 것들도 좀 붙들어 놓았다. 문제는 그것이 더 이상은 일어나지 않는다는 것이다. 그리고 그것은 실망스럽다. 나비를 보았던 곳에 다시 돌아간다고 해도 그것은 거기에 없고, 그것은 부정적인 경험이 되어 버린다.

당신은 방금 삶을 양쪽이 다 잃는 판으로 만들어 버렸다는 사실을 알아차려야 한다. 어떤 일이 이전에 당신을 괴롭혔던 것을 상기시킨다면 당신은 잃은 것이다. 이전에 좋았던 것을 다시 경험하지 못하고 있다고 해도 당신은 잃은 것이다. 이것은 선불교가 초심이라 부르는 것과는 완전히 반대인 상태다. 어떤 상황에서 특별히 기대하는 것이 없으면 바로 그 때 특별한 일이 일어난다. 그것은 당신을 정말 깊이 건드려 놓을 수 있다. 그것은 아름다운 노을일 수도, 뜻밖의 첫 키스일 수도, 아니면 어떤 반가운 깜짝쇼일 수도 있다. 그것은 당신을 매우 깊이 건드린다. 왜냐하면 당신의 마음속에 그 사건에 관련된 삼스카라가 없기 때문이다. 당신은 초심으로 있다. 그렇지 않으면 당신은 이전의 경험을 근거로 뭔가를 기대하고 있을 것이다. 그러면 그것이 사건의 자연스러운 흐름을 훼방한다.

그 결과 이 삼스카라들은 당신의 삶을 망쳐 놓는다. 뭔가 극적인 일이 일어나서 당신을 이 호불호의 틀에서 끄집어내어 주지 않는 한 당신은 아무것도 온전히 느낄 수가 없게 되어 버렸다. 일부 사람들이 황홀한 경험을 얻기 위해서는 극단까지 가야만 하는 이유도 바로 이 때문이다. 삶이 자신의 삼스카라를 건드리지 못하게끔 모든 것이 정해진 대로 늘 유지되게 하려고 발버둥치는 사람들도 바로 이 때문에 그러는 것이다. 어느 경우든 간에 마음을 살 만한 곳으로 만들려는 발버둥은 음주나 약물 같은 도피처를 찾게끔 몰아갈 수도 있다. 오로지 마음을 달래기 위해서 안절부절하는 지경에 이르는 것이다.

결국 늙어 가는 것은 자동차나 배우자나 일터의 당신이 아니라 마음속의 난장판에 주의를 기울이는 힘임을 당신은 깨닫게 될 것이다. 이 모든 과거의 이미지들이 마음속에 갇혀 있는 한 그 안의 당신은 자기 앞에 펼쳐지는 삶의 기적도 경험하지 못하고, 자기 안에 있는 본연의 아름다움도 경험하지 못한다. 당신의 의식은 이 저장된 마음의 이미지에 완전히 교란되어 밤낮으로 몸 바쳐 그것들의 시중을 들어야만 한다. 당신은 더 이상 현실을 경험하지 못한다. 자신의 경험 속에 갇혀 버린다.

선가에는 '나무만'이라는 제목으로 알려진 일화가 있다. 그것은 우리가 하고 있는 이야기와 완벽하게 맞아떨어진다. 일화는 다음과 같다. 한 절에 젊은 학승이 있었는데 날마다 스승께 가서 가르침을 받곤 했다. 스승이 몇 가지 질문을 던지고, 그러면 학승은 돌아갔다. 하루는 학승이 들어오자 스승이 그를 보고 말했다. "웬일이냐? 얼굴이 밝고 생기가 넘쳐 보이는데."

학승은 놀랐다. "무슨 뜻이신지요?"

"오늘은 달라 보이는데 무슨 일이 일어났느냐?"

학승이 말했다. "뜰을 걷다가 큰 참나무를 보았습니다. 걸음을 멈추고 바라봤지요. 이전에도 늘 봤지만 이번에는 그저 '나무만' 봤습니다. 그냥 나무를 봤습니다. 어째서인지 그게 저를 깊은 곳으로 데려가서, 깨어난 듯한 기분을 느꼈습니다. 잠시 깨달음의 순간을 맛봤지요. 그게 저를 저 자신 너머로 데려갔습니다."

스승이 대꾸했다. "그 나무는 백 년을 거기에 있었다. 너는 이곳에 온 이후로 날마다 그 옆을 지나다녔고."

"그렇습니다. 그런데 이전에는 그 옆을 지날 때 종종 붓다께서 그 밑에 앉아서 득도하셨던 보리수를 생각했습니다. 또 어떤 때는 어릴 때 올라갔다 떨어졌던 나무도 생각났고요. 나무가 제 과거의 마음속 이미지를 자극했지요. 하지만 이번에는 나무만 보았습니다."

스승이 미소를 지었다.

'나무만'은 마음에 대한 우리의 논의를 시작할 때 얘기했던 바로 그것이다. 나무의 이미지가 마음속으로 들어와서 펼쳐진다. 그것이 당신이 보는 것의 전부다. 이번에는 반대로 나무의 이미지가 들어와서 마음속에 펼쳐지고, 나무와 관련하여 당신이 지니고 있는 과거의 삼스카라를 자극한다. 그러면 삼스카라의 마음이 발동하고, 당신의 의식은 나무의 첫 번째 이미지와 마음속에서 일어난 그다음의 폭발 사이에서 흩어져 버린다. 그다음의 폭발이란 마음속에 저장되어 있던 이미지로 인해 마음속에서 일어난 반응이다. 당신은 더 이상 순수한 경험을 가질 수 없다. 젊은 학승은 순수한 경험을 가졌다. 그는 '나무만' 보았다. 당신이 이것을 지금까지 이해하지 못했다면 바라건대 이제는 깨달았기를. 선사라면 당신의 깨달음에 기뻐했으리라. 선불교에서 '나무만' 본다는 것은 매우 깊은 경지이기 때문이다.

마음 그 자체에는 아무것도 잘못된 게 없다. 컴퓨터 자체에는 아무런 잘못도 없는 것과 마찬가지다. 문제를 일으킬 수도 있는 이 강력한 선물을 당신이 어떻게 사용하느냐가 중요한 것이다. 마음의 비상한 능력에는 거의 한계가 없다. 사람들은 아인슈타인이 비상했다고 하지만 정작 자신이 얼마나 비상한지는 알지 못한다. 우리는 한 사람 한 사람 모두가 인간의 마음을 지니고 있다. 우리가 지닌 것은 주머니쥐나 다람쥐의 마음도, 원숭이의 마음도 아니다. 우리는 인간의 마음을 지니고 있고, 인간의 마음은 비상하다.

비상한 인간의 마음

인간의 마음이 뭐가 그리 특별하단 말인가? 그 점을 한번 살펴보자. 지구 행성이 우주 공간 속을 돌며 지나가고 있던 무수한 세월 동안에 진화라는 과정이 일어났다. 광물이 있었고 그다음엔 식물이, 다음엔 동물이 별에서 창조된 원자들로부터 형성되어 생겨났다. 현대의 인간이 출현하기까지 지구는 45억 년 동안 우주 공간을 떠다녔다. 인간이 출현하기 전까지 지상의 다른 생물 종들의 삶은 거의 변화 없이 유지되고 있었다. 먹을거리, 주거지 그리고 생존이 게임의 이름이었다. 그들은 거기서 별로 달라진 점이 없다. 원숭이는 지금과 마찬가지로 수천만 년 동안 나무 위에서 살았다. 물고기들은 지금과 마찬가지로 수억 년 동안 물속에서 헤엄을 치며 살았다. 인간이 인간의 마음을 지니고 나타날 때까지 지구상의 모든 것은 거의 변화 없이 유지되었다. 인간은 전기를 발견하여 밤을 밝혔다. 여태껏 존재하지 않았던 기계와 거대한 고층빌딩을 지었다. 그들은 땅도 파고들어 가 광물을 채취하여 실리콘칩과 같은 첨단기술 재료를 개발해 냈다. 그러더니 로켓을 만들어 내어 달로 날아갔다.

이것을 다른 동물들이 한 일과 비교해 보라. 다른 동물들은 아직도 천 년 전에, 수십만 년 전에, 백만 년 전에 살았던 것과 정확히 동일한 방식으로 살고 있다. 인간은 그렇지 않다. 인간은 동굴 속에서 살았었지만 지금은 화성에서 살 계획을 짜고 있다. 무엇이 그렇게 했을까? 신이 로켓을 만들어서 숨겨 놓았는데 인간이 어디선가 그것을 찾아냈는가? 아니다. 인간의 마음이 그걸 해냈다. 인간의 마음은 모든 것이 원자로 만들어져 있다는 것을 알아냈고, 원자를 쪼개는 법도 알아냈다. 인간의 마음은 실제로 우주가 어떻게 만들어졌는지를 양자의 수준까지 내려가서 밝혀냈다. 인간의 마음은 시간을 거슬러 올라가 태초를 관찰할 수 있는 허블 우주망원경을 만들어 냈다. 허블 망원경은 130억 년 이상 우주 공간을 여행해 온 빛을 포착할 수 있다. 이것이 130억 년 전에는 무슨 일이 일어났는지를 볼 수 있게 해 준다. 당신은 그것을 상상이나 하겠는가? 사실은 할 수 있다. 왜냐하면 당신은 인간의 마음을 지니고 있기 때문이다.

인간의 마음은 놀라운 것이다. 마음은 우리가 알아낸 보통 아닌 물건이다. 당신은 '그 안에' 깊숙이 들어앉아서 비상한 마음을 하나 부릴 수 있다. 말이 나온 김에, 평균적인 인간은 마음을 가지고 무엇을 하고 있을까? 아인슈타인은 빛과 중력의 행태와 우주 공간(당시에는 어떤 인간도 가 본 적이 없었음에도)의 물리적 성질을 밝혀내는 '사고실험'을 고안해 내는 데에 마음을 사용했다. 반면에 당신의 마음은 대인관계와, 사람들이 당신을 어떻게 생각하는지, 원하는 것을 어떻게 얻을지, 원치 않는 것을 어떻게 하면 피할지를 궁리하느라 분주하다. 아인슈타인의 마음을 가지고 있진 않아도, 당신은 지구상의 다른 어떤 생물에 비해서도 비상한 마음을 가지고 있다. 문제는 당신의 마음이 과연 비상한가 어떤가가 아니라 그 비상한 능력을 가지고 당신은 무엇을 하고 있는가이다.

지금까지 우리가 본 바에 의하면, 당신이 끼어들지 않는 마음 자체는 자신이 맡은 일을 하고 있다. 마음은 당신이 경험할 수 있도록 ─하나의 선물처럼─ 외부세계를 펼쳐 보여 주고 있다. 하지만 당신은 그 선물을 받아들이는 데 문제가 조금 있었다. 당신은 그것이 불편하게 느껴지자 저항하기 시작했고, 너무 좋게 느껴졌을 때는 그것에 집착하기 시작했다. 이것은 당신의 내부에 정신적 이미지가 쌓이게 만들었다. 그리하여 이제 현재의 외부세계에 대한 경험은 과거의 삼스카라의 반응에 의해 왜곡된 채 처리되고 있다.

이것을 마음의 층으로 생각해 볼 수 있다. 맨 첫 번째 층은 현재의 외부세계의 경험이 펼쳐져 일어나는 곳이다. 그것을 지금 여기의 층이라 부를 수 있다. 다음 층에는 외부세계의 경험이 끝났을 때 놓아주지 않았던 과거의 이미지가 저장되어 있다. 이것은 삼스카라의 층이라 부를 수 있다. 하지만 아직도 한 층이 더 있다. 이 층은 삼스카라로 인해 생겨난 불편을 해결하기 위해 당신이 그 비상한 마음을 가지고 애쓰고 있는 층이다. 이것은 개인적 생각의 층으로, 이것이 당신이 가장 동일시하는 층이다. 당신은 이것이 자신이라고 생각한다. 이 세 층을 결합한 것이 소위 개인의 마음이다. 당신의 개인적인 마음은 오로지 당신만의 독특한 마음이다.

우리를 괴롭히지 않고 기분 좋게 만들어 줄 외부세계를 관념화하기 위해 마음이 그 엄청난 지적 능력을 발휘하고 있을 때, 우리의 개인적인 생각의 층이 만들어진다. 그것은 완벽하게 논리적인 것처럼 보인다. 문제는 우리를 기분 좋게 혹은 기분 나쁘게 만들 것이라고 우리가 생각하는 그것은 단지 과거에 가두어 두었던 정신적 이미지가 만들어 내는 산물일 뿐이라는 점이다. 모든 사람과 사물이 우리의 성미에 맞아야만 한다는 조건에 맞추어 생각 패턴을 개발하는 일에만 비상한 마음을 사용한다면, 우리는 삼스카라를 받들어 모시는 일에 자신의 삶을 온통 바치고 있는 것이다. 게

다가 개인적인 생각은 거기서 멈추지 않는다. 매사가 어때야 하는 지를 분석만 하고 있다면 무슨 실익이 있겠는가? 일이 그렇게 일 어나게 하려면 어떻게 해야 하는지도 생각해야만 한다. 먼저 일이 어떻게 되어야 내 성미에 맞을지 전략을 연구한 다음에는 실제로 그런 일이 일어나게 만들 작전을 짜야 하는 것이다. 전략과 작전, 이건 군사훈련이다. 정말이지 우리는 세상과 전쟁을 치르고 있다.

개인적인 마음은 당신 앞에 펼쳐지는 세상을 당신의 성미에 맞 도록 만드는 법을 궁리해 내는 임무를 떠맡았다. 이것은 비상 경고 를 울려야 할 상황이다. 왜냐하면 우리는 이미 우리 앞의 세계가 어디서 생겨났는지를, 그리고 그것은 머릿속에서 일어나고 있는 것과는 아무런 상관이 없다는 점을 세세하게 논했기 때문이다. 당 신 앞의 순간은 그것이 그렇게 되도록 만든 모든 자연의 힘들의 산 물이다. 당신 마음속의 호불호의 틀은 당신이 다루어 내지 못한 과 거 경험의 산물이다. 이 둘은 서로 아무런 상관이 없는, 완전히 다 른 두 가지의 힘이다. 예컨대 비가 오게 만드는 현재의 비개인적인 힘이 있다. 그리고 당신이 비를 좋아하지 않게 만드는 과거의 개인 적인 힘이 있다. 당신은 방금 자신이 우주를 대적하도록 싸움을 붙 인 것이다. 그리고 당신은 질 것이다. 그럼에도 개인적인 마음은 그것이 옳다고 생각한다. 정말로 당신은 우주가 당신이 원하는 대 로 존재해야만 한다고 생각하는 것이다.

PART 4

생각과 꿈

추상적 마음

다행히도 마음에는 개인적 마음의 층 위에 한 층이 더 있다. 그것은 비개인적인 마음, 곧 추상적인 마음, 혹은 순수하게 이지적인 마음이라 불리고 있다. 이 마음의 층은 삼스카라가 일으키는 내면의 동요에도 흔들리지 않는다. 그것은 높은 차원의 마음이 표현하는 비상한 창조성 속으로 거침없이 솟아오를 수 있다.

추상적인 층이라 불리는 마음의 이 높은 층이 로켓을 쏘아 올리고, 에어컨을 만들어 내고, 원자의 존재를 발견하게 하는 층이다. 추상적인 마음이야말로 인간을 실로 위대하게 만드는 그것이다. 당신은 오로지 감각을 통해서만 경험하도록 한정된 존재가 아니다. 당신은 순전히 지적인 마음의 영역을 자유로이 탐사할 수 있다. 마음은 당신을 거의 어디에나 다 데려다줄 수 있다. 화성으로 날아가서 인터넷을 통해 표면을 탐사할 수 있게 해 줄 탐사선을 제작하고 싶다고? 멋지다. 당신은 할 수 있다. 마음은 감각의 한계와 개인적인 생각의 울타리 너머로 확장해 갈 수 있으니까. 마음은 다양한 차원에서 작동할 수 있다. 문제는 그 마음을 가지고 당신은 지금 무엇을 하고 있느냐는 것이다.

지성의 차원에서, 당신은 외부에서 이미지를 가져와서 그것을 가지고 창조적인 일을 벌일 수 있다. 당신은 마음의 능력을 사용하여 추상적인 예술성도, 논리적인 지성도 발휘할 수 있다. 후자의 완벽한 예는 아인슈타인의 사고실험일 것이다. 아인슈타인은 안락의자에 앉아서 매우 추상적인 개념들을 궁구하던 중에 위대한 법칙들을 발견해 냈다. 이것은 마음의 힘을 입증해 주는 위대한 증거다. 그것은 개인적인 생각 속에서 넋을 잃어버린 채 저 자신에 관한 그런 생각들을 삶의 유일한 의미로 만들어 버리는 것과는 까마득히 먼 얘기다. 자신이 무엇을 원하고 무엇을 원하지 않는지에 대한 생각을 지어내고, 세상이 그렇게 굴러가게 만들 방법을 궁리하는 일에 골몰하기 시작하는 순간부터 당신의 마음은 결코 평안해지지 않을 것이다. 추상적인 생각의 위대한 힘은 깡그리 잊혀져 갈 것이다. 자신에게서 주의를 빼낼 줄을 모르기 때문이다. 삶은 현실과 당신 마음의 호불호 사이의 싸움터가 될 것이다. 이런 식으로 사용되는 마음을 개인적인 마음이라고 한다. 왜냐하면 그런 마음의 생각은 온통 저 자신과 자신의 관념과 견해와 호불호로 점철되어 있기 때문이다.

의식의 중심을 현재의 순간에 두는 마음챙김(mindfulness, 깨어서 알아차리기)의 가르침은 개인적인 마음 외의 것에 주의를 집중하게 한다. 현재의 순간에 주의를 집중하는 것은 개인적인 일에만 끝없이 붙잡혀 있는 당신의 의식을 떼어 내는 한 방법이다. 개인적인 마음을 넘어서는 또 다른 방법은 이지적인 마음을 사용하여 개인적이지 않은 성질의 일을 만들어 내고 행하는 것이다. 문제의 해결책을 연구하는 엔지니어가 되거나 질병을 연구하여 치료법을 개발하는 의학자가 되는 것도 여기에 포함된다. 예술, 컴퓨터 공학, 수학, 이런 것도 모두 비개인적인 마음을 사용하는 아름다운 본보기다. 마음은 훌륭한 것이다. 마음은 당신의 모든 개인적인 호불호를 저장해 놓고 온 세상이 거기에 맞추어 굴러가리라고 억측하는 데에 사용하라고 있는 것이 결코 아니다.

외부세계가 당신이 마음속에 저장해 놓은 것들의 성미에 딱 맞게 펼쳐지지 않는 것은 당연한 일이다. 사실 그런 일을 기대한다는 것은 그리 지적이지 못하다. 과거의 좋았거나 나빴던 경험에 비추어서 당신이 원하는 대로 삶이 굴러가게 만들려고 버둥대는 싸움에 평생을 바치는 것이 정말 지성적인 짓인가? 삶을 원하는 길로 굴려 가려고 오매불망 걱정하며 버둥댄다면 어찌 삶을 즐길 수 있겠는가? 하지만 그것이 우리의 모든 사회가 하고 있는 짓이고, 거의 모든 인간이 여태껏 해 온 짓이다. 인간은 단지 그런 짓을 그만둘 만큼 충분히 진화하지 못한 것이다. 부자인 사람들, 가난한 사람들, 아픈 사람들, 건강한 사람들, 결혼한 사람들, 독신인 사람들, 그들은 모두가 똑같이 묶여 있다. 원하는 것을 얻는다면 그런 대로 괜찮다. 원하는 것을 얻지 못하면 그들은 크든 작든 고통을 겪는다. 다행히도 당신은 이렇게 살 필요가 없다. 삶을 사는 훨씬 더 차원 높은 방식이 있다. 하지만 그것은 당신이 마음을 대하는 방식과 자기 앞에 펼쳐지는 삶을 대하는 방식을 바꾸기를 요구한다.

높은 차원으로의 이 같은 변신을 이해하기 위해서 먼저 당신이 무엇을 원하고 원하지 않는지를 결정하게 된 경위를 살펴보자. 주의를 기울여 보면 호불호가 정해지게 한 것은 과거의 경험들임을 깨달을 것이다. 백지 상태에서 어느 날 갑자기 그 모든 것을 지어낸 것은 아니다. 당신의 관점, 견해, 호불호는 과거에서 온 데이터를 바탕으로 형성되었다. 예컨대 당신은 애정 관계에 대해서는 아무런 걱정이 없었다. 그러다 문득 친구가 헤어져서 비참하게 살고 있다는 소식을 듣는다. 그러자 갑자기 자신의 애정 관계가 걱정되기 시작한다. 친구의 소식을 듣기 전에는 괜찮았다. 하지만 지금은 그렇지 않다. 당신은 결별이라는 개념을 마음속에 저장했다. 그게 당신과는 사실 아무런 상관도 없었는데도 말이다. 당신은 그것을 개인적으로 받아들인 것이다.

어떤 정보를 마음속에 가두어 두게 되는 일 없이 처리하는 것이 가능할까? 물론 그렇다. 한 친구가 어떤 문제를 겪고 당신에게 그 것을 하소연했다. 그것은 마음속으로 들어와서 의식을 지나가고, 당신은 동정심을 느꼈다. 사실상 그 과정은 당신을 더 큰 존재로 만들어 주었다. 당신은 삶의 현실을 마음속에 가두어 두지 않고 온전히 소화할 수 있었다. 그것을 나중에 상기하고 싶다면 의지로써 있는 그대로를 기억에서 꺼내어 볼 수 있다. 하지만 그것이 저 혼자서 자꾸 돌아와서 나타나지는 않을 것이다. 그것은 의식적인 마음속에 갇히거나 잠재의식 속에 묻히지 않았으므로 당신의 삶에 해로운 영향을 주지는 않는다. 그 경험을 다룰 수 있었으므로 사실 당신은 더 나은 사람이 되었다.

그러나 만일 그 경험을 저항 없이 다루지를 못했다면 그것은 의식적인 마음속에 갇힌 채 남아서 마음을 황폐화할 것이다. 더 심하게 저항하면 그것은 잠재의식 속에 묻힌 채 곪아서 그 교란된 상태를 마음속에 온통 퍼뜨려 놓을 것이다. 어느 경우든 간에, 당신은 자신이 두려워하는 것을 마음속에 담아 놓고 있게 된다. 그러면 당신은 자신의 생각을 두려워하게 될 것이다. 어찌 그러지 않을 수 있겠는가? 당신은 불쾌한 생각들을 마음속에 잔뜩 수집해 놓았고,

그것들은 수시로 자꾸 돌아올 것이다. 이제 그 안에서 살기 위해서는 외부에서 어떤 일이 일어나야만 괜찮아질지를 궁리하기 위해 마음의 분석적인 부분까지 동원해야 한다. 바로 이 대목에서 호불호가 생겨난다. 그것은 간단히 말해서 당신이 그 안에서 편안치 못한 현실을 해결하기 위해 외부의 사건을 이용하려는 시도다. 그 결과, 당신은 펼쳐져 일어나는 모든 일을 언제나 자신의 호불호에 의거하여 판단하게 된다.

사람들의 견해가 서로 엇갈리는 이유는 단순하다. 당신의 눈을 통해 들어온 것을 다른 사람들은 아무도 경험해 보지 않았기 때문이다. 당신이 마음속에 담고 있는 것은 다른 사람들이 그들의 마음속에 담고 있는 것들과는 완전히 다르다. 당신의 마음속에 있는 데이터는 당신이 한 경험에서 나온 것이므로 남들과 같을 수가 없는 것이다. 그 경험은 다른 누구도 —당신의 배우자도, 자녀들도, 친구들도— 해 보지 않았다. 아니, 그들의 경험과 비슷하지도 않다. 과거의 경험만 달랐던 것이 아니라 그것을 처리하는 방식도 달랐다. 우리는 사회적으로 받아들여지기 위해서 다른 사고방식에 순응하도록 자신을 얼마든지 강요할 수 있다. 하지만 그것은 그 안의 삶을 더욱 더 복잡해지게 만들 뿐이다. 당신은 과거에 저장된 인상에서 생겨난 기존의 사고방식을 가지고 있을 뿐만 아니라 이제는 '그룹'의 사고 성향에 맞추기 위해서 그중 일부분은 억눌러야만 한다. 그렇다면 그 안이 엉망진창이 되는 것이 어찌 놀라울 일이겠는가!

　당신은 마음속에 그런 온갖 개인적인 것들을 부여안고 있다. 좋은 것, 나쁜 것, 추한 것. 그 불가피한 결과로, 당면한 순간이 당신이 저장해 놓은 이미지와 어쩌다 잘 맞아떨어지면 당신은 좋아라 한다. 마음이 열려 흥분하고 열광한다. 만일 그것이 저장된 이미지와 어긋나면 당신은 화를 낸다. 즉각 마음이 닫히고 방어적이 되고 심지어는 우울증에 빠질 수도 있다. 이제 우리는 앞서 물었던 질문으로 다시 돌아와 있다. '그 안에서 사는 기분이 어떤가?' 어떤 때는 좋고, 어떤 때는 그렇지 않다. 어떤 때는 천국이고, 어떤 때는 지옥이다. 그 이유는 이것이다. 그것은 신이 그렇게 만들었기 때문이 아니라 당신이 그렇게 만들었기 때문이다. 당신은 자유의지를 부여받았고, 그 자유의지로써 당신이 한 짓이 마음을 아수라장으로 만들어 놓은 것이다. 눈앞의 순간이 존재한다는 사실만으로도 경외감을 느끼는 대신, 당신은 그것을 자신이 원하는 것과 맞아떨어지게 만들려고 온갖 씨름을 벌인다.

마음의 노예가 되지
않으려면 고쳐라

당신의 모든 호불호는 당신이 과거의 경험을 개인적인 마음속에다 담아 놓았기 때문에 생겨난 것이다. 이것이 그 안에서 사는 것을 힘들게 만든다. 하지만 당신은 그것을 고치기는커녕 한술 더 떠서 그 호불호를 만족시키려고 기를 쓴다. '기분 좋게 살고 싶은데 그러려면 원하는 집을 가져야 돼.' '기분이 좋아지려면 내가 원하는 저 차를 가져야 해.' '기분이 나아지려면 더 좋은 사람을 만나야돼. 이 사람은 날 잘 대해 주지 않아.' 장애물에 가로막힌 것을 보상하려는 이런 시도는 기껏해야 잠시뿐, 오래가지 못한다. 왜냐하면 그것은 실제로 장애물을 제거하는 것이 아니기 때문이다.

삶에서 우리에게 주어진 근본적인 선택지는 장애물에 가로막

헌 것을 보상하기 위해 끊임없이 삶을 통제하든가, 아니면 그 장애물을 제거하는 일에 삶을 바치든가, 둘 중 하나다. 진실은 그 삼스카라를 마음속에 저장해 놓은 장본인은 우리라는 것이다. 그래서는 안 되었다. 그런데도 우리는 그렇게 했다. 이제 우리는 그것을 제거하는 대신 세상이 거기에 맞추어 주기를 바라고 있다. 그런 일이 저절로 일어나지는 않는다는 것을 우리는 안다. 그래서 우리가 원하는 것에 맞추려면 세상이 어떻게 되어야 하는지를 궁리하기 위해 마음의 개인적 생각의 층을 동원한다. 우리는 어떻게 하면 저 사람이 나에게 매혹되게 만들지, 혹은 어떻게 하면 이 일이 나의 한계에 맞추어 굴러가게 할지 등을 궁리하는 데는 비상한 재주를 가지고 있다. 우리가 하는 거의 모든 일은 마음의 이 개인적 생각의 층에 지배받고 있다. 그것은 아인슈타인이 질량-에너지 등가 방정식($E=mc^2$)을 발견하는 데에 사용했던 것과 동일한 마음의 분석적 능력이다. 그런데 당신은 그 능력을 누군가가 당신에 대해 험담을 하면 어떻게 할지를 궁리하는 데에다 쓰고 있다. 이 마음의 층은 당신이 저장해 놓은 이미지를 분석하고 짜 맞추는 일에 총동원되고 있다. 세상이 어떻게 굴러가야만 그것이 들어올 때 당신을 기분 나쁘게 만들지 않고 기분 좋게 만들어 줄 수 있을지를 궁리하기 위해서 말이다.

그것이 당신이 결정 내리기를 그토록 힘들어하는 이유다. 당신은 자신의 결정이 나중에 어떤 기분이 들게 할지를 하나하나 따져 보느라 애를 쓰고 있는 것이다. '어디서 살까? 직업을 바꿔야 할까? 계산을 좀 해 봐야 되겠어.' 당신은 자신이 하려는 행동이 마음 속에 저장된 이미지의 비위를 어떻게 맞추어 줄 수 있을지를 마음 속에서 헤아리느라 애쓰고 있다. 그에 관해서는 두 번 생각하지도 않는다. '내가 할 일이야 물론 이거지. 달리 뭘 하겠어?'

자기 앞에 펼쳐지는 순간들을 그저 즐기면서 현실을 사는 건 어떤가? 이것이 달리 할 수 있는 일이다. 마음을 사용하여 창조적이고 영감을 주는 사람이 되어 큰일을 하라. 마음이 늘 저 자신과 자신이 원하는 것에 대한 생각에만 매달려 있도록 내버려 두지 말라. 삶을 있는 그대로 즐기는 법을 배우라. 과거의 이미지를 모시고 사느라 삶을 즐길 수 있는 방법을 한정시키지 말라는 말이다.

자기를 중심으로 싸고도는 마음의 분석적인 층은 최악이다. 그것은 내일의 날씨를 포함해서, 모든 사물과 사람들이 어떻게 되어야만 당신의 기분을 달래줄 수 있을지를 정해 놓은 규범이다. '내일은 비가 안 오는 게 좋겠어. 캠핑을 가야 하니까.' 이러면 당신은 날씨 때문에 화를 내게 된다! 당신은 날씨를 어떻게 할 도리가 없다. 그런데도 날씨가 당신을 괴롭힌다. 날씨만이 아니다. 앞 차의 운전자는 최저속도보다도 느린 시속 10마일로 운전하고 있다. 당신의 마음을 관찰해 보자. '말도 안 돼. 이러고 있을 시간이 없단 말

이야. 뭐야 도대체? 저 차들은 저속주행 차선으로 빠져야 되잖아?'
앞 차가 어떻게 달리는가가 문제는 아닌 것 같다. 문제는 앞 차가
어떻게 가는가를 놓고 당신의 마음은 무엇을 하느냐는 것이다. 결
국 당신은 자신이 매사가 어떻게 굴러가야 하는지에 대한 총체적
모델을 머릿속에 만들어 놓고 있음을 깨닫게 된다. 사람들은 어떻
게 행동해야 하고, 외출할 때 배우자는 옷을 어떻게 입어야 하며,
길은 얼마나 잘 뚫려 있어야 하는지까지 말이다. 당신은 얼마나 많
은 일에 대해 이런 짓을 벌이는가? 하나도 빼놓지 않고 낱낱의 일
에 대해 그럴 것이다. 당신은 자신의 계획이 정말로 그대로 되어야
한다고 믿는다. 그러나 진실은 그건 터무니없는 생각이란 것이다.
당신이 그 지극히 한정된 과거의 경험을 바탕으로 머릿속에 짜놓
은 틀은 실제 세계에서 일어나게끔 되어 있는 일과는 하등의 관계
도 있을 수가 없다.

　　잠시만 생각해 보라. 당신이 바라는 날씨는 실제로 펼쳐질 날씨
와 아무런 관계도 없다. 날씨는 기상학과 관계가 있지 당신의 호불
호와는 아무런 관계도 없다. 당신이 놀기로 되어 있는 날에 왜 비
가 오는지를 정 알고 싶다면 과학을 연구하라. 현명한 사람은 세상
이 자신이 원하는 대로 굴러가지 않을 것임을 일찌감치 깨닫는다.
세상이 그렇게 되어 있지 않기 때문이다. 세상이 어떻게 굴러가게
끔 되어 있는지에 대해서는 어떤 사람들 사이에도 의견이 일치하

지 않는다. 하지만 저 밖에는 하나의 세상밖에 없다. 그러니 우리
로서는 현실을 각 개인의 호불호에 맡겨 놓기보다는 과학, 아니면
신에게 맡기는 수밖에 없다. 당신 앞에 놓인 세상의 배후에는 현실
의 어마어마한 힘이 감춰져 있다. 세상은 그렇게 되도록 만드는 힘
의 작용에 따라 펼쳐지고 있다. 그리고 거기에는 수십억 년을 거슬
러 올라가는 수십억 가지의 힘이 존재한다. 반면에 당신은 그저 과
거에 마음에 담아 놓았던 몇 가지 이미지를 가지고 세상이 어째야
하는지, 각본을 짜고 있다. 현실이 원하는 대로 일어나지 않으면
당신은 현실이 틀렸다고 말한다. '이건 맘에 안 들어. 일어나지 말
았어야 돼.'

　여기 제정신인 눈을 뜨기 위한 방법이 있다. 마음을 우주 공간 속
으로 데려가서, 당신의 외부에는 99.999퍼센트의 허공밖에는 아
무것도 없다는 사실을 깨달으라. 모든 별들 사이에 있는 것은 그저
텅 빈 공간뿐이다. 태양 다음으로 가장 가까운 별은 4.2광년 밖에
있다. 그게 얼마나 먼 거리인지를 알려면 지구 상공에서 한 줄기의
광선을 비춘다고 상상해 보라. 1초 동안 그 빛이 진행하게 하라. 그
1초 동안 빛은 지구를 일곱 바퀴 반 돈다. 매초 그런 속도로 4.2년
을 가면 다음의 별에 다다른다. 그 사이의 공간에는 텅 빈 허공뿐,
거의 아무것도 없을 것이다. 우리는 그것을 성간 공간(interstellar
space)이라 부른다. 온 우주에 걸쳐, 모든 별들 사이의 공간이 그렇

다. 아무것도 보이지 않는 거기에 우두커니 서 있다면 좋겠는가? 우주의 99.999퍼센트가 텅 빈 공간인데 말이다. 당신이 날마다 경험하고 있는 것들은 그저 하나의 기적이다! 온갖 색깔과 형상과 소리와 함께, 지나가는 매 순간 주어지는 그 모든 놀라운 경험들 말이다. 그럼에도 당신이 한다는 말은 고작 '아냐, 이건 내가 원하는 게 아니야'다. 물론이지, 그건 당신이 원하는 게 아니다. 그건 문제의 핵심이 아니다. 제 앞의 순간들을 마음속에 구축된 호불호의 틀에 비추어 비교하는 대신에, 그것을 무(無)와 비교해 보지 않겠는가? 무야말로 우주의 99.999퍼센트를 차지하고 있으니까 말이다.

그렇게 해보면 당신은 자신이 날마다 뭐든 경험을 얻고 있다는 사실에 감사하게 될 것이다. 그건 텅 빈 허공보다는 분명 낫다. 이것이 현명한 사람이 살아가는 방법이다. 다른 방법은, 일이 내가 원하는 대로 굴러가지 않는다고 괴로워하는 방법이다. 앞서 우리는 붓다의 사성제(四聖諦) 중 하나를 논했다. 삶은 고통의 바다다(苦聖諦). 이제 우리는 두 번째의 사성제에 다다랐다. 고통의 원인은 욕망이다(集聖諦). 달리 말해서 고통의 원인은 호불호이다. 세상이 어떠하기를 원하고, 그렇지 않으면 성내는 것 말이다. 붓다가 옳았다는 것은 놀랍지도 않다. 사건 자체는 정신적이거나 감정적인 고통을 일으키지 않는다. 당신이 그 사건에 대해 스스로 정신적, 감정적 고통을 일으키는 것이다. 당신이 그러지 않는 한 사건들은 그저 그렇게 굴러간다. 항상 기억하라. 당신 앞의 순간이 그렇게 놓여 있는 것은 138억 년 동안의 모든 일이 정확히 그렇게 펼쳐졌기 때문이라는 것을.

우리가 자신의 몸을 바라보는 방식은 우리가 어떻게 스스로 고통을 지어내는지를 보여 주는 완벽한 예다. 젊을 때 우리는 어떤 특정한 모습으로 보이고, 늙으면 또 그와 다른 어떤 모습으로 보인다. 거기에 잘못된 게 무어란 말인가? 그것은 그저 기적과도 같다. 몸이 저 혼자서 변해 가는 것을 지켜볼 수 있다니 말이다. 그건 자연스러운 과정이어서 고통을 일으킬 일이 없다. 이와 마찬가지로 이 삶에서 우리는 온갖 다양한 경험을 겪는다. 그것이 고통을 일으킬 일은 없다. 경험은 고통이 아니다. 그것은 경험이다. 하지만 그것이 어떠하기를 원한다고 정해 놓으면, 그리고 그것이 그렇게 되지 않으면 우리는 괴로워한다. 고통은 우리가 무엇을 원한다고 마음으로 정한 것과 제 앞에 펼쳐지고 있는 현실 사이의 괴리에 의해 일어난다.

우리가 여기서 하고 있는 탐사는 대부분의 사람들이 원하는 것보다 더 깊이 들어간다. 하지만 이것은 진실이다. 당신은 과거의 이미지를 근거로 자신이 무엇을 좋아하고 싫어하는지를 마음속에 정해 놓았다. 그리하여 이제 당신은 세상이 어떻게 굴러가야만 한다고 순진하게 믿고 있다. 물론 그것은 현실에 근거한 믿음이 아니다.

그러고 있는 한 당신은 삶에서 매우 고된 세월을 겪게 될 것이다.

이제 우리는 개인적인 마음에 대한 아주 분명한 시야를 얻었다. 우리는 마음의 첫 번째 층은 감각을 받아들이는 층임을 알았다. 두 번째 층은 삶이 우리 안으로 흘러들어올 때 그냥 지나 보내지 않았던, 삼스카라의 층이다. 이것을 근거로 우리는 호불호에 대한, 그리고 자신이 원하는 대로 삶이 펼쳐지게 할 방법에 대한 매우 개인적인 생각의 틀을 구축했다. 좋아하고 싫어하는 것의 이미지는 워낙 강력해서 우리의 의식은 그것들이 만들어 내는 삶의 모델 속에 완전히 빨려 들어간다. 실제로 우리는 거기에 너무나 홀딱 몰입해 버려서, 그것이 우리의 자아관념이 되어 버린다. '난 이걸 좋아하고 저건 싫어하는 사람이야. 그리고 원하는 건 죽어도 가질 거야.' 우리는 이 모델 때문에 너무나 정신이 없어져서 그 뒤로 물러나서 이 모든 것을 지켜본다는 것에 대해서는 인식조차 없다. 하지만 우리는 안다. 그러지 않고서야 어떻게 그런 일이 일어나고 있는 것을 알겠는가?

18 의도적인 생각, 자동적인 생각

당신은 그 안에 있다. 그리고 생각을 지어내는 능력을 지니고 있다. 지금 머릿속에서 '안녕'이라고 말해 보라. 그것을 계속 반복하라. 당신은 그렇게 하고 있다. 그렇지 않은가? 당신이 의도적으로 그 말을 하지 않았으면 그 말은 당신의 마음속에 없었을 것이다. 그렇지 않은가? 분명히 당신은 생각을 지어내도록 의도적으로 마음을 먹을 수 있는 능력이 있다. 일반적으로 두 가지의 매우 구별되는 생각이 존재한다. 의도적인 생각과 자동적인 생각이다. 우리가 살펴볼 첫 번째 종류의 생각은 이름이 가리키듯이 당신이 의도적으로 지어내는 생각이다.

당신은 두 가지 다른 방법으로 생각을 의도적으로 지어낼 수 있다. 먼저, '안녕' 하고 말하듯이, 머릿속에서 자신에게 이야기하는 목소리를 통해 청각적인 생각을 지어낼 수 있다. 혹은 마음속의 눈앞에 심상을 지어낼 수도 있다. 예컨대 지금 배의 심상을 하나 지어내 보라. 마음속에 그것이 보이는가? 이제 그보다 큰 배를 심상화해 보라. 그보다 더 큰 배도. 그 안에서 퀸 메리호를 보라. 당신이 의도적으로 그것을 그리지 않았다면 그 배는 그 안에 없었을 것이다. 다시 말하지만, 분명 당신은 마음으로 하여금 생각을 지어내게 만들 수 있는 능력을 지니고 있다.

의도적인 생각 외에 또 다른 종류의 생각이 있다. 자동적인 생각 말이다. 이것은 당신이 의도적으로 지어내기로 결정한 생각이 아니다. 그것은 제멋대로 당신의 마음속에 튀어 올라온다. 마음속에 올라온 다음에는 거기에 주의를 줄 수도 있지만, 당신은 배에 대한 생각을 떠올렸을 때처럼 그것을 의도적으로 지어내지는 않았다. 생각의 대부분은 자동적으로 만들어진다. 휴일에 차를 몰고 거리를 달리면 당신의 마음은 저 혼자 생각을 지어내기 시작한다. '내가 왜 꼭 그런 말을 했어야 했지? 그 말만 안 했으면 우린 아직도 함께 있을 텐데. 아냐, 그러긴 힘들었을 거야. 우린 그 전부터 문제가 있었으니까.' 당신은 일부러 마음이 이런 생각을 지어내게 하지 않았다. 그것은 당신의 머릿속에서 저 혼자 말하는 목소리다. 이런 일이 저절로 일어난다는 게 의심된다면 얼마 동안이든 그 목소리를 멈추려고 해 보라. 마음속에 스트리밍 되는 그런 생각들은 금방 되돌아올 것이다.

누가 세 시에 전화를 하기로 했는데 세 시 반이 되도록 전화가 오지 않고 있다고 해 보자. 그 삼십 분 동안 어떤 일이 일어나는가? 당신의 마음은 저 혼자 온갖 생각을 만들어 낸다. 당신은 의도적으로 이렇게 결정하지 않는다. '이 일에 대해 걱정하고 싶어. 그래, 마음아, 걱정하는 생각을 지어내기 시작해. 사고를 당한 걸까, 아니면 날 바람맞히는 걸까?' 당신은 이렇게 하지 않는다. 마음이 저 혼자서 그 모든 짓을 벌이고 있는 것이다. 그것은 그리 의미 있는 생각도 아니다. 파괴적인 생각들이다. 그것은 당신의 삼십 분을 망쳐놓고 있다. 그렇다면 이것이 궁금해진다. 삼십 분 동안이나 전화를 기다린 판에 당신은 또 왜 자신을 비참하게 만들고 싶어 하는가? 글쎄, 객관적으로 보자면 당신은 그러길 원하지 않는다. 당신의 마음이 당신 대신 그러고 있는 것이다.

주의를 기울여 보면 당신은 마음이 대부분의 생각을 저 혼자서 만들어 낸다는 것을 깨닫게 될 것이다. 그것은 쉬지 않고 계속된다. 샤워할 때 마음을 지켜보아 보라. 운전을 할 때도 자신을 지켜보라. 일하다가 쉴 때 자신을 지켜보라. 마음이 끊임없이 생각을 지어내고 있는 것을 볼 것이다. 누가 당신에게 이야기할 때조차도 그의 말이 감각기관을 통해 들어오긴 하지만 당신은 거기에 오롯이 귀를 기울이고 있지만은 않다. 당신은 들리는 이야기에 대한 마음의 반응에도 귀를 기울이고 있다. 당신은 이렇게 생각한다. '거기엔 동의하지 않아. 나라면 절대 그렇게는 안 하겠어.' 방금 당신의 마음은 상대방이 한 얘기에 관해서가 아니라 온통 당신 자신에 관해서만 얘기했다. 이런 자동적으로 만들어지는 생각들을 잘 살펴보면 당신은 그것이 웃기는 것에서부터 무서운 것까지 폭이 다양함을 깨달을 것이다. 아무튼 간에, 머릿속에 늘 그런 잡음이 울리도록 놔두는 것이 현명한 일일까? 거기에 잠시라도 주의를 기울여 보면 당신은 그렇지 않다는 것을 발견할 것이다.

그런 생각들은 어디서 오는 걸까? 마음은 왜 당신이 의도적으로 그러지 않는데도 저 혼자서 막 생각을 지어내는 것일까? 사실 우리는 이에 대해 이미 논한 적이 있다. 처리되지 못한 정신적, 감정적 인상인 삼스카라가 마음속에 저장되면 그 인상은 당신 안에 얌전히 앉아 있길 않는다. 저항이나 집착으로 인해 마음속에 저장되어 있는 모든 것은 풀려나려고 애쓴다. 뉴턴의 운동법칙과 마찬가지로, 그것은 에너지 차원의 현실이다. 에너지는 당신이 그것을 안에다 가두어 놓기 위해서 반대의지를 계속 가하고 있지 않는 한, 그 안에 머물러 있을 수가 없다. 그것이 계속 돌아와 마음속에 떠오르는 이유도 이 때문이다. 25년 전에 엄마가 당신에게 소리를 질렀고 당신은 상처를 받았다. 그런데 지금 어떤 사람이 자기 엄마가 소리를 질렀던 얘기를 하는데 갑자기 이 모든 정신적, 감정적 문제가 당신의 마음속에 솟아오른다. 왜일까? 갇힌 에너지는 호시탐탐 언제든지 솟아올라 나오려고 애쓴다. 둑으로 막아 놓은 강물이 둑을 뚫고 나오려고 애쓰는 것처럼 말이다. 그것은 당신 안에 머물러 있는 것을 편안해하지 않는다. 그래서 그것을 억눌러 놓기 위해서는 당신이 끊임없이 의지력을 발휘해야 한다. 이 모든 쓰레기를 안에다 담아 두기 위해서 당신은 얼마나 많은 에너지를 낭비하고 있는가?

인체가 불순물을 배출하려고 항상 애쓰고 있듯이, 당신의 마음도 이런 정신적 불순물들을 배출하려고 애쓰고 있다. 마음이 저 혼자 생각을 지어내고 있을 때 일어나는 일이 바로 이것이다. 어떤 때는 당신도 그런 생각들을 그 근원까지 추적해 볼 수 있을 것이다. 다른 때는 그게 쉽지 않다. 깨달아야 할 중요한 사실은, 마음이 다른 생각이 아니라 어떤 특정한 생각을 지어낼 때는 언제나 이유가 있다는 것이다.

전화를 기다리는 상황의 예로 돌아가 보자. 당신의 마음은 당신이 그에게 했을지도 모를 어떤 짜증스런 행동 때문에 그가 전화를 안 하는 건지도 모른다는 불안한 생각을 지어내기 시작할 수도 있다. 하지만 이런 의심은 별 의미가 없다. 중요한 의문은, 하필 왜 그 이유가 다른 이유를 제치고 떠올랐느냐는 것이다. 그것은 이렇게 밝혀진다. 당신이 열 살 때 누군가가 이렇게 말했다. "그래 맞아. 전화 안 했어. 네가 내게 한 짓이 괘씸해서 일부러 안 했다고." 수십 년이 지난 지금, 누군가가 전화를 하지 않으니까 그 생각이 돌아온 것이다. 만약 수십 년 전에 상대방이 전화를 안 했던 이유가 깜짝 선물을 들고 직접 나타나기 위해서였다면 어떨까? 지금 누군가가 전화를 하지 않으면 당신은 어떤 일이 일어날지를 기대하면서 흥분해 있을 것이다.

이런 이미지들은 당신의 마음속에 남고, 그것은 그 갇혀 있는 에너지를 풀어놓으려고 끊임없이 애쓴다. 그리고 결국은 바로 그것이 당신의 마음이 저 혼자 만들어 내는 생각의 내용을 결정하게 된다. 이것이 거의 대부분의 자동적인 생각의 본질이다. 그것을 일어나고 있는 일의 실상에 대한 엄청난 통찰이나 중요한 진리 같은 것으로 여기지 말라. 자동적인 생각이 올라오는 것은 그저 마음이 당신이 그 안에 저장해 놓은 이미지들을 청소하려고 벌이는 시도일 뿐이다.

19 꿈과 잠재의식

저장된 정신적 에너지가 어떻게 풀려나는지를 더 잘 이해하기 위해서, 심리학이 좋아하는 주제인 꿈으로 주의를 돌려 보자. 꿈이란 무엇인가? 전통 프로이트 학파의 꿈에 대한 개념은, 외부에서 일어나는 어떤 사건들은 마음에 미완의 인상을 남긴다는 것이다. 한 소년이 자전거를 갖고 싶어 하지만 가지지 못한다. 그는 잠에 들어 꿈속에서 자전거를 갖는다. 원래의 사건은 이뤄지지 않았으므로 소년은 그것을 마음속에서 제쳐 놓았다. 그것을 억누른 것이다. 그가 잠에 들어서 자신의 생각을 제어하지 못하게 되었을 때, 마음은 깨어 있을 때 마음대로 표현하지 못했던 것을 풀어놓을 수 있게 된 것이다. 우리는 모두가 이런 식의 꿈을 꽤 자주 경험한다. 깨어 있는 세계에서 에너지가 충전된 사건은 꿈속 세계에서 실현될 방법을 찾아낸다. 그것은 당신이 의도적으로 하는 일이 아니다. 쌓여 있는 에너지 패턴을 풀어놓으려고 애쓰는 마음이 그것을 한다.

꿈에는 온갖 종류가 다 있다. 프로이트는 우리가 논한 종류의 꿈을 기본적인 '소원 성취' 꿈이라 불렀다. 그것은 깨어 있는 마음속에서 형성된 삼스카라가 에너지를 풀어내는 것이다. 잠자는 동안에 보는 그런 생각들을 지어냄으로써 말이다. 꿈을 성취하는 이런 생각은 깨어 있는 마음에서 일어나는 자동적인 생각과 그리 다르지 않다. 물론 상상력의 측면에서는 이쪽이 훨씬 더 생생하다. 잠 속에서는 마음이 생각을 지어내는 일에만 오롯이 집중할 수 있기 때문이다. 잠 속의 마음은 깨어 있을 때처럼 감각 신호나, 생각과 감정의 온갖 다른 층들의 작용에 에워싸여 산만해지지 않는다. 게다가 꿈에서는 자전거에 대한 생각을 억지로 밀쳐 내지도 않는다. 잠들었을 때 마음이 훨씬 더 창조적으로 변하는 이유는 이 때문이다. 마음은 총천연색의 정교하고 완전한, 3D 입체상의 세계를 지어낼 수 있다. 대부분의 사람들이 깨어 있을 때는 그렇게 하지 못한다. 물론 마음은 그렇게 할 수 있는 완벽한 능력을 지니고 있지만 말이다.

불편한 경험을 억누르기를 그만둘 때 당신이 깨닫는 한 가지는, 잠재의식적인 마음은 사실상 존재하지 않는다는 사실이다. 의식적인 마음과 잠재의식적인 마음은 실은 하나의 마음이다. 그것을 다르게 보는 유일한 이유는 우리가 인위적으로 그런 구분을 만들어 냈기 때문이다. 이것을 이해하기 위해 한 방에 가득한 사람들을 둘러보면서 속으로 이렇게 말한다고 상상해 보라. "이 방 오른편에 있는 사람들은 내가 좋아해. 이 사람들은 편안해. 하지만 왼편에 있는 사람들은 불편해." 이렇게 말하고는 왼편의 사람들은 당신을 불편하게 만들므로 다시는 보지 않는다고 상상해 보라. 방금 당신이 한 일은 방을 편안한 부분과 관계하고 싶지 않은 부분으로 나눈 것이다. 왼편의 사람들은 존재하지만 당신에게는 더 이상 존재하지 않는다. 이것이 바로 잠재의식적 마음을 만들어 내기 위해 당신이 한 일이다. 당신이 보고 싶어 하지 않는 부분이 바로 잠재의식이라 불리는 것이다.

다행스럽게도 이렇게 인위적으로 나뉜 마음의 부분도 억누르기를 그만두면 하나로 합쳐진다. 당신은 나머지 마음을 돌려받아 그 온전한 힘을 부릴 수 있게 될 것이다. 모든 쓰레기를 잠재의식 속으로 밀어넣어 버린다면 얼마나 많은 정신적 능력이 낭비될지를 상상해 보라. 그러면 당신은 그 쓰레기를 평생 동안 그 아래에다 모셔 두고 살아야 한다. 우리가 자기 앞을 지나쳐 가는 순간들을 제대로 감당하지 못해서 얼마나 많은 쓰레기를 만들고 있는지는 정말 놀라울 정도다.

잠재의식 속에 묻힌 생각들은 우리가 깨어 있는 상태에서도, 꿈꾸는 상태에서도 제 역할을 수행한다. 당신의 마음이 '자동으로 만들어지는 꿈속 생각'을 지어내는 이유는, '깨어 있을 때 자동으로 만들어지는 생각'을 마음이 지어내는 이유와 동일하다. 양쪽 경우모두 당신이 의도적으로 이런 정신적 활동을 일으키는 것이 아니다. 그것은 갇힌 에너지를 풀어놓으려는 마음이 시도하는 일로서, 저절로 일어나고 있다.

깨어 있는 상태와 꿈꾸는 상태 사이의 공통점은, 양쪽을 인식하는 것은 동일한 의식이라는 점이다. 꿈을 보고 있는 자인 당신은 깨어서 하는 생각을 지켜보고 외부세계를 경험하는 자와 동일한 당신이다. 이것이 꿈에서 깨어나서 "대단한 꿈을 꿨어"라고 말할 수 있는 이유이다. 그걸 어떻게 알까? 당신이 거기에 있었기 때문에 안다. 깨어 있는 동안 세상을 인식하는 바로 그 당신 말이다. 흥미롭게도, 그것이 동일한 당신이기 때문에 꿈속에서도 많은 영적인 성장이 일어날 수 있다. 또 다른 위대한 요가 스승인 메허 바바(Meher Baba)는 꿈속에서도 카르마를 청산할 수 있다고 말했다. 그는 꿈속에서 겪는 경험이 실제로 영적 진화에도 도움이 된다고 말했다. 최소한 당신은 깨어 있는 동안에 풀려나도록 허용하지 않았던 갇힌 에너지를 일부나마 풀려나게 하고 있는 것이다. 그리고 그것은 건강한 일이다.

꿈 상태에서 우리 자신에 관해 배울 수 있는 것도 많다. 잠재의식 속에 저장되어 있는 것이 단지 일어난 일을 싫어했다거나 원하는 것을 갖지 못한 것 등보다 더 큰 트라우마였다면 어떤 일이 일어날까? 어떤 일은 단순한 호불호보다 훨씬 더 다루기가 힘들다. 너무나 깊어서 꿈속에서조차 올라오지 못하는 그런 삼스카라도 있다. 그것이 풀려나오려고 한다면 당신은 아주 깊은 혼란에 빠진 채 악몽에서 깨어날 것이다. 달리 말해서, 당신의 의식은 그 사건을 꿈속에서 나타날 때조차 제대로 경험할 수가 없는 것이다. 당신은 그것에 저항하고, 너무나 불편해진 나머지 꿈을 깨어 버린다. 그러니 이 에너지가 어떻게 풀려나겠는가? 마음속에 저장된 덜 경험된 에너지는 이 수준에서든 저 수준에서든 늘 풀려나려고 애쓴다. 그 에너지의 풀려남이 당신을 꿈에서 깨울 것 같으면 당신의 마음은 표현하고 싶은 것을 저 혼자서 상징화해 낸다. 동생을 죽인 자동차 사고를 꿈으로 꾸는 대신, 당신은 머리 위를 날고 있는 새들에게 독수리가 덮쳐 와서 그중 한 마리를 물고 가는 광경을 꿈꾼다. 그런 광경은 얼마든지 지켜볼 수 있지만 사랑하는 사람이 죽는 자동차 사고를 지켜보고 싶지는 않은 것이다. 이것은 모두가 매우 현실적인 것이다. 당신의 마음은 당신에게 좋은 일을 해 주고 있는 것이다. 건강하게 남아 있으면서 갇혀 있는 에너지를 최소한 일부라도 풀어내기 위해 당신의 비상한 마음이 그렇게 한 것이다. 그것이 꿈이 상징으로 나타나는 이유다. 당신의 마음이 모든 자원을 동원하여 맡은 일을 얼마나 비상하게 처리하는지를 보면 실로 놀랍다. 몸이 자신을 치유하기 위해 늘 애쓰는 것과 마찬가지로, 마음 또한 그 안에 갇혀 있는 이런 불순물들을 풀어내려고 늘 애쓰고 있다.

20

깨어서 꾸는 꿈

이제는 당신도 분명 마음의 엄청난 힘을, 특히 저 혼자서 꿈을 지어낼 수 있는 능력을 인정할 수 있게 되었다. 꿈을 지어내는 것은 의도적인 행위가 아니다. 당신의 마음은 저 혼자서 해내는 능력을 가지고 있다. 하지만 당신도 보았듯이, 꿈은 마음이 자동으로 지어내는 유일한 정신적 대상이 아니다. 하루 종일 재잘대는 머릿속의 목소리도 꿈을 지어내는 것과 정확히 동일한 마음의 표현능력이다. 그 머릿속의 독백을 깨어서 꾸는 꿈이라 불러도 틀리지는 않을 것이다. 그 목소리가 이야기하는 낱낱의 개인적인 일들은 당신이 마음속에 저장해 놓은 삼스카라에서 비롯한 것이다. 마음은 당신이 낮 시간에 깨어 있는 동안 그 막힘을 풀어놓으려고 애쓰고 있는 것이다. 예컨대 누군가가 달리고 있는 것을 보면 그 목소리는 속에서 이렇게 말한다. "저 사람은 무슨 잘못을 저지른 걸까? 달아나던 형의 모습 같네. 저자는 무엇을 피해 달아나고 있을까?" 문제는 지금의 이 상황은 당신의 형과는 아무런 상관도 없다는 사실이다. 이 사람은 운동을 위해 달리고 있는지도 모른다. 당신의 마음은 이 기회를 내부에 갇혀 있는 에너지를 풀어내는 데에 활용하고 있는 것이다. 마음의 독백이 대부분 부정적인 내용인 것은 이 때문이다. 당신이 내부에 저장해 놓은 거의 대부분의 에너지는 당신이 싫어한 것들 때문에 생겼다. 이 부정적인 삼스카라를 자극하는 사건이 일어날 때, 그 새로운 사건은 절로 부정적으로 경험된다. 한마디로, 부정성은 복리 이자처럼 불어난다.

당신의 호불호가 어떻게 삶을 부정적인 경험으로 만들어 내는지를 정말로 보고 싶다면 집을 한 채 짓고 주방 벽에 흰 페인트칠을 해 보라. 흰색에도 50가지 종류가 있다는 사실을 아는가? 당신이 어떤 흰색을 고르려는지 기다려 보라. 달리 말해서 당신의 호불호에 맞는, 그래서 당신을 행복하게 해 줄 색깔을 고르는 데는 창문 틈새같이 비좁은 선택지밖에 없다. 나머지 모든 색깔은 당신을 화나게 할 것이다. 당신이 싫어하는 것이 얼마나 많은지를 보라. 당신의 성미에 안 맞는 일은 삶 속에서 무수히 일어날 수 있지만 성미에 맞는 일은 고작 몇 가지뿐이다. 이런 조건에서는 삶이 부정적인 경험이 될 확률이 지극히 높아진다. 이것은 삶이 원래 부정적인 것이라서가 아니다. 부정적이지 않은 일이란 오직 당신의 호불호에 정확히 맞아떨어지는 일뿐이기 때문이다.

이것을 이해하는 것은 매우 중요하다. 당신은 당신이 승리자가 될 수 없는 게임 판을 스스로 짜 놓았다. 이전에 당신을 괴롭혔던 일을 상기시키는 모든 경험이 다 포함되도록 당신을 괴롭힐 수 있는 일의 범위를 확대시켜 놓은 것이다. 게다가 모든 일이 자로 재듯 정확히 당신이 원하는 대로 굴러가야 하니, 삶은 결코 당신을 완전히 만족시켜 줄 수가 없다. 이것은 과거의 힘 그리고 현재의 호불호가 지닌 힘을 보여 준다. 호불호를 많이 가질수록 당신의 삶은 더 불편해질 것이다.

이제까지 우리는 마음에 대해 많은 것을 배웠다. 우리는 텅 빈 마음을 이해하는 것에서부터 시작했다. 그다음 우리는 감각이 받아들이고 있는 이미지를 내부에 펼쳐 보여 주는 마음의 지금 여기의 층에 대해 얘기했다. 마음의 그 층 위에서 진짜 문제가 시작된다. 내면에 있는 당신은 자신이 거기에 있음을 아는 의식적 존재로서, 의지의 힘을 발동하여 지나가고 있는 것들 중에서 특정한 이미지를 보관했다. 이것은 삼스카라의 층이라 불리는 마음의 층이 생기게 했다. 그것은 당신이 과거로부터 저장해 놓은 이미지들을 담고 있고, 그것이 당신의 개인적 호불호의 근거가 된다. 마음속에

이 모든 틀을 구축해 놓은 것만으로는 충분하지 않다는 듯이, 당신은 그것을 어떻게 잘 받들어 모실지를 궁리하는 데에 온 삶을 바쳤다. 당신의 의식은 이 그릇된 자아 관념에 오매불망 몰두해 있느라 정신이 거의 없다.

다행히도 여기서 나가는 길이 있다. 그것은 지켜보는 의식(witness consciousness)이라 불린다. 한 발짝 물러나 앉아서 머릿속의 목소리를 그저 지켜보는 법을 배우면 당신은 자신을 해방시킬 수 있다. 이것은 그 목소리를 틀어막는 법이 아니다. 마음과는 싸울 생각을 말라. 마음을 이렇게 만들어 놓은 것은 당신이다. 그래 놓고 어찌 감히 마음에 불평을 늘어놓겠는가? 당신은 몸을 병들게 만드는 음식을 계속 먹으면서 그 음식을 욕하는가? 물론 아니다. 식습관을 바꿔야 한다. 마찬가지로 훌륭한 마음을 망쳐 놓고 있는 것은 이 저장된 삼스카라이므로, 당신은 마음의 습관을 바꿔야 한다. 그 방법은 아주 간단하다. 이미 저장해 놓은 삼스카라는 풀어 보내고, 더 이상은 저장하지 않으면 된다. 말이 행동보다 쉽긴 하지만, 우리는 곧 그 방법을 살펴볼 것이다.

한 가지 문제가 우리의 숙제를 복잡하게 만든다. 내면의 평화를 찾는 것을 어렵게 만드는 힘은 마음만이 아니다. 감정도 있다. 마음이 그 내면의 목소리를 통해 저장된 에너지를 끊임없이 풀어내고 있다는 사실만으로도 충분히 힘들지만, 마음에게는 어린 누이가 있다. '가슴(heart)' 말이다. 가슴은 그 안에서 사는 것을 정말로 흥미롭게 만들어 주는 감정이란 것을 지어낼 수 있다. 어떤 때는 안에서 화산이 폭발하는 것만 같기도 하고, 또 어떤 때는 내면의 상태가 너무나 아름다워서 그만 그 속으로 녹아들고만 싶어진다. 무슨 일이 일어나고 있는 걸까? 그리고 더 중요한 것은, 당신은 그것에 대해 무엇을 할 수 있을까? 당신도 기대하고 있을지 모르겠지만, 그것이 바로 그 안에서 산다는 것이 어떤 것인지를 탐사해 가는 이 여정이 향하고 있는 곳이다.

PART 5

가슴

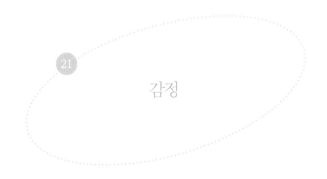

감정

마음(mind)의 본질과 우리 주변 세계의 본질을 살펴보면 우리는 자신에 관해 많은 것을 배우게 된다. 한 가지 사실은 매우 분명해진다. 그 안에서 산다는 것이 늘 쉽지는 않다는 것이다. 마음이 지어내는 생각이 매우 불편한 것일 수도 있다. 그리고 감각을 통해 들어오는 세계가 내면에 엄청난 대폭발을 일으킬 수도 있다. 이 모든 것에 더해, 우리가 내면에서 경험하는, 생각보다도 훨씬 더 힘들 수 있는 것이 있다. '감정(emotion)' 말이다.

감정은 생각과는 사뭇 다르다. 하지만 대부분의 사람들은 그것을 굳이 생각과 구별하려 들지 않는다. 생각과 감정의 결합물이 당신의 개인적 자아라 부를 수 있는 당신의 인격을 이룬다. 인격은 육체와는 완전히 다른 것이다. 인격은 내면에서 펼쳐지는 비물리적인 세계다.

생각과 감정의 차이를 분명히 아는 것이 매우 중요하다. 생각이 어디에 있는지 가리켜 보라고 하면 당신은 발가락을 가리키지는 않을 것이다. 아마도 머리 쪽을 가리킬 것이다. 이것은 생각이 두뇌와 관련된 마음속에서 만들어지기 때문이다. 이에 반해 사랑과 같은 감정이 어디서 일어나는지를 가리켜 보라고 한다면 당신은 가슴을 가리킬 것이다. 밸런타인데이 카드에 발가락이 아니라 심장이 그려져 있는 이유도 이 때문이다. 우리는 사랑의 감정을 가슴과 연결시킨다. 감정은 가슴에서 생겨나므로 이것은 이해할 만하다. 좋은 감정만이 아니다. 모든 감정이 그렇다. 누군가가 당신에게 상처를 주거나, 혹은 질투를 느끼게 하는 행동을 하면 당신은 가슴에서 고통이나 혼란을 느낀다. 일하는 중에 영감을 받는다면 당신은 온 가슴을 그 일에 쏟아부을 수 있다. 이것은 육체적인 심장을 가리키는 게 아니다. 심장은 일에다 쏟아부을 수가 없다. 우리가 가리키고 있는 것은 곧 깊이 논하게 될 영적 가슴, 혹은 에너지의 가슴이다.

감정은 물리적인 것이 아니다. 기쁨이나 슬픔을 경험하고 있는 사람 옆에 서 있더라도 그것이 꼭 드러나 보이지는 않는다. 감정은 눈에 보이는 것이 아니다. 느끼는 것이다. 사실 '감정'과 '느낌'이란

166

말은 서로 바꿔 쓸 수 있다. 생각을 마음속에서 경험하는 것과 마찬가지로, 느낌도 내면에서 경험한다. 그럼에도 감정은 생각과는 완전히 다르다.

그 차이점을 살펴보자. 앞서 살펴보았듯이, 마음은 생각을 지어내서 두 가지 다른 방식으로 당신에게 보여 준다. 한 가지는 머릿속의 목소리를 통해 언어적으로 보여 주고, 다른 방식은 마음의 눈을 통해 시각적으로 보여 준다. 가슴은 이와는 완전히 다른 방식으로 소통한다. 감정은 언어적으로 말하지 않는다. 그것은 단순히 '질투를 느껴' 하고 머릿속에서 말하는 목소리가 아니다. 목소리는 당신이 질투를 '느끼기' 때문에 그렇게 말하는 것이다. 어떤 느낌, 감각이 존재한다. 그것이 감정이다. '그가 내 기분에 상처를 입혔어' 하듯이 감정에 대해 말할 때 '기분'이라는 단어를 사용하는 이유는 그 때문이다. 이 말은 그와의 대면이 당신의 내면에 불편한 감정을 만들어 냈다는 뜻이다. 그래서 당신은 마음속에 언어적인, 혹은 시각적인 생각을 품게 되고, 또한 가슴에서 나오는, 감정이라 불리는 사뭇 다른 것을 품게 된다. 사실 그것은 진동이다. 그것은 생각이 하는 것처럼 특정한 객체를 형성시키지 않는다. 그것은 에테르에 더 가깝다. 감정은 구체적인 사물이라기보다는 구름과도 같다. 그것은 떠올라서 물결처럼 당신을 지나 흘러간다. 그것은 소위 오라(aura), 곧 에너지체를 흥분시킨다. 감정이란 단순히 에너지의 변화를 경험하는 느낌이다. 영화 〈스타워즈〉의 오비완 케노비가 말하듯이 말이다. "그 포스(Force) 속에서 나는 엄청난 불안감을 느꼈어."

당신은 내부에 언제나 어떤 느낌을 가지고 있지만 그것이 변화하기 전까지는 그것을 알아차리지 못한다. 그 변화가 극심해지면 당신은 감정에 관해서만 이야기하게 된다는 사실을 주목하라. "가슴이 너무 아파. 네가 어떻게 날 이토록 아프게 할 수가 있니?" 아니면, "너무나 큰 사랑을 느꼈어. 그건 내가 느껴 본 가장 아름다운 느낌이었어." 이것이 극적인 감정의 한 예다. 그것은 당신의 주의를 사로잡는다. 당신은 아마 못 알아차릴지도 모르지만, 일상적인 상태의 감정 에너지는 하루 종일 가슴을 통해 흐르고 있다. 그것이 떨어져 나가면 당신은 변화를 알아차리고 말한다. "가슴이 철렁 내려앉았어. 기운이 쭉 빠져 버리더군." 두려움이 엄습하면 가슴이 철렁 내려앉을 수 있다. 어떤 일이 일어나고, 그저 기운이 빠져 버린다. 그와 반대로, 이렇게 말하게 될 수도 있다. "가슴에 날개가 달린 것 같아." 갑자기 가슴속의 감정 에너지가 솟아올라 영감을 채운다. 이런 것이 가슴을 통해 일상적으로 흐르고 있는 안정된 상태의 감정 에너지에 일어나는 변화다. 감정에 의식을 동조해 갈수록 당신은 감정도 생각과 마찬가지로 거의 언제나 존재하고 있음을 알아차리게 될 것이다.

생각의 경우와 마찬가지로 이런 의문이 제기된다. 이런 감정의 전환을 느끼는 그는 누구인가? 당신은 자신이 분노를 느낀다는 것을 어떻게 아는가? 사랑을 느낄 때는 어떻게 아는가? 당신이 그 안에 있기 때문에 안다. 그래서 내면에서 무엇이 일어나고 있는지를 아는 것이다. 그것은 영적으로 매우 깊은 명료함의 상태다. 당신은 그 감정 자체에 너무나 관심을 빼앗겨서 그 안에서 그것을 경험하고 있는 것이 당신이라는 사실을 지각하지 못했다. 우리가 함께 가고 있는 이 여정의 목표는 당신의 생각이나 감정을 바꿔 놓는 것이 아니다. 이 여정의 목표는 당신이 일어나고 있는 이 온갖 변화들을 그저 받아들이면서 참나(Self)의 자리에 머물러 앉아 있게 하는 것이다. 이 자리에서 보면 감정은 변할 수 있고, 당신은 그 변화를 알아차릴 수 있다. 하지만 당신은 어디에도 가지 않는다. 당신은 그 감정들을 알아차리고, 생각들을 듣고, 눈으로 밖을 내다보는 존재로 남아 있다. 이 존재는 누구일까? 이것을 알아내는 것이 우리 여행의 목적이다. 참나의 자리 외에는 그 어디에도 영성은 존재하지 않는다. 영성은 영(spirit)에 관한 것이고, 참나의 자리가 곧 영이다.

지켜보는 의식의 자리에 돌아와 앉아 있으면 감정을 지켜보려고 의도적으로 애쓰지 않아도 된다. 그것은 그 안에서 일어나고 있는 일에 대한 단순한 앎이다. 그것을 아는 데는 의지나 노력이 필요하지 않다. 그저 자신이 생각을 듣거나 보고 있고, 감정을 느끼고 있다는 것을 알게 될 뿐이다. 주의를 기울여 보면 감정이란 스쳐 지나가는 바람의 느낌과도 같은 것임을 알아차리게 될 것이다. 바람은 산들바람처럼 매우 부드럽고 편안한 것일 수도 있고, 얼굴을 강타하는 시속 백 마일의 허리케인처럼 무서운 것일 수도 있다. 당신은 감정도 분명 이와 같을 수 있다는 것을 알아차렸을 것이다. 그것을 알아차리는 데는 노력이 필요하지 않다. 하지만 알아차린 것을 다루는 데는 노력이 필요할 수 있다. 감정은 가슴에서 나오는 매우 예민한 진동이다. 그래서 그것은 매우 쉽게 변할 수 있다. 가슴은 마음보다 훨씬 더 예민해서 통제하기가 훨씬 더 어렵다.

가슴이 특정한 에너지의 진동을 내보낼 때, 마음은 여지없이 그에 따라 떠들어 대기 시작한다. 그것은 물이 솟아나는 샘과도 아주 비슷하다. 샘의 근원을 찾아 물속으로 들어가면 물이 솟아나는 구멍이 있다. 그 물이 수면으로 올라오면 그것은 물결과 온갖 모양의 물무늬를 만들어 낸다. 수면의 활동은 근원에서 솟아나오는 물과는 사뭇 다르다. 가슴도 마찬가지다. 가슴은 특정한 진동의 에너지를 풀어 보내고 있다. 그 진동은 자동적으로 마음속으로 올라온다. 당신은 질투의 감정을 먼저 느끼고 그에 대해 생각해 보는 게 좋겠다고 마음먹는 것이 아니다. 가슴에서 일어나고 있는 것이 마음속에서는 생각이 된다. 당신이 저장해 놓은 삼스카라는 그 에너지를 가슴에서 풀어내려고 애쓰고 있고, 그것이 마음의 수면을 활동하게 만든다. 삼스카라의 뿌리는 가슴속에 저장되어 있다. 당신이 마음에서 밀어내었던 이미지가 간 곳이 거기인 것이다. 그것은 흩어져 사라지지 않고 당신의 에너지가 흘러나오는 샘, 곧 가슴속으로 더 깊이 들어간 것이다.

극소수의 사람들만이 자신의 가슴을 이해한다. 지적인 사람들은 대부분 가슴이 그저 억눌린 채로 있기를 원한다. 가슴은 너무 예민하게 반응하기 때문이다. 그들은 그냥 마음속에서 살기를 원한다. 거기에는 더 큰 통제력이 있으니까. 누군가가 당신을 해코지하면 당신은 불편한 감정을 느끼고 당장 마음에게 달려가서 그것을 합리화해서 보내 버린다. '그가 진심으로 그런 건 아니니까 괜찮아. 너무 개인적으로 받아들이지 마.' 당신이 긍정적인 마음 상태일 땐 그렇다. 아니면 부정적인 마음이 발동을 건다. '이건 참지 않을 거야. 아무도 나에게 그런 식으로 말하게 두지 않겠어. 지가 뭔데?' 어느 쪽이든 간에 당신의 마음은 가슴에게 이렇게 말하고 있다. '괜찮아, 내가 알아서 할게.' 당신은 간단히 주의를 마음에게로 돌리고 있는 것이다. 가슴에서 나오는 힘든 감정을 느끼지 않아도 되게끔 말이다.

의식은 오롯이 가슴에 집중할 수도 있고, 오로지 마음에만 집중할 수도 있고, 또 주의를 양쪽에 나눠 보낼 수도 있다. 감정이 매우 유쾌할 때, 당신은 비이성적인 행동을 보일 수도 있다. 왜냐하면 주의를 가슴속의 아름다운 것에서 이성적인 마음에게로 보내 버리고 싶지 않기 때문이다. 반대로 감정이 불쾌한 것일 때는 생각이 자신을 가슴속에서 일어나고 있는 일에서 끌어내도록 놔둠으로써 내면의 경험을 바꿔 놓으려고 애쓴다. 마음은 영혼이 가슴에서 도망쳐 나와 숨으러 가는 곳이 된다. 가슴속에든지 마음속에든지 숨어들고 싶어 하는 이런 습성을 벗어나려면 내면에서 일어나는 그것을 경험하고 있는 것은 언제나 동일한 의식임을 그저 주지하라.

가슴이 여닫히는 이유

가슴을 알고 싶다면 무엇보다도 먼저 당신은 가슴이 아니라는 사실을 이해하라. 당신은 가슴을 경험하는 자다. 당신은 감정이 일어날 때 그것을 의식하는 의식이다. 내면에서 사랑의 감정이 솟아올라서 사랑에 빠졌다고 말할 때, 그것의 진정한 의미는 가슴에서 사랑의 샘물이 올라와 자신을 적시고 있는 것을 느낀다는 뜻이다. 당신은 사랑의 대양 속에 떠 있다. 하지만 당신은 사랑의 감정이 아니다. 당신은 자신이 느끼고 있는 그 사랑을 경험하는 자다. 우리가 이 사랑의 경험에서 상대방의 역할은 아직 고려하지 않고 있다는 점을 주목하라. 왜냐하면 사랑을 느끼기 시작할 때 실제로 일어나는 일은, 가슴이 열려서 아름다운 에너지가 흘러나오고 있는 것이기 때문이다. 이것은 당신으로 하여금 "난 사랑을 사랑해"라고 말하게 만들어야 하지만 당신은 그 대신 "난 당신을 사랑해"라고 말한다. 이것이 사랑의 경험 속에서 상대방의 역할에 관한 첫 번째 단서다. 상대방의 존재가 당신의 가슴이 열리는 것을 돕기만 하면 당신은 그를 향한 사랑을 느낀다. 만약 상대방의 존재가 가슴이 열리는 것을 막는다면 당신은 다른 곳을 두리번거리기 시작할 것이다. 인간관계가 그토록 어려운 것은 이 때문이다. 우리는 사랑의 근원을 외부로 투사한다. 그것이 언제나 내 안에 있다는 사실을 깨닫지 못하고 말이다.

실제로 사랑은 당신과 당신의 가슴 사이를 흐른다. 그것은 다른 누구와도 상관이 없는 일이다. 그것은 내면에서 경험하는, 가슴을 통해 흘러들어오는 하나의 에너지이다. 물론 특정한 사람이나 환경이 가슴을 열리거나 닫히게 만들 수도 있다. 하지만 열리고 닫히는 작용은 당신의 가슴이 하고 있는 일이지 다른 사람이 해 주는 일이 아니다. 이 이야기의 끝부분에서 당신은 그런 일이 왜 일어나는지를 이해하게 될 것이다. 우선은 사랑이란 전적으로 내적인 경험임을 이해하지 못하고 그 경험을 다른 누군가에게로 투사할 때 어떤 일이 일어나는지만 살펴보기로 하자.

사랑의 근원을 외부로 투사하는 순간, 모든 것이 개인적인 일이 된다. 먼저 소유욕이 생기는데, 그건 당연한 일이다. 우리는 사랑을 느끼고 싶었고, 그 경험을 상대방에게 투사했다. 그러므로 그 사랑을 계속 느끼기 위해서는 그를 붙들고 있어야만 한다. 이로부터 매우 인간적인 감정인 질투와 의존심과 요구가 생겨난다. 마찬가지로 사랑의 물속에 빠져 있는데 애인이 미운 짓을 한다면 우리는 아프고 막힌 느낌을 받는다. 그것은 가슴에서 나올 수 있는 또 하나의 다른 느낌일 뿐이다.

사랑을 계속 느끼고 싶다면 가슴이 열리거나 닫히게 하는 감정을 다루는 법을 배워야만 한다. 그것은 악기 연주법을 배우는 것과 비슷하다. 처음에는 어떻게 해야 할지를 모른다. 당신은 실수를 하고 그 경험에서 배울 것이다. 가슴은 매우 복잡 정교한 악기라서 그 연주법을 아는 사람은 극소수다. 가슴이 열리면 사람들은 가슴이 열리도록 도와준 그것을 소유하려고 애를 쓴다. 가슴이 닫히면 닫히게 만든 것으로부터 자신을 보호하려고 애를 쓴다. 우리는 자신의 행위의 결과를 안고 살아야 하므로, 가슴이 왜 열리거나 닫히는지를, 그리고 그것을 알아차리는 것은 누구인지를 이해하는 것은 삶을 바꿔 놓는 깨달음이 될 수 있다.

당신은 가슴이 열리거나 닫히는 것을 실제로 알아차린다. 그렇지 않은가? 요가를 배웠는지, 살면서 명상을 한 번이라도 했는지와는 상관없이, 가슴이 열리거나 닫힐 수 있다는 사실은 모든 사람이 알고 있다. 가슴이 열리면 다른 때보다 더 고양된 기분을 느낀다. 가슴이 닫히면 그 상태로는 살기가 매우 힘들고 고통스럽다. 불행하게도 대부분의 사람들은 이럴 때 실제로 어떤 현상이 일어나고 있는 것인지를 전혀 모른다. 그들에게 지금 당장 가슴을 열라고 말하면 그들은 무엇을 어떻게 해야 할지를 모를 것이다. 그들은 주먹을 쥐거나 눈을 깜박이거나 심지어는 생각을 만들어 낼 줄도 안다. 하지만 의도적으로 가슴을 여는 방법은 모른다. 대개 가슴은 저절로 열리거나 닫힌다. 그리고 사람들은 그 결과와 함께 살아야만 한다.

가슴에 대해서는 조심하는 게 좋다. 가슴이 열릴 때 맨 처음 밀려오는 에너지는 너무나 압도적이어서 당신은 거기에 쉬이 휩쓸려 떠내려가 버린다. 사람들은 흔히 이렇게 말한다. "난 완전히 정신이 나갔어. 사랑에 빠져 버렸거든. 어디서 살든지 상관없어. 그와 함께라면 들판에서 천막을 치고라도 살 거야." 그게 얼마나 오래 가는지 두고 보자. 가슴이 닫히면 그 말은 이렇게 변한다. "다시는 그를 보고 싶지 않아. 그가 무슨 말을 하든 상관없어. 말을 섞고 싶지도 않아. 그런 짓을 하다니, 믿을 수가 없어." 닫힌 가슴의 하소연을 듣다가 혼란해지면 당신은 그 결말을 보고 싶지 않게 될지도 모른다.

가슴은 전자장치처럼 하나의 물건이다. 그것은 에너지의 진동을 방사하는 하나의 장치다. 전자장치와 마찬가지로 가슴은 든든한 에너지 공급원이 필요하다.

　가슴이 닫히면 당신은 긍정적인 에너지나 건설적인 목적의식을 못 느낀다. 그 안에서는 매우 힘들고 불편해지기 쉽다. 어떤 때는 가슴속에 큰 돌덩어리가 들어 있는 것같이 느껴지기도 한다. 물론 당신은 그것을 원하지 않으므로 그 경험을 면하려는 시도로서 마음이 나서서 무엇을 할지에 관한 스토리를 지어내기 시작한다. '그를 떠날 거야. 그럼 무척 미안해하겠지.' 이 대목에 대해 솔직하게 이야기해 볼 수 있는가? 이런 생각이 일어나는 것은 단지 한 인격 속에서 일어나는 하나의 과정일 뿐이다. 가슴이 닫히면 에너지의 흐름이 강하지 않아서, 이것이 부정적인 생각을 낳는다. 생각의 수준을 포함하여 무엇이든지 그것을 고양시키려면 에너지가 필요하다. 가슴이 오래 닫혀 있으면 사람들은 깊은 우울증에 빠지기까지 한다. 가슴이 열려 있으면 그런 일은 일어나지 않는다. 가슴이 어떤 상태에 있든 간에 그 상태는 계속 그대로 유지될 것처럼 느껴진다는 점을 주목하라. 하지만 당신은 삶 속의 여기저기에서, 기회가 주어질 때마다 가슴의 상태가 실제로 바뀌는 것을 보아 왔다. 사람들은 닫힌 가슴의 경험 속에서 완전히 정신을 잃어버려서 그 때문에 삶을 망친다. 가슴이 닫혔을 때 마음이 하는 말들은 당신이 아니다. 그것은 그저 가슴이 닫힌 상태를 표현하는 마음의 하소연일 뿐이다. 당신은 그것을 알아차리는 자다.

가슴이 열리고 흥분된 상태는 어떨까? 그 또한 마찬가지로 위험하다. 왜냐하면 당신은 그 상태가 바뀌지 않으리라고 생각하기 때문이다. 대개의 경우, 가슴에서 솟구치고 있는 열정을 식혀 버릴 일이 일어난다. 가슴이 열린 이유가 있다면 닫히게 할 이유도 있는 것이다. 세상은 끊임없이 변한다. 마음도 계속 바뀌고 만물은 끊임없이 변화한다. 그러니 가슴이 열린 이유를 찾아낼 수 있다면 조심하라. 그것은 바뀔 것이니. 가슴이 닫힌 이유를 찾아낼 수 있다면 걱정 말라. 그 또한 바뀔 것이니. 당신이 내버려 두기만 한다면 당신의 가슴은 온갖 상황이 그것을 열리게 하고 닫히게 하는 동안 그 요동 속을 잘 지나갈 것이다. 이것을 이해하지 못하면 당신은 그저 자신의 가슴에 일일이 반응한다. 가슴을 이해하기 위해서는 실로 위대한 존재가 필요하다. 왜냐하면 그들은 가슴이 원하는 것을 쫓아다니거나 원치 않는 것을 피해 달아나지 않고 가슴의 행태를 객관적으로 관찰하며 오랜 세월을 수행했기 때문이다.

영적 성장에서 매우 중요한 한 측면은 가슴이 여닫히는 메커니즘을 이해하는 것이다. 가슴이 왜 열리고 닫히는지를 온전히 살펴보기 위해서는 우리의 논의를 더 깊은 차원으로 가져가야 한다. 우리는 앞서 당신이 자신의 내면에서 세 가지를 경험한다고 말했었다. 내부로 들어오는 세계, 마음의 생각들 그리고 가슴의 감정들 말이다. 사실은, 그 안에서 당신이 경험하는 네 번째 것이 있다. 그것은 항상 그 안에 있지만 대부분의 사람들은 먼저의 세 가지 것 때문에 너무나 정신을 빼앗겨서 의식의 이 네 번째 것에는 거의 주목하지 않는다. 그럼에도 당신의 내면에는 매우 강력한 에너지의 흐름이 존재한다. 그것은 각 문화권마다 샥티(shakti), 기(氣), 혹은 영(spirit) 등의 다양한 이름으로 불려 왔다. 우리의 논의에서는 전통 요가 용어인 샥티라는 이름을 사용하기로 하겠다.

마음을 충분히 고요하게 가라앉히면 당신은 이 에너지가 내면에서 끊임없이 흐르고 있음을 깨닫게 된다. 에너지 수준이 갑자기 변하면 당신도 그것을 언급할 때가 있다. 당신은 이런 식으로 말한다. "그녀가 날 사랑한다고 말했을 때 난 기운이 넘쳐서 구름 위를 떠다녔지. 에너지가 물처럼 밀려오는 걸 며칠 동안이나 느낄 수 있었어." 또 다른 상황에서는 이렇게 말한다. "그녀가 끝났다고 말했을 때, 난 집으로 운전해 갈 기운도 없었어. 기운이 완전히 빠져 버려서 일주일 동안 출근도 못 했어." 이런 말들은 우리가 논하는 그 에너지의 수위를 언급하고 있다. 자신의 개인적 자아를 초월할 때 경험하게 될, 이보다 훨씬 더 깊은 심층부의 흐름도 있다. 당신이 사랑의 느낌으로 경험하는 그것은 열린 가슴을 통해 흐르는 이 심층의 에너지이다. 에너지는 당신이 허용하는 만큼만 높아질 수 있기 때문에, 이토록 아름다운 사랑의 경험도 대부분의 사람들에게는 그리 자주 일어나지 않는다. 그럼에도 당신의 가슴을 통해 흐르고 있는 얼마간의 에너지는 거의 항상 존재해서, 그것이 당신의 일상적인 감정 상태를 만들어 낸다.

가슴을 통해 흐르는 에너지가 이토록 변덕을 부리는 이유는 당신이 내면에 저장해 놓은 삼스카라 때문이다. 당신은 싫은 경험은 안에서 밀쳐 내었고, 좋은 경험에는 매달렸다. 온전히 경험되지 않은 이 미완의 에너지 패턴은 실재하는 것이어서 내부의 에너지 흐름을 막는 장애물로 작용한다. 당신의 에너지는 언제나 위로 솟아 흐르려고 애쓰지만, 이런 장애물에 부딪혀서 솟아나지 못한다. 샥티 흐름의 에너지는 삼스카라의 에너지보다 훨씬 더 섬세하다. 그래서 샥티는 더 이상 높이 솟아오르지 못하는 것이다.

샥티의 흐름에 관해 더 깊이 들어가기 전에, 삶의 경험에 의해 이 장애물이 건드려지거나 활성화될 때 어떤 일이 일어나는지를 한번 살펴보자. 당신은 이에 대해 한 번도 생각해 본 적이 없을지 모르지만 어떤 일이 일어나는지는 너무나 잘 알고 있다. 어떤 장애물이든 건드려지면 그 장애물 속에 담겨 있던 에너지가 활성화되고, 당신은 그 과거의 경험과 관련된 감정을 느끼고 생각을 떠올리기 시작한다. 당신의 내부 상태는 저장되었던 미완의 에너지 패턴에 의해 주도되고, 당신은 그 안에서 완전히 넋을 놓아 버린다. 이런 상태에서 당신은 자신의 생각과 감정을 주도하지 못한다. 가슴의 열림이나 닫힘도 제어하지 못한다. 활성화된 삼스카라가 당신의 삶을 점령한 것이다. 주의하지 않으면 그런 불명확한 상태에서 당신이 내리는 선택을 통해, 삼스카라가 당신의 미래를 결정할 것이다.

삼스카라가 건드려졌을 때 마음이 어떤 말을 하는지, 예를 들어 보자. '그가 그런 말을 하다니, 믿을 수가 없군. 아버지도 그런 식으로 말하시곤 해서 정말 싫었는데. 그 때문에 그토록 어릴 때 가출을 해 버렸지. 또 그런 경험을 할 수는 없어. 아버지를 생각나게 만드는 사람과 사귈 필요는 없어.' 논리적으로 들릴지는 모르지만 그건 전혀 논리적이지 않다. 당신이 만나고 있는 이 사람은 당신의 아버지가 아니다. 아버지와의 관계에서 남겨진 삼스카라가 없었다면 아마도 당신은 현재의 관계를 훨씬 더 잘 다루고 있을 것이다. 사실을 말하자면, 당신이 말한 상황은 당신을 건드린 게 아니라 삼스카라를 건드린 것이다. 그리고 그 되살아난 삼스카라가 당신을 건드린 것이다. 그렇든 말든 간에, 당신은 자신을 혼란으로부터 보호하기 위해 가슴을 닫았다. 당신의 가슴을 열거나 닫는 것은 당신의 삼스카라이다.

23
춤추는 에너지

에너지의 흐름과 당신의 장애물 사이에서는 매우 중요한 상호작용이 일어난다. 에너지는 솟아오르려고 애쓰지만 당신이 저장해 놓은 과거의 처리되지 않은 이미지에 부딪혀 솟아오르지 못한다. 삶에서 당신의 호불호를 결정하는 것은 이 과거의 이미지이다. 어떤 사람이 어쩌다 당신이 저장해 놓은 과거의 부정적인 이미지를 자극한다면 당신은 그를 좋아하지 않을 것이다. 하지만 그가 어쩌다 과거의 긍정적인 인상을 자극한다면 첫눈에 반해서 사랑에 빠질 수도 있다. 이런 식으로 사는 것은 매우 위험하다. 이때 당신은 당신 삶의 주인이 아니다. 과거의 이미지가 당신 삶의 주인이다.

자기 수행을 꾸준히 하다 보면 가슴을 온전히 이해하게 되는 때가 올 것이다. 갇혀 있는 에너지 패턴을 충분히 놓아 보내면 당신은 '그 가슴에서 생명수의 강물이 흘러나오리라(요한복음 7장 38절)'라는 성경 구절의 의미를 몸소 체험할 수 있을 정도로 크나큰 에너지의 흐름을 내면에서 경험하기 시작할 것이다. 에너지의 끊임없는 흐름이 온몸을 관통하여 상승할 것이다. 당신이 진정으로 열리면 그 에너지는 가슴, 미간, 손바닥 등의 다양한 에너지 중추에서 흘러나올 것이다. 당신은 빛의 존재, 에너지의 존재가 된다. 에너지가 거침없이 자유롭게 흐를 때, 개인적인 장애물들로 인해 에너지가 가로막히지 않을 때 말이다. 이에 대해서는 뒤의 장들에서 논할 테지만, 지금 그것을 언급하는 것은 가슴이 특정한 상황에서 왜 열리거나 닫히는지를 이해할 수 있게 해 주기 때문이다. 이제 그 이유는 명백해졌다. 가슴의 상태는 그 순간에 어떤 삼스카라가 작동하고 있는지에 달려 있다.

당신이 이 에너지의 흐름 속으로 장애물을 던져 넣을 때마다 그것은 그 흐름에 교란을 일으킨다. 바로 이 교란을 당신은 감정이라는 형태로 경험한다. 당신의 마음이 아주 활짝 열려서 가슴에서 맑은 사랑의 흐름을 느끼고 있다고 해 보자. 그때 애인이 뭐라고 말했는데 당신은 그 말에 화를 내고 저항했다. 그러면 당신의 가슴은 더 이상 사랑을 느끼지 않을 것이다. 그 대신 분노와 두려움 혹은 질투를 느낄 것이다. 이 교란된 에너지 패턴은 당신이 가슴의 에너지 흐름 속에 장애물을 던져 넣은 직접적인 결과이다. 이 모든 감정은 건드려진 장애물의 성질에 따라 다르게 나타난, 동일한 에너지이다. 이런 교란 현상들에 우리가 각기 다른 이름을 붙이기로 한 것은 참 흥미로운 일이다. 다양한 감정들에 우리가 붙여 놓은 이름들을 한번 살펴보라.

지금까지 우리는 한 번에 하나의 장애물만을 만나는 에너지 흐름에 대해 논해 왔다. 장애물이 많아질수록 그 교란은 점점 더 복잡해질 것이다. 결국 교란은 저희들끼리 서로 부딪히기 시작하여 매우 복잡한 에너지 패턴을 만들어 낼 것이다. 이것이 우리의 내적 삶의 광경이다. 인간의 감정이 그처럼 강력하고 복잡한 것은 이 때문이다. 당신은 때에 따라 다른 에너지 흐름을 일으킬 수 있는 내면의 패턴을 지니고 있기 때문에, 어떤 대상에 대해서는 복잡한 애증관계를 갖게 될 수도 있다. 특정한 때에 어떤 삼스카라가 가장 잘 건드려지는가에 따라 무엇이 당신의 에너지 흐름에 가장 큰 영향을 미치는지가 결정된다. 인간이 예측하기가 너무나 복잡한 생물이 된 것은 이 때문이다.

유감스럽게도 일은 이보다도 더 나빠질 수 있다. 어떤 때는 너무나 많은 삼스카라가 가슴속으로 던져 넣어져서 당신은 완전히 꽉 닫혀 버리고 기운이 완전히 차단되어 녹초가 되어 버린다. 상승하는 본연의 에너지 흐름이 멈춰 버려서 더 이상 당신을 지탱해 주지 못한다. 삼스카라의 힘은 이러하다. 삼스카라가 우리의 삶을 완전히 쥐고 흔든다.

당신의 에너지는 언제나 흐르고자 한다는 사실을 기억하라. 에너지가 흐르지 못하는 유일한 이유는 막혀 있기 때문이다. 댐으로 막아 놓은 강처럼, 강물은 장애물을 돌아나갈 길을 찾으려고 애쓴다. 약간의 에너지가 장애물을 우회할 길을 찾아내면 당신은 그만큼의 기운을 느낄 것이다. 하지만 그 에너지 흐름은 그 길로 계속 흘러갈 수 있는 능력만큼만 한정된다. 또 다른 장애물을 건드리는 어떤 일이 일어나면 에너지 흐름은 그에 따라 영향을 받을 것이다. 사람들의 기분이 그토록 변덕스럽게 바뀌는 이유가 바로 이 때문이고, 그들의 태도가 항상 변함없기를 기대하기가 어려운 것도 이 때문이다. 에너지의 흐름이 그 모든 장애물을 돌아가는 좁다란 길을 어찌어찌 찾아낼 때쯤이면, 우리는 그 흐름을 유지하기 위해 세상이 어때야 하는지에 대한 아주 편협한 신념의 소유자가 되어 있다. 저마다 특유한 호불호를 지닌 우리의 전인격이란, 그 에너지가 찾아낸 좁다란 길의 고불고불한 형상에 지나지 않는다. 사랑과 기쁨과 영감을 느낄 수 있는 각자의 능력은 얼마나 많은 에너지가 그 장애물들을 돌고 돌아 흐르는가에 의해 결정된다.

이제 당신은 가슴이 왜 그토록 민감한지를 이해했다. 에너지가 저장된 장애물을 얼마나 잘 우회해서 흐르는가에 따라서 가슴은 열리거나 닫힌다. 이 점에 주목하라. 그러지 않으면 당신은 자신의 삶을 가슴이 열리는지 닫히는지에 맡겨 놓아야 할 것이다. 누군가와 이야기를 하고 있는데 그가 당신의 장애물과 관련된 주제를 건드리면 당신의 가슴은 닫히기 시작할 것이다. 그때 당신이 돌아서서 더 이상 그를 만나기를 기피하는 반응을 보인다면 당신의 삶은 그 장애물의 손에 맡겨진 것이다. 마찬가지로 누군가가 당신의 가슴을 열어 주는 주제를 이야기한다면 당신은 당장 그를 은인처럼 여기고 그를 더 자주 만나고 싶어 할 것이다.

이처럼 가슴의 열림과 닫힘이 당신의 삶을 끌고 가도록 내버려 두는 것은 분명 영적이지 못한 방법이다. 당신은 자신에게 진실하지 못하다. 장애물에 진심이 되어 있는 것이다. 이것이 당신이라는 인격의 전모이다. 당신의 인격이란 당신의 모든 장애물과 에너지가 그것들을 우회하여 흐르는 방식의 최종 산물이다. 에너지 흐름의 요동이 가슴을 변덕 부리게 만드는 동안 당신의 생각도 변덕을 부릴 것이다. 사실 그것은 매우 슬픈 일이다. 결국 당신은 그 속에서 길을 잃어버릴 것이기 때문이다. 저장된 장애물들이 당신의 삶을 쥐고 흔들 것이고, 그것은 살아도 사는 것이 아니다. 당신은 의미 있는 곳에 도달하지 못한 채 그저 쳇바퀴만 맴돈다. 그 같은 삶에는 그 어떤 실질적인 목적도, 의도도, 방향도 없다. 고통을 줄이려다가 수시로 그 속에 휩쓸려 들어가는 것 외에는 말이다. 이 삼스카라는 과거에서 온 것이다. 그것은 과거에 당신에게 일어났지만 직면하여 처리하지 못했던 일들이다. 이제 그것이 당신의 현재를 결정하고 있고, 조심하지 않으면 미래도 결정하게 될 것이다.

우리는 지금 그 무엇보다도 중요한 것을 논하고 있다. 이 저장된 패턴은 당신이 어디로 갈 것인지, 무엇이 당신의 기운을 북돋아 줄 것인지, 누구와 결혼할 것인지, 이혼할 것인지 말 것인지까지도 결정할 것이다. 당신은 제 삶의 길을 스스로 선택하고 있는 것이 아니다. 삼스카라가 그것을 정해 주고 있다. 지켜보는 의식 속에 중심을 단단히 잡고 있지 않은 한, 당신은 생각과 감정을 따라갈 것이고, 그 생각과 감정은 당신의 삼스카라가 선택한다. 당신도 물론 그 지경까지 가 보았다. 거기에 필요한 것은 에너지의 패턴이 바뀌는 것뿐이고, 그러면 모든 게 바뀌어 버린다. 당신은 배우자와 헤어지거나 일자리를 때려치운다. 이 저장된 패턴은 당신 존재의 가장 낮은 부분의 표현물이다. 그것은 당신이 삶 속에서 마주치는 사건들에 잘 대처할 수 있을 만큼 충분히 성숙하거나 진화하지 못한 결과다. 이 패턴들은 당신의 내부에 갇히고, 그것이 이제는 당신의 에너지 흐름과 삶에 대한 모든 인식을 결정하고 있다.

이런 장애물들이 일으키는 결과를 이해하는 것은 개인적인 결정을 내리는 일이 왜 그토록 어려운지를 해명할 수 있게 해 준다. 당신이 이해하려고 애쓰고 있는 것은 이런 혹은 저런 선택이 당신의 기분을 어떻게 만들까 하는 것이다. '이 사람과 결혼을 해야 할까?' 아니면 '일자리가 안정될 때까지 기다려야 할까?' 당신은 이런 다양한 결정이 당신의 장애물을 지나가는 에너지의 흐름을 어떻게 바꿔 놓을 것인지를 알아내고 싶어서 이런 생각들을 굴리고 있다. 문제는 당신이 그 안에다 너무나 많은 상충되는 장애물들을 저장하고 있어서 무엇을 해야 할지를 명료하게 알 수가 없다는 점이다. 그것이 명료하지 않은 것은 당연한 일이다. 당신은 난장판이 된 마음속을 들여다보면서 명료한 답을 기다리고 있는 것이다. 그러는 동안에도 내내 당신은 마음속에서 생각과 감정이 끊임없이 바뀌는 것을 목격하고 있다. 중요한 문제는 그것에 대해 무엇을 해야 할지가 아니라 이 모든 것을 알아차리는 그것이 대체 누구냐 하는 것이다. 이 모든 과정이 내부에서 일어나고 있는 것을 알아차리는 그것은 다름 아니라 변함없이 동일한 의식이다. 그 안에는 무수한 삼스카라가 있을 수 있지만 그 안에 있는 당신은 여럿이 아니다. 거기에는 서로 다투고 있는 이 모든 패턴들을 지켜보고, 또 그것과 동일시하고 있는, 오직 하나의 의식만이 있다.

통합된 하나의 주시자 —그 안을 지나가는 이 모든 것을 지켜보는 단일한 주시자 —가 될 때, 당신은 중심에 자리 잡게 된다. 당신은 명료해진다. 자유로워진다. 당신이 주시자의 자리에 앉아 있지 못하고 이런 온갖 내부의 패턴들 사이에 존재가 흩어져 있으면 일은 매우 혼란스러워진다. 당신의 삼스카라 장을 지나는 각각의 에너지 통로들이 저마다 조금씩 다른 인격을 만들어 내는 것만 같다. 이 친구를 만나면 당신은 이런 인격이 되고, 다른 친구를 만나면 또 저런 인격이 된다. 이런저런 사람들을 만날 때마다 당신의 마음속에서는 완전히 다른 독백이 흘러나오고 있을 수도 있다. 어린 시절을 보냈던 고향이나 고등학교 동창회에 갔을 때 어떤 일이 일어나는지를 살펴보라. 어떤 환경이 과거의 삼스카라를 자극하면 당신은 그 환경에서 늘 그랬던 방식으로 생각하고 느끼기 시작한다. 놀랍게도 이런 상황에서 당신은 전혀 다른 버전의 자신 속에서도 너무나 친숙하고 편안한 기분을 느낀다.

이런 상태에 이르면 사람들은 자신의 자아를 찾고자 몸부림친다. 그들은 이런 인격들 중 어느 것이 진정한 자신인지를 정해야만 한다고 느낀다. 그 답은 너무나 분명하다. 그중 어느 것도 당신이 아니다. 그중 하나를 고름으로써 그 선택이 당신의 삶을 결정하게 두지 말라. 다른 생각보다 더 당신다운 그 어떤 종류의 생각도 존재하지 않는다. 당신은 그 생각들을 경험하고 있는 존재다. 그 변덕스러운 에너지 패턴들 주변에는 당신이라고 할 만한 것이 아무것도 없다.

내면에서 이 모든 소동이 일어나고 있는 와중에 무엇을 해야 할지를 안다는 것은 분명 어려운 일이다. 언제나 옳은 유일한 해답은, 그 모든 것을 알아차리고 있는 것은 변함없이 동일한 당신임을 깨닫는 것이다. 자신의 생각과 감정들이 변하고 있음을 알아차리고 있는 그가 바로 당신이다. 이 일은 우리에게 늘 일어나고 있다. 그저 힘을 빼고, 알아차리는 그로서 있으라. 그 많은 것들을 지켜보고 있는 그(the One)가 되라. ―이것이 참나의 실현(self-realization)으로 가는 길이다.

기분과 감정의 원인

감정은 에너지의 물줄기가 장애물에 부딪힐 때 생겨난다. 이것을 이해하려면 거침없이 흐르고 있는 시냇물을 따라 걷는 것을 상상해 보라. 냇물 바닥에는 바위 등의 장애물이 하나도 없다. 시냇물은 매우 맑고 고르게 흘러간다. 소용돌이도, 포말도, 끼어드는 물줄기도 없다. 이 맑은 흐름은 우리 내부 에너지의 물줄기, 곧 샥티와 유사하다. 본연의 상태에서는 이 두 가지 흐름은 완벽하게 맑고 끊임없이 흐른다. 이 맑은 냇물 속에 바위를 하나 던져 넣는다면 어떻게 될까? 갑자기 눈에 띄는 교란이 일어난다. 소용돌이가 생기고 흐름이 갈라지고 바위에 부딪히는 물결은 포말을 일으킨다. 그 하나의 바위가 힘에 교란을 일으킨 것이다. 샥티의 흐름 속에 걸림돌을 던져 넣어도 똑같은 일이 일어난다. 이 걸림돌─삼스카라─은 샥티의 흐름 속에 장애를 일으켜 흐름이 교란되게 만든다. 삼스카라 속에 저장되어 있던 혼란된 에너지의 방출과 함께 일어나는 이 내면의 파도와 포말과 소용돌이가 소위 감정이라 불리는 것이다. 감정은 가슴속의 장애물에 부딪힌 샥티가 분출하면서 갇혀 있던 에너지를 풀어 줄 때 생겨난다. 이것은 정상적인 에너지 흐름에 큰 교란을 일으켜서, 당신의 주의는 이 교란된 에너지 속으로 휩쓸려 들어간다. 감정이란 갇혀 있던 에너지의 방출이다. 부정적인 감정이든 긍정적인 감정이든 마찬가지다.

삼스카라가 그 안에 저장되어 있는 데는 이유가 있음을 기억하라. 당신은 일어난 그 경험을 제대로 처리하지 못했던 것이다. 이 장애물은 여러 해, 심지어는 수십 년 동안 그 안에 머물러 있었을 수도 있다. 그러다가 무언가가 건드리면 그것은 잠을 깨어 묻혀 있던 에너지를 풀어내기 시작한다. 그 산물인 감정과 생각들은 당연히 매우 개인적인, 당신만의 것이다. 따져 보면 애초부터 그 장애물을 속에 담고 있었던 것은 당신이다. 부엌에 들어오는데 어떤 냄새가 난다. 그 순간 당신의 모든 상태가 바뀐다. 왜냐하면 그것은 당신의 어머니가 요리를 하실 때 풍기던 냄새와 같기 때문이다. 그저 어떤 냄새 하나가 갑자기 강력한 변화의 물결이 되어 당신을 덮친다. 어머니와의 관계가 어땠는지에 따라 당신의 가슴은 부드러

위지거나 굳어 버리거나 할 것이다. 대부분의 경우, 당신은 무슨 일이 일어났는지를 짐작도 못한다. 당신은 그저 감정의 변화에 휩쓸리고, 그에 따라 행동한다.

이제 당신은 기분이 어디서 생겨나는지를 이해할 수 있게 되었다. 맑은 상태에 이르면 거기에는 기분이 존재하지 않는다. 거기에는 단지 당신을 밤낮으로 충전시켜 주는 에너지의 맑은 흐름만이 아름답게 존재한다. 이어질 장에서 우리는 깨끗해지고 맑아진다는 것이 어떤 것인지, 늘 고양된 상태로 사는 것이 어떤 것인지를 논할 것이다. 그런 경지에 이르기 전까지는 저장되어 있는 패턴들로 인해 에너지가 바뀔 때마다 변덕을 부리는 이런저런 기분들만이 줄을 이을 뿐이다.

요가의 관점에서 바라볼 때 우리의 삶에서 날마다 일어나고 있는 일은 다음과 같다. 에너지의 흐름이 올라와 가슴으로 다가올 때, 그것은 다음 세 가지 중 한 가지 일을 일으킬 수 있다. 첫째, 그 흐름이 가슴속으로 들어오려고 할 때 삼스카라에 의해 완전히 막혀 버린다면 당신은 가슴을 느끼지 못할 것이다. 많은 사람들이 자신의 가슴을 별로 느끼지 못한다. 그들은 평소에 워낙 마음에 주의가 쏠려 있어서 무시할 수 없을 정도로 강한 변화가 오지 않는 한 가슴의 변화는 감지하지 못한다. 감정이란 너무 민감하고 성가신 것이어서 사람들은 그것을 억눌러 버린다. 그들은 분석하려 들 뿐,

감정적이 되기를 원하지 않는다. 이들에게 일찍이 가슴을 깨끗이 비우는 데 필요한 수행을 하기만 하면 한층 큰 에너지가 내면으로 흘러들어와 더 많은 영감과 풍부한 창조성과 깊은 직관적 통찰을 가져다주리라고 가르쳐 준 사람은 아무도 없었다.

가슴속으로 흘러들어오는 에너지와 함께 두 번째 일이 일어날 수도 있다. 가슴속으로 들어온 에너지가 거기에 저장된 장애물에 부딪히기 시작한다. 이것은 당신이 주변의 일들에 대해 더욱 민감해지게 하여 기분에 휩쓸리게 만들기 쉽다. 하지만 때로는 매사가 순조로워서 가슴이 고요해지기도 한다. 마주한 누군가가 당신을 바라보는 눈빛, 말하는 태도, 혹은 그들의 다른 어떤 점들이 당신의 삼스카라를 어루만져 잘 정리해 준다. '이 여자의 머리 모양은 내 누이의 머리와 비슷해 보여. 누이와는 정말 친했었는데. 저 안경 좀 봐. 내가 제일 좋아하는 영화의 여주인공이 썼던 안경과 똑같네. 이 여자는 내가 정말 좋아하는 스타일이야.' 그러면 당신은 그녀에게 이렇게 말하고 있다. "사람들이 당신에 대해 좋은 말을 많이 하던데 이렇게 만나다니 정말 기뻐요. 직접 만나 보니 상상 이상인걸요!" 그리하여 첫눈에 반한 사랑이 시작된다. 말씨도 마음에 들고 머리 모양도 안경도 다 마음에 든다. 모든 것이 당신을 열어젖혀 놓는다. 당신은 아무것도 할 필요가 없다. 모든 일이 저절로 일어난다. 감각을 통해 들어온 자극들이 삼스카라를 잘 정리하여 에너지가 흘러들어올 통로를 열어 주고 있는 것이다. 에너지가 가슴속으로 들어오면 그것은 다시 밖으로 흘러나가서 가슴이 열리게 해 주었던 그것과 연결될 기회를 얻는다.

이제 우리는 매우 개인적이고 섬세한 어떤 것에 대해 이야기하고 있다. 당신은 에너지가 가슴에서 흘러나가기 시작하는 것을 느껴 본 적이 있는가? 당신의 가슴이 다른 사람의 가슴과 연결되는 느낌을 경험해 본 적이 있는가? 마치 두 가슴을 하나로 묶어 주는 어떤 에너지의 흐름이 존재하는 것만 같다. 사랑에 빠진 두 사람은 그 아름답게 연결된 흐름이 일어나고 있는 동안 말 한마디 없이도 하염없이 앉아 있을 수 있다. 가슴에서 쏟아져 나와서 누군가와 연결되어 있게 해 주는 그 에너지의 느낌보다 아름다운 것은 이 세상에 없는 것만 같다. 요가의 관점에서 말하자면, 당신이 경험하고 있는 것은 인간의 에너지 체계 중 네 번째 중추인 '가슴 차크라'에서 쏟아져 나오고 있는 샥티다. 이 가슴 중추는 실로 아름답지만 실제로 그리 높은 차크라는 아니다. 내면의 에너지 흐름을 제어하는 이런 차크라는 일곱 개가 존재하기 때문이다. 요기들은 에너지가 가슴 중추에서 모두 쏟아져 나가 버리면 더 높은 중추에 이를 힘이 없어진다는 것을 안다.

당신은 차크라란 T자로 연결된 관과도 같다는 것을 깨닫게 될 것이다.

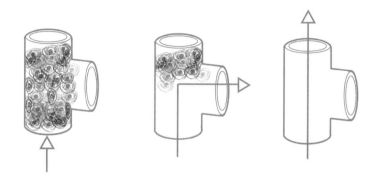

에너지가 들어오는 입구는 아래쪽에 있는데, 그것은 열려 있을 수도 있고 막혀 있을 수도 있다. 막혀 있으면 그 중추로는 에너지가 들어오지 않는다. 열려 있으면 에너지가 중추 속으로 들어와서 그것을 관통하여 흐르려고 할 것이다. 하지만 위쪽 통로가 막혀 있으면 에너지는 수평으로 흘러서, 열리는 경험을 촉진한 것이 무엇이든 간에 그것과 연결된다. 인간인 우리는 가슴에서 에너지가 흘러나가는 그 경험을 정말 좋아한다. 그래서 실제로 우리는 그것을 '좋아한다'고 하지 않고 '사랑한다'고 한다. 이것이 인간의 사랑이라는 경험이다. 걱정 마시라. 영성이 이 경험을 당신에게서 앗아갈 일은 없을 테니까. 그것은 아름다운 경험이다. 다만 그보다 더 높은 사랑의 표현도 존재한다는 사실만을 알아 두라.

에너지가 가슴을 향해 올라올 때―에너지는 끝까지 올라갈 수 있다―일어날 수 있는 세 번째 일이 있다. 우리의 여정의 이 지점에서 당신이 이해해야 할 것은 단 하나, 에너지가 네 번째 차크라를 돌파하고 나면 인간의 사랑보다 훨씬 더 높은 경지의 에너지 체험이 기다리고 있다는 사실이다. 그렇다고 해서 사람이나 사물과의 연결은 경험하지 않게 되리라는 뜻은 아니다. 실제로는 그보다 훨씬 더 깊은 차원에서 연결된다. 인간적인 연결의 체험이야말로 삶의 의미라고 말하는 사람들은 더 높은 중추의 체험을 해 보지 못한 것이다. 그것은 먹기 위해서 산다든가 섹스야말로 삶의 의미라고 말하는 것과도 같다. 물론 그것도 아름다운 경험이긴 하지만 그것은 조건적인 경험이어서 왔다가는 가 버린다. 삶의 의미는 그보다 훨씬 더 심오하다.

당신이 경험할 수 있는 훨씬 더 높은 에너지 중추들이 있다. 그 중추들 속으로 더 높이 올라가면 삶의 모든 것이 더욱 아름다워진다. 하지만 가슴 중추의 수행을 마치지 못하면 그보다 높은 중추는 존재하는지조차 알 수가 없다. 가슴 차크라의 수행을 시작하려면 먼저 그것이 열리고 닫히는 것을 객관적으로 지켜볼 수 있어야만 한다. 당신이 깨닫게 될 사실은, 과거로부터 저장된 패턴들이 외부의 자극에 의해 깨어나서 가슴을 열리거나 닫히거나 하게 만든다는 것이다.

첫눈에 반한 사랑의 예를 들어 보자. 만일 당신이 기분 나쁜 날이었던 사흘 전에 같은 사람을 만났더라면 가슴이 그렇게 열리지는 않았을 것이다. 또 만일 그녀가 상기시켰던 여주인공이 나오는 영화를 본 적이 없었다면 당신은 그녀에게 그토록 반하지 않았을 것이다. 요는 당신이 내부에 장애물을 저장해 놓고 있고, 그것이 어떤 상황에서든 당신이 열리거나 닫히는 정도를 결정하리라는 것이다. 가슴이 열리게 하는 데는 열쇠 구멍에 맞는 말 한마디면 충분하고, 마찬가지로 가슴이 닫히게 하는 데는 어긋남을 일으키는 말 한마디면 충분하다. 우리는 모두가 저마다 다른 삼스카라를 지니고 있고, 수시로 새로운 것을 가져다 쌓아 놓는다. 한 사람을 기뻐하게 만드는 것이 다른 사람을 불편하게 만들 수도 있는 것은 이 때문이다. 동일한 사람 앞에서도 때에 따라 가슴이 달리 반응하는 이유도 이 때문이다. 우리의 기분과 반하거나 싫어하는 반응이 과거에 그토록 좌지우지된다는 사실은 믿기가 어렵다. 하지만 사실이다. 일상에서 우리는 무슨 일이 일어나고 있는지를 알아보려고도 하지 않고 있다. 우리는 그저 공처럼 그 언저리에서 이리저리 튕겨지고 있다.

가슴의 비밀

이제 우리는 가슴의 비밀 속으로 더 깊이 들어설 준비가 되었다. 이제까지의 탐사에서 당신은 에너지가 잠시 밖으로 흘러나가 사랑의 느낌을 만들어 낼 수 있다는 것을 알게 되었다. 또한 가슴의 열림은 장애물의 상태에 좌우되는 것이라서, 에너지의 흐름도 지속되지 않는 조건적인 것임을 이해했다. 하지만 크나큰 사랑을 지속적으로 경험하는 것은 가능하다. 필요한 것은 오직 자기 수행을 통해 가슴이 닫히게 만드는 원인을 제거하고자 하는 결의다. 예컨 대 당신에게 큰 의미를 지녔던 어떤 사람이 죽었다고 상상해 보라. 당신의 배우자는 중요한 일 때문에 장례식에 동행할 수가 없게 됐다. 당신은 그것을 깊은 유감으로 느낄 수 있다. 사실 주의하지 않으면 당신은 그 일을 두고 평생 동안 유감을 품고 살 수도 있다. 이런 장애물을 다룰 때, 사실 당신은 불을 다루고 있는 것이다. 결국은 중요한 사람과의 관계를 해치거나 파괴할 수도 있는 빌미를 만들어 놓는 것이 될 수도 있는 것이다. 이것은 가벼운 게임이 아니다. 삼스카라를 저장한다는 것은 중대한 일이다. 그것은 심각한 결과를 가져온다. 사랑이 지속되기를 바란다면 이런 상황을 더 잘 다루는 법을 배워야 한다. 이것이 명심해 두어야만 할 가슴의 한 가지 비밀이다.

가슴을 통해 흘러나가는 에너지 흐름에 관해 이해해야 할 또 하나의 매우 중요한 사실은, 그것이 문자 그대로 상대방과의 연결을 만들어 낸다는 것이다. 이 연결은 실질적인 것이어서 둘 사이에 에너지가 교류되면 당신은 거기에 집착하게 된다. 이것은 육체적인 상호 집착이 아니라, 두 가슴 사이를 흐르면서 양쪽을 충전시켜 주는 에너지에 대한 의존관계다.

이것을 좀 더 자세히 살펴보자. 과거에 저장된 패턴이 에너지를 차단하고 있었기 때문에 당신의 가슴은 닫혀 있었다. 당신을 매혹하는 성격과 인품을 지닌 어떤 사람이 나타나면 그 에너지는 큰 장애물 중 하나를 피하는 우회로를 찾아낸다. 장애물이 사라진 것이 아니라 우회로가 열려서 가슴에서 에너지가 흘러나갈 수 있게 된 것이다. 그 에너지는 상대방을 향해 흘러가고 상대방의 에너지도 당신을 향해 흘러온다. 원래의 장애물이 없어야만 경험할 수 있었을 것을 상대방 덕분에 경험할 수 있게 된 것이다. 당신은 아마 자신이 별 매력이 없는 사람이어서 사람들이 좋아하지 않는다고 생각해 왔을 수도 있다. 그런데 늘 당신을 찬양하던 사람이 나타나서 그윽한 사랑의 눈빛으로 당신을 바라본다. 그러면 당신은 너무나 편안해져서 그 눈빛 속에 녹아내려 버린다. 믿기지 않는 일이다. 당신은 늘 느끼던 외톨이 별종의 느낌을 더 이상 느끼지 않는다.

이것은 매우 아름다운 일이기는 하지만, 유감스럽게도 에너지의 흐름을 가로막는 삼스카라는 여전히 거기에 있다. 에너지가 그것을 피해 가는 우회로를 찾은 것일 뿐이다. 그것도 이 사람과의 에너지 교류가 지속되고 있는 한에서만 그렇다. 그것은 마치 전기 회로에 점퍼선을 연결하는 것과도 같다. 당신은 용케 삼스카라를 우회했지만 이제는 그 상대방에게 매우 집착하여 의존하게 되었다. 그가 당신을 떠나려고 한다면, 혹은 그를 잃게 될 상상만 해도 당신은 원래의 삼스카라가 그 막강한 힘을 떨치며 돌아와 있는 것을 느끼게 될 것이다. 당신은 배후에 깔려 있던 두려움과 외톨이가 된 기분을 다시 느낄 것이고, 그것은 이전보다 더 강력해져 있을지도 모른다. 달리 말해서, 당신은 자신의 에너지 흐름을 다른 누군가와 엮어 놓았고, 이제 당신 가슴의 상태는 그의 태도에 좌우되고 있는 것이다. 당신도 물론 이런 패턴을 삶에서 무수히 겪어 보았다. 이것이 소위 인간의 사랑이다. 그것은 매우 아름답다. 하지만 다행히도 그보다 훨씬 더 높은 형태의, 조건 없고 영원히 변하지 않는 사랑이 존재한다.

삼스카라를 우회하는 길을 찾는 대신 그것을 제거해 버리면 가슴의 가장 깊은 비밀이 밝혀진다. 에너지가 가슴속으로, 가슴을 통해 흐르지 못하도록 방해하는 장애물을 제거하면 당신은 언제나 사랑을 느끼게 될 것이다. 당신에게는 늘 사랑이 차고 넘친다. 그런 상태에 이르면 그저 가슴 앞에서 손을 살짝 흔들기만 해도 황홀한 사랑의 물결이 쏟아져 나오는 것을 느끼게 될 것이다. 사랑을 경험하는 것이 그토록 쉬워진다. 사랑이 당신 존재의 본성이 된다. 이제는 가서 그것을 나누라. 모든 방법을 다하여 당신이 느끼고 있는 그 아름다운 사랑을 나누라. 당신은 이것을 집착도 욕망도 없이 할 수 있게 될 것이다. 그 사랑은 다른 누구에게도, 다른 어떤 것에도 좌우되지 않기 때문이다. 당신은 자기 안에서 온전하고 완전하다. 우리는 그것을 일러 참나의 광휘(self-effulgence)라 한다. 이 위대한 경지에 이르려면 삼스카라를 우회할 길만을 찾아 헤매는 대신 수행을 통해 삼스카라를 놓아 보내는 작업을 해야만 한다.

이제 당신은 가슴의 내적 작용에 대해 훨씬 더 많은 것을 이해하고 있다. 이제까지 우리는 가슴의 아래 부위를 통해 에너지가 어떻게 흐르는지, 혹은 어떻게 흐르지 못하고 막히는지에 초점을 두고 이야기해 왔다. 가슴의 이 아래 부위를 '인간의 가슴'이라 부를 수 있다. 그것이 얼마나 열려 있느냐에 따라 그 에너지 흐름이 인간의 온갖 감정을 만들어 낼 수 있기 때문이다. 가슴의 아래 부위에서 막힌 에너지는 질투, 불안, 갈망 등의 괴로운 느낌으로 경험된다. 분노도 가슴의 장애물에 부딪히면서 분출되는 강한 에너지 흐름의 산물이다. 이와 달리 가슴이 충분히 열려서 에너지가 가슴 차크라 한가운데를 지나 수평으로 흘러나올 수 있게 되면 그 에너지는 인간적인 사랑으로 경험된다. 어느 쪽이든 간에 모두가 동일한 에너지이다. 유일한 차이는 그것이 얼마나 막혀 있는가 하는 것뿐이다.

에너지가 수평으로 흘러나가지 않고 가슴 한가운데를 통과하여 상승할 때 경험할 수 있는 또 다른 차원의 가슴이 있다. 삼스카라는 충분히 옅어져야 하고, 에너지 흐름은 가슴 차크라의 한가운데를 관통할 수 있을 정도로 강해야 한다. 이것이 일어나면 에너지는 가슴의 위쪽 부위로 쏟아져 들어가서 순수한 사랑과 힘과 총체적 행복감의 지속적인 경험을 일구어 낸다. 이제 우리는 인간의 가슴에서 나와서 진정 영적인 가슴 속으로 들어섰다. 샥티가 이 네 번째 차크라의 위쪽 부위를 관통하여 흐르면 당신은 소위 '신의 임재감'이라 일컬어져 온 것을 느끼기 시작할 것이다. 이것이 바로 위대한 성인들이 경험해 왔던 그것이다. 여기에 이르면 당신은 더 이상 자신을 인간으로 경험하지 않는다. 자신을 하나의 에너지체로 경험하게 된다. 당신은 사랑을 우주의 자연스러운 힘의 하나로 느끼기 시작한다. 그것은 더 이상 누군가를 향한 사랑이 아니다. 그것은 그저 내면에서부터 당신을 충전시키는 사랑의 힘이다. 가슴이 거기까지 열리고 나면, 낮은 자아의 잔재 대신 사랑으로 주의를 돌리기를 선택하는 한, 당신의 내면은 언제나 아름다울 것이다.

이제 우리는 가슴을 연다는 것이 무엇을 뜻하는지를 안다. 그것은 어떤 차원에서도 가슴을 닫지 않음을 뜻한다. 가슴의 본연의 상태는 열려 있는 것이다. 그것은 시냇물과도 같다. 물의 본연의 상태는 거침없이 흐르는 것이다. 뭔가가 그 물결을 막고 있다면 물이 그 장애물을 돌아가게 만들려고 시간을 낭비하지 말라. 그저 장애물을 제거하라. 가슴을 지나는 샥티의 흐름도 마찬가지다. 장애물만 제거하라. 그러면 사랑이 당신 본연의 상태가 될 것이다.

장애물을 제거하는 것이 영적 정화다. 그것이 삶의 목적이다. 그 장애물을 하나씩 제거해 가면 에너지가 자유롭게 흐르기 시작하고, 사랑은 더 이상 갈구하며 찾아 헤매야 하는 대상이 아니게 된다. 이 상태에서 사랑은 당신이나, 다른 어떤 사람이 무슨 짓을 하는지와는 무관한 것이 된다. 당신은 언제나 사랑과 영감을 느끼며, 만나는 모든 사람과 하는 모든 일을 사랑하는 것이야말로 존재 본연의 상태임을 깨닫는다. 사실 당신은 삶에 대한 자신의 열정을 좀 제어해야만 하게 될 것이다. 내면으로부터 솟아나 당신을 충전시키는 그 에너지의 흐름이 너무나 강력하기 때문이다. 이것이 '사람이 빵으로만 살 것이 아니요, 하나님의 입에서 나오는 낱낱의 말씀으로 살 것이라(마태복음 4장 4절)'라고 말하는 그리스도의 경지이다. 당신은 더 이상 밖에서 나는 것에만 의지하여 살지 않는다. 당신의 에너지는 애씀 없이 안에서, 그 근원에서 솟아나온다.

가슴은 창조계에서도 가장 아름다운 것 중 하나다. 수행을 해 가다 보면 언젠가는 당신도 자신에게 주어진 것을 깊이 음미하며 감사히 여기게 될 것이다. 가슴은 조건 없는 사랑을 줄 뿐만 아니라 더 높은 에너지 중추들로 가는 관문이 되어 준다.

PART 6

인간의 곤경을 넘어서

인간의 곤경

삶의 질과 관련하여 가장 중요한 문제는, 당신이 무엇을 소유하고 있느냐 혹은 무슨 일을 하느냐가 아니라, 당신이 '그 안에서' 무엇을 하고 있느냐이다. 대부분의 사람들은 대충 이런 식으로 대꾸할 것이다. "그 무엇과도 바꿀 수 없을 정도로 아름다운 순간들이 있지요. 하지만 단 1초도 지속되기를 원하지 않는 순간도 있어요. 아무튼 난 이 안이 평안해지도록 열심히 일하고 있어요." 이것이 인간이 처한 곤경이다.

대부분의 사람들에게는 이것이 그 안에서 산다는 게 어떤 것인지에 대한 그럴 듯한 설명이다. 지금까지 우리는 그것이 왜 그런지를 이해하기 위한 초석을 놓아 왔다. 우리는 저항했던 과거의 경험을 토대로 내부에다 이미지, 곧 삼스카라를 평생 동안 차곡차곡 저장해 왔다. 이 저장된 이미지들을 가지고 우리는 자신의 호불호와 세상이 그에 맞추어 굴러가게 만들려면 어떻게 해야 할지 등의 신념이 망라된 자아관념을 구축했다. 그런 노력이 성공하면 내면도 대체로 아늑해졌고, 실패하면 아늑하지 못했다.

외부세계의 모든 사건은 그 사건이 발생하게끔 그 자리에 모여든 모든 에너지들의 합작품임을 이해하는 것이 중요하다. 사건들의 이런 에너지 흐름이 당신 안으로 들어올 때, 그것은 당신의 마음과 가슴을 뚫고 지나와 결국은 당신의 의식 속으로 녹아들어야만 한다. 당신이 의지를 동원하여 어떤 경험이 지나가지 못하도록 막으면 그 에너지 흐름은 계속 움직여 가기 위해 다른 길을 찾아내야만 한다. 에너지는 한자리에 머물러 있을 수가 없다. 에너지는 힘이어서 의지의 저항에 부딪히면 제자리를 맴돌 수밖에 없게 된다. 그것이 에너지가 한자리에 머무를 수 있는 유일한 방법이다. 그 소용돌이는 창조계에서도 매우 강력한 힘이다. 그것은 사물로 하여금 계속 움직이면서도 한자리에 머물 수 있게 한다. 이것이 삼스카라가 형성되는 과정이다. 과거로부터 저장된 이 에너지 패턴은 풀려나려고 늘 애쓰지만 당신은 의식적으로든 무의식적으로든 그것을 다시 아래로 밀어넣는다.

이제 당신은 삼스카라가 어떻게 당신의 삶을 이끌고 다니는지를 이해할 수 있을 것이다. 첫째, 그것은 제멋대로 수시로 올라오는데 그것만으로도 고통을 일으킨다. 이것을 피하기 위해서 당신은 내면에서 살기가 편안하게 만들어 줄 상황을 꾸며 내는 일에 거의 평생을 바친다. 어떻게 하면 그 안이 편안해질지를 궁리해 내기 위해, 당신은 결국 똑똑한 분석적 마음에 의지하게 된다. 당신의 마음은 어떤 방법이 먹힐지 상상을 해 가면서 이 작업을 해낸다. 마음은 없는 것을 지어내고, 그것을 현실이라고 믿는 게임을 시작한다. 상상 속에서 이런 생각을 떠올리면 그것이 장애물에 어떤 영향을 미치는지를 느껴 볼 수 있는 것이다. 당신은 세상이 어때야 자신의 성미에 맞을지를 알아내려고 애쓰고 있다. '이 사람이 이러면 어떨까?' '저 사람이 나에게 그런 말을 안 했으면 어떨까?' '직업을 바꿔 사장이 돼서 남의 말을 듣는 대신 사람들이 내 말을 듣게 하면 어떨까?' 당신의 개인적인 마음속에서 일어나고 있는 모든 일은 당신의 기분을 띄워 줄 삼스카라에 세상을 맞추려고, 아니면 기분을 구겨 놓을 삼스카라를 피하려고, 애쓰는 와중에 일어나는 일이다. 어느 쪽이든 간에 삼스카라가 당신의 삶을 끌고 다닌다. 속상해하지는 말라. 그것이 거의 대부분의 사람들에게 늘 일어나고 있는 일이니까.

이제 당신은 우리가 곤경이라 부르는 그것에 대해 좀 더 깊이 이해할 수 있게 되었다. 당신은 그 안에 있다. 그리고 거기서 편안치가 않다. 그래서 당신은 거기서 편안하려면 매사가 어떻게 굴러가야 한다는 식의 관념체계를 구축해 냈다. 조심하지 않으면 당신은 평생을 그런 요구를 만족시키느라 정신없이 버둥거리며 살게 될 것이다. 이 같은 삶의 짐의 완벽한 예는 세상에 널린 '걱정이라는 습관'이다. 당신은 왜 걱정하는가? 걱정을 하는 데는 두 가지 이유밖에 없다. 원하는 것을 갖지 못할까 봐 걱정하거나, 아니면 원치 않는 일을 마주칠까 봐 걱정하는 것이다. 이것이 당신으로 하여금 바깥세상으로 나가서 필요를 메울 일을 하도록 몰아낸다. 하지만 불편의 근원은 과거에서 온 저장된 패턴이다. 당신은 내부의 이 패턴들을 달래려면 바깥세상에서 뭔가를 해야만 한다고 판단하고 있는 것이다. 하지만 그것은 저장된 패턴을 제거해 주지 못한다. 사실 그것은 과거의 패턴에 대한 당신의 노예근성만 강화시킬 뿐이다. 그것은 오래도록 계속해서 당신을 괴롭힐 것이다.

예컨대 삶에서 특별한 사람이 곁에 없어서 외로움을 느낀다고 해 보자. 이것은 완벽하게 정상적인 상황처럼 보인다. 그러나 진실은, 삶에서 특별한 누군가를 가진다는 것은 외로움을 달래기 위한 당신의 발버둥이다. 그것이 외로움의 원인을 처치해 주지는 않는다. 그것은 음식을 잘못 먹고 배가 아파서 소화제를 찾고 있는 경우와도 같다. 그때 누가 왜 배가 아프냐고 묻는다면 제발 소화제가 없어서라고 대답하지는 말라. 소화제를 찾는 것은 배앓이를 진정시키려는 노력일 뿐이다. 그것은 배가 아픈 원인과는 상관없다. 소화제가 당신을 잠시 편안하게 해 줄지는 모르지만 식습관을 바꾸지 않는 한 배앓이는 돌아올 것이다. 불편을 달래기 위해서 당신이 하고 있는 많은 일들이 이와 다르지 않다는 것을 당신도 깨달을 것이다.

우리는 마침내 잘못된 것을 달래는 것만으로는 충분하지 않다는 사실을 깨닫는다. 불편을 일으키는 근본적인 원인을 해결해야만 하는 것이다. 당신의 내면에는 언제나 사랑과 행복감으로 충만해 있는 어떤 경지가 있다. 요가난다는 그것을 늘 새로운 환희라 불렀다. 그것은 쉽게 질리는 그런 종류의 환희가 아니다. 그것은 위를 향해 끊임없이 흐르는, 아름다움의 새로운 경험이다. 이것이 당신이 내면에 담고 있는 모든 문제의 해결책이다. 그 안을 아름답게 만드는 것 말이다. 새로운 직장이, 새로운 인간관계가, 아니면 더 많은 돈과 인기가 해결해 줄 것이라고 생각하는 대신 그 안을 아름답게 만드는 데 필요한 내면의 작업을 행하라. 당신의 모든 문제가 '난 이 안에서 편안치 않아'에서 비롯된다는 사실을 유념하라. 그 안에서 편안했다면 당신은 그토록 걱정하며 투덜대고 있지 않을 것이다. 내면에서 일어나는 아름다운 경험을 즐기고 있을 테니까.

내면의 상태를 즐긴다는 것이 외부에서는 아무 일도 일어나지 않으리라는 뜻은 아니다. 당신에게 바깥세상과 상종하지 말라고 하는 사람은 아무도 없다. 내부의 문제를 해결하기 위해서 바깥세상으로 나가지는 말라는 것일 뿐이다. 외부세계는 내부의 장애물을 처리해 주지 못한다. 외부세계가 해 줄 수 있는 일이란 기껏해야 에너지가 잠시 장애물을 피해 가도록 해 주거나 너무 자주 부딪히지는 않게 해 주는 것뿐이다. 이것이 숨을 좀 돌릴 수 있게는 해 주겠지만, 장애물을 제거해 주는 것은 아니다.

원하는 것을 얻기 위해 삶과 씨름하지 않고 내부의 장애물을 놓아 보내는 수행을 한다는 것은 뭔가를 상실하는 일처럼 보일 수 있다. 하지만 상실하는 그것이 고통의 원인이라면 그것은 문제 삼을 일이 없어진다. 배앓이를 일으키는 음식을 먹고 있는데 누군가가 건강에 좋은 음식을 갖다 주고 싶어 한다면 당신은 먼저 배앓이를 일으키는 음식부터 끊어야 한다. 이것은 포기가 아니라 단순한 지혜다. 이 내적 수행을 시작한다는 것은 결혼도 하지 않고 일자리도 구하지 않고 하고 있는 일에 온 가슴을 쏟지도 않는다는 뜻이 아니다. 그 모두를 해도 되지만 단, 그것이 내부의 문제를 해결하려는 목적을 위해서는 아니라는 말이다. 내부 문제의 회피가 당신이 하고 있는 일의 목적이 돼 버리도록 놔둔다면, 당신이 하는 일이란 기껏 내부 문제의 방출이다. 심리학자가 로르샤흐 잉크반점을 보여 줄 때 당신이 거기서 본 것을 두고 화를 낸다면 그것을 보여 주지 않는 것이 해결책인가? 그건 웃기는 일이다. 당신은 아무것도 해결하지 못한다. 그럼에도 외부세계를 바꿔서 내부의 문제를 해결하겠노라고 애쓰는 것이 정확히 모든 사람들이 벌이고 있는 짓이다.

패러다임 전환

모든 사람이 자신의 삶의 경험을 더 좋은 것으로 만들고 싶어 한다. 사람들은 늘 더 많은 기쁨과 사랑과 영감과 의미를 추구한다. 문제는 그것을 어떻게 이룰 것인가이다. 실험을 하나 해보자. 어떤 무소불위의 힘이 당신에게 인생을 최고로 즐겁게 만들기 위해 일어나야 할 일들의 목록을 적어 보라고 했다고 상상하라. 보통 사람들과 같다면 당신은 새 집이나 특별한 인간관계, 보수 좋은 직업 그리고 어쩌면 1년 동안 전 세계를 여행하는 것 등을 적었을 것이다. 다 적고 나면 당신은 그 목록을 들여다보며 소원을 이루게 됐다고 흥분할 것이다. 미안하지만 좀 기다려야 한다. 이 실험은 그보다 좀 더 깊은 데까지 가 볼 것이기 때문이다.

그 목록을 좀 더 면밀히 검토해 보면 당신은 그것이 자신이 진정으로 원하는 것이 아니라는 사실을 깨닫게 될 것이다. 마우이 섬에서 천국의 새소리를 들으면서 사랑하는 사람과 결혼식을 올리고 싶다고 적었다고 하자. 결혼식을 올린 다음에는 월세 걱정이 없는, 바다가 내려다보이는 아름다운 저택에서 멋진 스포츠카를 두 대 굴리면서 살고 싶다고 하자. 그것은 당신이 어릴 때부터 꿔왔던 꿈이다. 문제는 그것이 진정으로 당신이 원하는 것은 아니란 점이다. 마음이 당신을 현혹한 것이다. 원했던 대로 결혼을 하고 집과 자동차를 다 가졌다고 하자. 그런데 새신부가 완전히 꽝인 것이 드러난다. 그녀는 당신을 끔찍하게 마구 대하고, 초장부터 이 결혼은 인류 역사상 최악의 결혼임이 확실해진다. 그런데 게다가 당신은 천주교인이라서 이혼은 생각할 수도 없다. 이런 결혼을 당신은 아직도 원하는가? 그럴 리 없다. 그러니 당신이 정말 원했던 것은 결혼이 아니었다. 당신은 결혼이 가져다주리라고 생각하는 아름다운 경험을 원했던 것이다. 그런데 당신은 왜 정작 그것을 목록에 적지 않았는가?

새로운 직업, 은행계좌의 수백만 달러 그리고 다른 사람들의 존경에 대해서도 이것은 마찬가지다. 좋다, 당신은 그걸 다 가질 수 있다. 하지만 그것이 너무나 많은 스트레스와 걱정거리를 안겨줘서 당신을 비참해지게 만든다면 어떻겠는가? 이전의 직업으로 돌아가고 싶을 것이다. 사실 당신은 그런 직업과 돈과 인정을 원했던 게 아니라 그것이 당신에게 가져다주리라고 생각한 그것을 원했다. 당신은 안도와 기쁨과 총체적인 행복감을 원했던 것이다. 생전 경험해 본 적 없는 최고의 사랑과 아름다움과 영감으로 가득 찬 지속적인 내면의 상태는 어떤가? 이것은 왜 목록에 적지 않았는가?

당신이 한 짓은 당신을 행복하게 해 주리라 여겨지는 게 과연 무엇인지를 판단할 권한을 과거의 가장 강력했던 경험의 손에 내맡겨 버린 것이다. 그러나 그 방법은 먹히지 않는다. 당신이 목록에 적은 것을 이미 가지고 있는 사람들도 많지만 그들도 늘 행복한 것만은 아니다. 당신이 여태껏 경험한 것 중에서 잠시라도 총체적인 만족을 가져다준 것은 없었다. 당신은 언제나 그보다 더 많은 것을 요구했다. 평생 동안 당신은 이렇게 말했다. "이것만 가지면 좋을 거야. 그리고 내가 싫어하는 저것만 없으면 괜찮아질 거야." 평생 동안 당신은 이런 목록을 가지고 있었다. 그것이 먹히지 않는다는 것을 당신은 언제 깨달으려는가? 당신이 평생 동안 매 순간 어떤 짓을 해 왔고, 아직도 그 짓을 하고 있다면 그 방법이 먹히지 않는다는 사실은 명백하다. 왜 곧장 그 뿌리로 달려들어 이렇게 말하지 않는가? "내가 원하는 건 사랑과 기쁨을 느끼는 것이다. 내가 원하는 것은 날마다 매 순간, 이전에 느껴 본 적 없는 가장 높고 완벽한 행복감을 느끼며 내가 하는 모든 일에서 영감을 받는 것이다."
이제 목록이 하나 생겼으니 그것을 한번 들여다보자.

흥미롭게도 우리의 실험은 결국 우리를 속세로부터 영성의 한 가운데로 데리고 왔다. 속세를 부정하라는 말이 아니다. 당신이 세상 속에 해답이 있다고 생각한다는 말이다. 당신은 눈앞에 펼쳐져 있는 것들 속에 해답이 있다고 생각한다. 원하는 것을 찾으러 세상으로 나가는 것이 틀렸다는 게 아니다. 단지 그 방법은 먹히지 않는 것일 뿐이다. 당신은 '오늘의 삼스카라'에 어울릴 것을 바깥에서 구하겠노라고 헤매고 있다. 원하는 것을 얻거나 싫어하는 것을 피하고 나면 그것은 더 이상 당신의 가장 큰 욕망이나 두려움이 아니게 될 것이다. 하지만 그것을 처리하고 나면 언제나 또 다음 문제가 수면에 불쑥 떠오른다.

결국 당신은 잠에서 깨어난다. 당신은 자신이 사랑을 느끼기를 원한다는 것을 깨닫는다. 누군가를 사랑하거나 당신을 사랑하는 누군가를 가지기를 원하는 게 아니라 그저 늘 사랑을 느끼기를 원한다. 당신의 사랑이 어떤 사람이나 물건에 좌우되지 않는다면 그것은 영원히 지속될 수 있다. 우리는 그것을 조건 없는 사랑이라 부른다. 위대한 요가 스승 메허 바바는 사랑이란 내면에서 절로 솟아나야만 하는 것이라고 가르쳤다. 그것은 강요할 수 없고 무엇에도 좌우될 수 없다. 그것이 순수한 사랑이라는 것이다. 그것 말고는 당신의 저장된 패턴에 어쩌다 어울리는 일시적인 상황밖에는 없다. 하지만 유감스럽게도 그것은 오래 가지 않는다. 당신은 그 안에 무수한 삼스카라를 간직하고 있다. 게다가 누군가를 사귀게 되면 상대방도 당신의 것과는 다른 자기만의 삼스카라를 수북이 가지고 당신에게 온다. 사람 사이의 관계가 이토록 복잡한 이유는 바로 이 때문이다. 각자의 삼스카라가 저마다 다를 뿐만 아니라, 쌍방은 그 위에 더 쌓아 올릴 서로 다른 경험을 날마다 겪는다. 당신의 파트너에게 직장 상사가 야단을 쳤다면 퇴근길의 표정이 칭찬받은 날과는 달라져 있을 것이다. 당신도 물론 당신만의 일상을 보내고 왔다. 당신의 사랑의 느낌이 퇴근하는 파트너의 기분에 좌우된다면 당신은 문제가 있고, 상대방 또한 그럴 것이다. 당신의 삼스카라를 처리하기만도 힘든데 이제 당신은 상대방의 것까지도 처리해야 한다.

겁내지는 말라. 의미 있는 관계를 가질 가망이 없다는 말은 아니니까. 아름다운 관계가 존재하고, 그것은 변함없이 지속된다. 사실 그것은 가면 갈수록 더 아름다워질 수 있다. 하지만 그것은 삼스카라의 인간관계가 아니다. 그 관계는 당신의 내부 패턴에 들어맞는 외부세계에서 비롯되는 것이 아니다. 그것은 조건 없는 사랑에서 비롯된다. 당신의 내면에 항상 사랑이 자유롭게 흐르기 시작하면 당신은 즐거이 그것을 상대방과 나누게 될 것이다. 그런 사랑은 필요나 기대에서 비롯하지 않는다. 그것은 조건 없이 자신을 표현하고자 하는 순수한 사랑에서 비롯된다.

어떻게 하면 그처럼 조건 없는 사랑과 행복의 상태에 이를 수 있을까? 세상을 당신의 장애물에 들어맞게 만들려고 애쓰지 말고 장애물을 놓아 보내는 수행을 하라. 그것이야말로 진정 패러다임의 전환이다. 삼스카라가 없으면 아무것도 내면의 에너지 흐름을 가로막지 않는다. 당신은 언제나 사랑과 기쁨과 영감을 누릴 것이다. 눈앞에 펼쳐진 순간을 기꺼이 경험할 태세가 되면 당신은 모든 것에서 영감을 받을 기회를 얻을 것이다. 세상이 존재한다는 단순한 사실만으로도 당신은 감동에 빠질 것이다.

당신에게는 오로지 두 가지의 선택밖에 없다. 세상을 당신의 삼스카라에 들어맞게 만드는 데 평생을 바치든가, 아니면 삼스카라를 놓아 보내는 데에 삶을 바치든가. 후자를 택한다면 당신은 세속적인 삶과 영적인 삶 양쪽을 다 살게 되지 않는다. 당신은 하나의 삶을 살게 된다. 일, 명상, 안거 수행, 청소, 쓰레기 비우기, 운전, 샤워가 모두 같은 일이 된다. 당신의 모든 일상에서 동일한 일이 일어난다. 당신은 장애물을 놓아 보내고 있는 것이다. 일터에서 하든, 아이들을 데리고 축구장으로 운전해 가면서 하든, 장을 보면서 하든, 아니면 무엇을 하면서 하든 간에 그것은 똑같이 이롭다. 삶의 그 어떤 순간에도 당신은 있는 것을 그대로 즐기고 있거나, 아니면 있는 것을 즐기지 못하게 훼방하는 것들을 놓아 보내고 있다. 자신을 제약하고 있는 욕망과 두려움을 놓아 보내면 당신은 언제나 평안할 것이다. 자신을 받들어 모시는 대신 자신을 놓아 보내는 것이야말로 진정한 패러다임 전환이다.

가슴의 수행

이 땅 위에서 보내는 시간 중, 잠에서 깨어 있는 매 순간 우리는 삶을 만난다. 영적 성장에 삶을 바치기로 마음먹었다면 우리는 그 만남을 자신의 장애물을 없애는 일에 바치는 법을 배워야만 한다. 이것은 불가피하게 우리를 가슴으로 돌아오게 한다. 우리의 장애물은 거기에 저장되어 있기 때문이다. 앞서 논했듯이 가슴은 당신이 쌓아 놓은 삼스카라에서 비롯되어 나오는 무수한 감정과 느낌을 경험한다. 이런 다양한 감정들을 감당하지 못하는 당신의 무력함이 불편을 피해 삶을 통제하려 드는 인간의 곤경 속에 당신을 가두어 놓는다. 자신을 해방시켜 조건에 매이지 않는 삶을 살고자 한다면 가슴속의 이 쓰레기를 쓸어 내는 법을 배워야만 한다.

가슴의 정화는 자신이 가슴을 가지고 있음에 감사하는 데서부터 출발한다. 가슴은 오케스트라와도 같다. 음악이 없는 영화를 본 적이 있는가? 그것은 생기 없는 죽은 영화다. 거기에는 어떤 과즙도 없다. 삶에서 어떤 일이 일어나면 가슴의 오케스트라는 연주를 시작한다. 그것은 당신 앞에 펼쳐지는 사건들에 어울리는 높고 낮은 가락을 연주하여 당신의 삶에 풍성함을 더해 준다. 당신의 가슴은 장애물도 벌도 아니라 하나의 아름다운 선물이다. 가슴을 버리고 느낌 없는 삶을 살 텐가?

마음이 당신을 감각의 한계 너머로 데려다줄 수 있는 경이로운 무엇이듯이, 가슴은 그보다도 더 경이로운 무엇이다. 그것은 음역 한쪽 끝의 음에서부터 반대 끝의 음까지 연주해 낼 수 있다. 당신의 가슴은 한순간에도 황홀경의 극치에서 깊은 슬픔과 고통까지 이를 수 있다. 그것은 천사의 날개를 타고 천국으로 올라가는 것 같은 고양된 기분으로 당신을 상승시켜 줄 수도 있고, 깜깜한 고통의 나락 속으로 떨어뜨릴 수도 있다. 가슴은 당신이 나서서 애쓰지 않아도 스스로 이 모든 일을 할 수 있다. 당신이 내면에 지니고 있는 이 도구가 놀랍지 아니한가? 문제는 당신이 가슴의 이 모든 음역을 편하게 느끼지는 못한다는 것이다. 당신은 자신이 감당할 수 있는 음만 연주하도록, 가슴을 통제하고 싶어 한다.

영성이란 당신 안에서 아름다운 것들을 표현해 내는 이 가슴에 감사하기를 배우는 것이다. 불행히도 당신은 자신이 늘 그렇게 할 수는 없다는 사실을 깨닫게 될 것이다. 가슴이 만들어 낼 수 있는 것 중에는 당신이 경험하고 싶어 하지 않는 진동이 있다. 마치 당신이 가슴의 모든 것을 감당할 수 있을 만큼 진화하지 못한 것만 같다. 그래서 당신은 저항한다. 세상이 성미에 맞지 않을 때 세상에 저항하는 것처럼, 당신은 가슴의 표현이 성미에 맞지 않을 때 가슴에 저항한다.

영적으로 확장하고 성장해 갈수록 외부세계에 대해 편안함을 느끼는 경험의 폭은 점점 더 넓어져서 당신 앞을 지나가는 순간들을 좀 더 잘 감당할 수 있게 해 줄 것이다. 가슴에 대해서도 마찬가지다. 영적으로 성장해 갈수록 당신은 나날의 경험을 받들어 맞아들임으로써 가슴을 더욱 편안하게 느끼기를 배우게 될 것이다. 어릴 적에 두려움이나 질투심을 처음으로 느꼈을 때, 당신은 그 느낌에 압도되어 자신을 추스르기가 힘들었을 것이다. 그러나 시간이 지나면서 이런 감정들에 더 익숙해져서 최소한 어떻게든 그것을 다루어 보려고 애쓸 수까지도 있게 되었다. 어쩌면 처음에 당신이 할 수 있었던 최선은 감정을 억누르면서 겉으로는 괜찮은 듯한 표정을 짓는 것이었으리라. 그리 건강한 형태는 아니라고 하더라도, 완전히 넋을 뺏기고 감정에 압도되어 버리는 것보다는 그 편이 더 낫다. 날뛰는 감정이 밖으로 뛰쳐나오도록 놔둔다면 그것은 당신 삶의 방향까지도 바꿔 놓을 수 있는 힘을 지니고 있다. 대개는 좋지 않은 쪽으로 말이다.

감정도 삶이라는 현실의 일부임을 조금씩 조금씩 받아들이기를 배워 가면, 당신이 허락하는 한 감정들은 왔다가 지나쳐 갈 것이다. 이것이 영적인 진화다. 신체가 오랜 세월 외부의 경험에 부딪히면서 진화해 온 것과 마찬가지로, 영혼도 내적 경험의 불에 담금질되면서 진화해 간다. 위대한 존재들은 감정이 없다는 말이 아니다. 그들은 자신의 감정과 평화롭게 함께한다. 그들은 가슴이 겪는 다양한 변화를 감당해 낼 수 있다. 당신의 지인이 죽는다면 상실감을 느끼는 것은 당연하다. 그 사람을 소중히 여겼다면 얼마간의 슬픔을 느낄 것이다. 그것은 일어나는 일에 맞추어 당신의 가슴이 자신을 표현하는 것이다. 악기가 아름다운 소리를 내듯이, 가슴은 당신을 위해 슬픈 노래를 부르고 있는 것이다. 문제는 당신이 그것을 불편해한다는 것이다. 하지만 결국은 당신도 감정 자체는 문제가 아님을 깨닫게 될 것이다. 문제는 당신이 그 감정을 감당해 내지 못한다는 것이다. 우리는 다시금 같은 자리로 되돌아온다. 당신은 자신이 감당할 수 없는 감정을 느끼지 않게끔 세상을 통제하는 데에 평생을 바치고 싶은가, 아니면 가슴과 친해지는 진화의 여정에 자신을 바치고 싶은가?

마음에 관해서 우리가 발견했던 것과 마찬가지로, 가슴의 수행을 하고자 한다면 그것이 왜 그런 식으로 작동하는지를 이해해야 한다. 가슴은 당신이 가슴이 만들어 낸 자연스러운 감정들을 제대로 다루지 못하고 저항함으로써 그 에너지가 내부에 저장되게 했기 때문에 그렇게 작동하고 있는 것이다. 이제 당신은 문제에 봉착했다. 생각의 패턴을 밀쳐 낸 것만도 나쁜데 가슴의 진동까지도 밀쳐 냈으니 말이다. 이 에너지 패턴의 장애물이 당신의 가슴을 완전히 난장판으로 만들고 있다. 가슴은 균형을 잃어서 건강한 감정을 표현해야 할 때 열리기를 멈춰 버렸다. 누군가가 당신을 두렵게 만드는 일을 벌인다고 생각해 보자. 두려움이 외부의 사건에 대한 정상적이고 건강한 반응인 경우도 있다. 그런데 당신은 그 감정을 제대로 감당하지 못해서 그것을 억눌러 의식 밖으로 밀쳐 낸다. 나중에 그 사람에게 나쁜 일이 일어났다는 소문을 듣는 순간, 당신은 연민을 느끼는 대신 안도를 느낀다. 당신의 감정은 더 이상 외부의 상황과 조화를 이루지 못한다. 대신 그것은 과거의 경험에서 차단되었던 에너지를 풀어놓고 있다.

영적 성장이란 가슴을 치유하여 행복의 상태로 되돌리는 것이다. 이제는 문제가 바깥의 세상에 있는 것이 아니라는 사실이 분명해졌을 것이다. 문제는 세상에 대한 가슴의 온전한 표현을 당신이 감당하지 못한다는 데 있다. 이 표현을 제대로 다루는 법을 배우는 것이 해결책이고, 그것이 영적 성장의 핵심이다. 가슴의 상실감이나 두려움이나 분노는 참나가 경험하고 있는, 의식의 한 대상에 지나지 않는다. 당신이 저항하지 않는 한 그것은 당신을 해치지 못한다. 사실 그 경험은 당신을 더욱 풍부해지게 한다. 모든 경험은 저항하지 않는 한, 당신을 더 큰 사람이 되게 한다.

가슴의 표현과 평화를 이루라. 불편한 감정 앞에서 편안해진다는 것은 불가능한 것처럼 보일 수 있다. 하지만 실은 당신도 이미 그런 경험을 해 보았다. 셰익스피어의 연극 『로미오와 줄리엣』을 보라. 그것은 비극이라서 물론 즐겁지는 않다. 셰익스피어 연극단이 마을에 와서 로미오와 줄리엣 공연을 한다고 하자. 그들의 연기는 너무나 완벽해서 당신은 이제껏 경험해 본 적이 없는 수준의 위안을 얻을 정도로 펑펑 운다. 그것은 완전히 가슴을 쥐어짜는 연극이었다. 그래서 당신은 어떻게 하는가? 모든 친구들에게 당장 가서 이 연극을 보라고 말한다. "난 연극을 보고 나서 사흘 동안 울었어. 믿을 수가 없을 정도로 너무나 감동이었지. 그처럼 순수한 슬픔은 느껴 본 적이 없어서 또 보고 싶어. 너도 나와 같이 보러 가야 돼." 자, 만약 그와 비슷한 비극이 현실의 삶에서 일어났다고 해도 당신은 그런 깊은 감정을 찬양하고 있을까? 일평생 상처를 안고 살지 않겠는가. 이것이 가슴의 표현에 저항하는 것과 받아들이는 것의 차이점이다.

창조주는 당신의 가슴속에 한 팀의 완벽한 오케스트라를 공짜로 넣어 주었다. 이것이 삶을 훨씬 더 흥미롭고 살아 움직이게 만든다. 거기에 저항하기를 그치고 가슴을 즐기는 법을 배워라. 그것은 감정에 빠져 넋을 잃어버리는 것이 아니다. 그것은 아름다운 황혼을 경험하는 것과 같은 방식으로 그것을 기쁘게 경험하는 것이다. 그저 그 황혼이 당신 안으로 들어오도록 맞아들여라. 당신은 아무것도 하지 않는다. 당신은 그저 의식으로 하여금 그 앞에 놓여 있는 것을 인식하도록 허용할 뿐이다. 그것은 어떤 때는 아름다운 황혼이고, 어떤 때는 상실감이다. 과정은 정확히 똑같다. 의식이 그 대상을 경험하고 있다. 당신은 그것을 붙잡고 매달리지도, 억누르지도 않는다. 그저 그것을 경험하고 있다.

대상을 붙잡고 매달리면 그것은 머물러 있다. 억눌러도 그것은 머물러 있다. 그러면 그것이 현실을 왜곡할 것이다. 당신은 더 이상 삶에 열려 있지 않다. 당신은 특정한 것을 편애하거나 싫어한다. 삼스카라는 강력한 에너지의 덩어리이다. 그것은 삶에 대한 당신의 인식을 왜곡시킨다. 결국 당신은 끝없이 그 대가를 지불하게 된다. 생각과 감정이 억눌리면 그것은 그 밑에서 썩는다. 그것은 수시로 튀어 올라와 당신의 삶에 심각한 문제를 일으킨다. 이것이 프로이트가 가르친 것이다. 또한 수천 년 전에 우파니샤드가 가르친 것이다. 가슴과 평화를 이루는 법을 배우는 것은 우리 모두가 빠져 있는 인간의 곤경에서 자신을 건져 내기 위한 하나의 큰 발걸음이다.

29 억압도 방출도
하지 말라

사실 당신은 감정을 억누르고 싶지도 않지만 그것에 삶이 끌려다니게 하고 싶지도 않다. 억압과 방출의 사이에는 신성한 자리가 있으니 그것은 '순수한 경험'이다. 이 상태에서는 에너지를 안에다 억눌러 놓지도 않고 밖으로 방출하지도 않는다. 그저 가슴과 마음에서 오는 에너지를 기꺼이 경험한다. 죽음의 슬픔과 탄생의 기쁨이 모두 내면에서 올라와 영혼을 채운다. 그것은 당신을 존재의 중심부까지 속속들이 건드린다. 당신이 그것을 건드리는 것이 아니다. 그것이 당신을 건드린다. 그에 대해 해야 할 일은 아무것도 없다. 그 모두가 그저 신이 당신에게 주고 있는 선물이다. 마음은 생각할 자유가 있고 가슴은 느낄 자유가 있다. 이 모든 것이 당신을 감사와 평화의 느낌 속에 데려다 놓는다. 삶이란 이런 것이다.

그런데 어떤 생각과 감정은 감당이 되지 않는다. 당신은 거기에 저항하고, 그러면 그 안에 저장된 것을 둘러싸고 하나의 정신세계가 구축된다. 이 상태에서는 오로지 원하는 것을 얻고 원치 않는 것을 피하기만 하면 감사할 뿐이다. 그러다가 마침내 당신은 잠에서 깨어나서, 진정으로 해야 할 일이 있음을 깨닫는다. 그 일은 외부의 작업이 아니라 내면의 수행이다. 그 작업이 당신의 영적 수행이 된다. 진정으로 원하는 것─기쁨, 사랑, 열망 그리고 삶의 매 순간에 대한 열정─을 얻으려면 저장되어 있는 이 패턴들을 쓸어 내야 한다. 문제는 머리로는 그것을 깨닫더라도 마음은 금방 돌아가서 싸우리라는 점이다. 수행의 길은 편안해질 방법을 좇는 마음의 습관적 패턴과는 맞지 않기 때문이다.

지금 마음이 가지고 있는 유일한 데이터는 과거의 경험에서 비롯된 것이다. 그래서 마음은 언제나 그것이 옳다고 생각한다. 이것도 곤경의 일부다. 마음은 늘 제가 옳다고 생각한다는 점을 유념하라. 마음은 바보가 아니다. 마음은 제가 경험한 것은 안다. 하지만 경험하지 않은 것은 모른다. 그런데 무지의 영역은 알려진 영역보다 무한히 더 큰 덩어리다. 노자가 아는 자는 말하지 않는다고 한 것도 이 때문이다. 말할 이유가 없다. 당신은 당신의 생각 틀을 가지고 있고 상대방은 그만의 생각 틀을 가지고 있다. 그들이 일생에 걸쳐 수집한 데이터는 이 말을 하고, 당신이 전혀 다른 생에 걸쳐 수집한 데이터는 다른 말을 한다. 그에 대해서 당신이 할 일은 아무것도 없다. 오로지 지극히 겸손해져서, 한순간에 당신이 받아들이는 데이터는 온 우주에서 일어나고 있는 것의 0.00001퍼센트도 안 된다는 사실을 깨닫는 것 외에는 말이다. 그것은 의미가 없다. 그것은 무(無)에 가깝다. 실로 당신은 무에 수렴하는, 수박 겉핥기와 같은 경험을 해 온 것이다. 개인적인 마음은 제 자신에 완전히 사로잡힌 나머지 이 진실에 눈을 돌리려 들지 않지만.

깊은 영적 가르침들은 이 진실을 포용한다. 이 가르침들은 눈앞의 세상을 바라보면서 그 순간이 당신 앞에 나타나게 하는 데는 수십억 년의 세월이 걸렸음을 깨달으라고 한다. 그것을 받아들여 매 순간을 받들어 모시고 순복하라. 이것은 먼저 현실에 저항하지 않고 받아들이는 것에서부터 시작된다. 그것은 무엇을 하느냐 안 하느냐의 문제가 아니다. 그것은 당면한 현실에 대한 애초의 저항을 내려놓느냐 마느냐의 문제다. 당면한 현실을 직시하고, 저장된 삼스카라에서 올라오는 모든 것을 놓아 보내라. 당신의 마음은 여지없이 그것이 좋으니 싫으니 지껄이기 시작할 것이다. 거기에 귀를 기울이지 말라. 그걸 왜 듣고 있는가? 그것은 단지 현실 위에 덧놓인 당신의 개인적인 장애물일 뿐이다.

이제 당신은 자신이 무엇을 받아들여 순복하고 있는지를 안다.

현실 말이다. 그 밖에 무엇이 있겠는가? 최소한 이 순간만은 현실이 곧 참이다. 현실만이 생각의 찌꺼기일 뿐인 과거의 이미지가 아닌 참이다. 이 마음속의 이미지를 다루는 방법은 그것이 너무나 자연스러운 것임을 이해하는 것이다. 현실이 당신 안으로 들어와서 장애물에 부딪히고 그러면 당신의 마음은 그에 대해 뭐라고 지껄일 것이다. 괜찮다. 하지만 거기에 귀를 기울일 필요는 없다. 그건 이토록 간단하다. 마음이 자신이 지껄이는 대상에 관해 아는 게 없음을 알고 있다면 거기에 구태여 귀를 기울일 필요가 있겠는가? 앞서 말한 대로 개인적인 마음은 자신이 수집해 놓은 데이터 외에는 아무것도 알지 못한다. 그 데이터는 매 순간 놓치고 있는 온 우주의 데이터에 비하면 아무것도 아니다. 마음이 그 안에 보유하고 있는 데이터는 소위 '통계적으로 무의미한' 것이다. 마음이 그토록 자주 마음을 바꾸는 것도 바로 이 때문이다. 마음에 한 가지 경험만 더해 줘 보라, 세상을 달리 보기 시작할 것이다. 그럼에도 우리가 거기에 계속 귀를 기울이고 있다는 사실은 참으로 흥미롭다.

지혜로운 사람은 세상을 등지지 않는다. 그들은 자기 앞에 펼쳐지는 현실을 받들어 모신다. 마찬가지로 지혜로운 사람은 마음을 사용하기를 마다하지 않는다. 단지 개인적인 마음에 귀를 기울이지 않을 뿐이다. 개인적인 마음은 저 자신에 대한 생각에 넋이 빠져 있기 때문이다. 개인적인 마음이 당신의 문제를 해결해 주지는 못할 것이다. 그것은 자신이 보유한 한정된 데이터를 가지고 자신이 할 수 있는 최선을 다하고 있지만, 그 노력은 그리 잘 먹히지 않는다.

지혜로운 사람은 가슴이 자신을 속으로 자유롭게 표현하도록 허락하지만 그 안에서 넋을 잃어버리지는 않는다. 어떤 사람들은 가슴을 따르라고 말한다. 그것이 개인적인 가슴을 두고 한 말은 분명 아닐 것이다. 개인적인 가슴은 분주하여 날마다 다니지 않는 곳이 없기 때문이다. 다행히도 따를 수 있는 더 높은 가슴이 있다. 에너지가 제4 차크라의 한가운데를 뚫고 흐르기 시작하면 그것은 변할 줄 모르는 심층의 가슴으로 들어선다. 거기에는 끊임없이 상승하는 아름다운 에너지의 흐름이 있다. 거기에서는 지복감이 물결처럼 밀려오므로 바깥일에는 거의 주의를 돌릴 수가 없어진다. 그 지복감은 당신의 머리 위를 감돌고, 당신은 모든 이해를 능가하는 이 아름다운 평화 속으로 돌아가 자리 잡는다. 원하던 것을 얻었으므로 평화를 느끼는 것이다. 이해할 만하지 않은가. 이 평화는 당신을 덮고, 아무런 조건도 이유도 없이 거기에 머문다. 이것이 높은 가슴이 당신에게 가져다주는 것이다. 이것이 당신의 영적 가슴이 주는 선물이다.

영적 가슴을 경험하려면 개인적인 가슴 위로 솟아오르는 법을 배워야만 한다. 개인적인 가슴은 매우 강력하고 감정적이다. 개인적인 가슴을 뚫고 지나가기란 쉽지는 않지만 가능하다. 먼저, 가슴이 표출하는 것이 지금의 현실에서 비롯되어 나오는 것인지, 아니면 마음속의 생각에서 나오는 것인지를 살펴보라. 과거에 잘못되었던 일에 대한 생각, 장차 잘못될 수 있으리라는 생각은 지금의 현실과 일치하지 않는 감정을 만들어 낸다. 이것은 당신의 가슴속에서 끝없는 난장판을 벌인다. 가슴속에 쌓이는 에너지는 풀려날 통로가 있어야 하므로 이런 감정들은 밖으로 넘쳐 나와 당신의 외적 삶 속으로 흘러들면서 상당한 소란을 일으킬 수도 있다.

당신의 감정이 눈앞에 펼쳐지고 있는 현실과 일치한다면 그것은 대체로 건강한 것이어서 삶의 질을 높여 준다. 가슴과 마음이 모두 현실과 조화되면 에너지는 밖으로 풀려나지 않는다. 아무것도 그 흐름을 가로막지 않기 때문이다. 아래 부위의 가슴을 지나는 이 거침없는 에너지의 힘은 위쪽 부위의 가슴 속으로 상승하는 데에 이용될 수 있다. 당신은 그 에너지를 속으로 억누르지도, 밖으로 표출하지도 않으므로 이제부터는 더 깊은 영적 경지가 펼쳐지기 시작한다. 그럼에도 여전히 당신은 외부에서 일어나는 일에 기여할 수 있다. 하지만 그 행위는 개인적인 것이 아니다. 그것은 단지 매 순간의 현실과의 아름다운 상호작용이어서 삶의 흐름을 받들어 돕는다.

이런 경지에 이르려면 에너지의 흐름을 가로막고 있는 삼스카라를 청소해 내고 더 이상은 그 안에 새로이 가져다 놓지 말아야 한다. 그러려면 가슴을 다루는 법을 배워야 한다. 이것은 피아노 연주나 운동이나, 그 밖의 어떤 일에서나 마찬가지로 연습과 훈련이 필요하다. 이어질 장에서 우리는 이 과정을 훨씬 더 깊이 탐사해 볼 것이다. 이 과정이 요구하는 것은 태도의 변화다. 당신은 사건들이 일어나고, 그것이 가슴에 와 부딪히고, 마음이 생각을 지어내며 쌓여 있던 에너지를 풀어놓는 과정을 있는 그대로 받아들이기 시작한다. 당신은 이 과정을 편안히 맞이하기로 마음먹는다. 이처럼 수용적인 태도는 감정과 생각을 억누르면서 그 속에서 정신을 잃어버리는 태도와는 사뭇 다르다. 가슴이 하고 있는 일을 그저 존중해 주면서 뒤로 물러나 편안히 앉아 있으라. 그러면 감정이란 것이 마치 얼굴을 어루만지며 지나가는 산들바람처럼 느껴질 수도 있다. 그 느낌을 경험하는 것 외에는 할 일이 없다.

당신이 오랜 세월 모아 놓은 삼스카라를 쓸어 내기 위해 가슴이 해 주고 있는 일에 감사하라. 그 작업은 가슴이 한다. 당신이 할 일은 그 정화의 과정이 일어나도록 허용하는 것뿐이다. 평생을 피해 다니던 것을 눈앞에 대면하고도 편안해지기란 처음에는 쉬운 일이 아니다. 하지만 그럴 만한 가치가 있다. 그 대가는 사랑과 자유와 끊이지 않는 영감이므로. 사실 당신은 얻은 것도 없이 너무나 많은 고통을 이미 겪어 오지 않았는가.

중요한 것은 당신은 아름다운 존재라는 사실이다. 당신은 크나큰 사랑과 빛과 영감의 화현이다. 당신은 신을 닮도록 만들어졌다. 온 우주를 창조한 신이 당신의 내면에 존재한다. 당신이 그것을 깨닫지 못하고 있을 뿐이다. 당신은 바깥세상이 당신의 성미에 맞도록 돌아가야 한다는 생각에 빠진 채 넋을 잃고 있다. 이것이 인간이 빠져 있는 곤경이다. 더 깊은 자리에서 살기를 배우지 않는 한, 그 어떤 것도 의미 있는 변화를 가져다주지는 못할 것이다. 이 궁지를 벗어나려면 해야 할 일이 있다. 그것은 자기 수행이다. 13세기 페르시아의 위대한 시인이었던 루미(Rumi)는 이렇게 말했다. "과거에 나는 똑똑해서 세상을 바꾸려 했으나, 오늘 나는 현명해져서 스스로 자신을 바꾸노라."

PART 7

놓아 보내기

자기 해방의 기술

당신을 가장 괴롭힌 경험을 마음속에 저장해 둔다는 것은 말이 되지 않는다. 그것은 제 마음속에 공포의 집을 지어 놓고는 그 안에서 편안히 지내겠노라고 애쓰는 꼴이다. 이것이 모든 불안과 긴장과 심리적 혼란의 근원이다. 이것은 그 뿌리에서부터 해결하지 않는 한 고쳐질 수 없다. 십 년 이십 년 전에 당신을 괴롭혔던 것을 여전히 그 안에 담고 있는 한 당신은 계속 괴로워할 것이다.

삶의 매 순간을 자신을 해방시키는 데에 바치겠노라는 각오를 품었다면 다음 문제는 그 방법이다. 믿든지 말든지 간에 해방을 얻겠노라는 당신의 진지한 각오야말로 동원할 수 있는 그 어떤 방법보다도 더 중요하다. 당신은 그 안에 있고, 이 가르침을 이해하고 나면 자신이 내부에 장애물을 품고 살기를 원치 않는다는 사실을 깨닫는다. 장애물은 삶을 극도로 힘들게 한다. 그래서 당신은 그것을 놓아 보내기로 결심한다. 예로부터 일상생활 속에서 자아를 해방시키는 강력한 기법이 존재해 왔고, 우리는 그중 세 가지를 매우 보편적인 언어로 논해 볼 것이다.

첫 번째 기법은 긍정적 사고(positive thinking)라 불린다. 요가난다는 부정적인 생각이 떠오를 때마다 그것을 긍정적인 생각으로 대체하라고 가르쳤다. 이것은 변화를 위한 매우 기초적이고도 유용한 기법이다. 그것은 앞서 논했던 두 가지 형태의 생각을 기반으로 한다. 의도적으로 지어낸 생각과 자동적으로 일어나는 생각 말이다. 운전 중에 마음이 당신을 괴롭히고 있는 것을 알아차리게 될 때, 그것은 자동적으로 일어나는 생각이다. 그것은 당신이 의도적으로 지어내고 있는 것이 아니다. 이제 그 상황에 대해서 의도적으로 긍정적인 생각을 만들어 내려고 노력해 보라. 앞 차의 운전자가 제한속도보다 훨씬 느리게 가고 있다면 이렇게 생각하라. '오, 힘 빼기에 아주 좋은 기회로군. 앞 차가 허락을 하지 않으니 서두를 수도 없고. 호흡을 지켜보면서 마음을 차분히 가라앉히고 경험을 즐기기를 연습할 시간이야.' 이것은 일상생활 속에서 얼마든지 해도 좋다. 마음과 싸우거나 부정적인 생각을 밀쳐 내는 것이 아니다. 당신은 단지 자동으로 일어나는 생각을 의도적으로 지어낸 생각으로 대체하고 있다. 맞싸우지 말고 그저 맞바꾸라. 부정적인 생각이 뒷전에서 얼쩡거리더라도 상관없다. 그저 의도적으로 지어내고 있는 긍정적인 생각에만 주의를 집중하라. 시간이 지나면 의도적으로 지어낸 생각이 자동으로 일어난 생각을 대체하게 될 것이다. 이것은 매우 건강한 작업이다. 그저 의지력을 발동하여 삼스카라의 효과를 지우거나 중화시켜라. 시간이 지나면 이것은 내면을 살기에 훨씬 더 쾌적한 환경인 긍정적인 마음으로 바꿔 줄 것이다.

다음 기법은 매우 오래된 것으로서, 만트라(mantra)라 불린다. 가장 일반적인 의미로 '만트라'는 단순한 단어나 문장을 마음속에 박힐 때까지 계속 반복하여 읊도록 마음을 훈련시키는 것을 가리킨다. 특정한 노래 곡조가 마음속에 와서 박히는 것과 마찬가지 방식으로, 만트라도 마음속에 새겨 놓을 수 있다. 마음이 중층으로 작동할 수 있다는 것을 우리는 누구나 경험한다. 누군가의 말에 주의를 보내는 와중에도 '마음의 뒷전'에서는 생각들이 지나갈 수 있다. 마음은 매우 비상해서 멀티태스킹을 할 수 있는 것이다. 마음은 여러 층에서 생각을 지어내고, 이 여러 층을 동시에 의식할 수 있다. 만트라는 항상 존재하는 마음의 한 층을 제공해 준다. 그것은 균형 잡히고 쾌적하여 쉬기에 안전한 장소다. 뒷전에서 만트라가 애씀 없이 지속되면 그것은 당신에게 마음의 어느 층에 주의를 집중할지를 선택할 수 있게 해 준다. 삼스카라로부터 습관적인 생각이 올라온다면 그것과 맞싸우거나, 심지어는 그것을 다른 생각으로 대체할 필요조차 없다. 그저 의식을 만트라로 돌리기만 하면 된다. 긍정적 사고 기법에서는 부정적인 생각을 긍정적인 생각으로 중화시키기 위해 끊임없이 의지력을 발휘한다. 하지만 만트라 수행에서는 그저 의식의 초점이 삼스카라가 만들어 낸 생각으로부터 만트라로 전환되도록 의지를 내기만 하면 된다.

만트라는 하나의 선물이다. 그것은 마치 마음속에 내장된 휴가와도 같다. 마음의 한 층에 만트라가 스며들게끔 수행을 하고 나면 그것이 당신의 삶을 바꿔 놓을 것이다. 우선, 만트라가 꼭 '옴 나마 시바야(Om Namah Shivaya : 나쁜 일들을 시바 신이 파괴하기를!)'나 '옴 마니밧메훔(Om Mani Padme Hum : 모든 죄악이 소멸되고 모든 공덕이 생겨나기를!)' 같은 전통 산스크리트어로 된 것이어야만 하는 것은 아니다. 예수님이나 아도나이(Adonai, 主), 혹은 알라(Allah)처럼 신을 가리키는 이름이나 단어도 좋다. 사실 단순히 '하나님, 하나님, 하나님'이라고만 해도 매우 강력한 만트라가 된다. 이런 것들이 너무 종교적으로 느껴진다면 '난 언제나 좋다, 언제나 좋다, 언제나 좋다'도 마음속에서 되뇌기에 훌륭한 말이다. 이 중의 어떤 말이라도 그것이 하루 종일 마음속에 떠올라 있다면 얼마나 좋겠는가?

만트라를 마음속에 새기는 것은 어렵지 않다. 그것을 계속 읊조리기만 하면 된다. 매일 아침과 저녁에 하나의 영적 수행으로서 시간을 따로 내어 만트라 수행을 시작할 수 있다. 15분만 시간을 내어도 충분하다. 좋은 방법은 만트라를 들숨과 날숨의 호흡에 연결시키는 것이다. 그러다가 일과 중에 특정한 일이 일어날 때마다 만트라 수행으로 돌아오라. 예컨대 전화를 받기 전과 끊은 후에 만트라를 몇 번 반복하여 읊을 수도 있다. 그것은 그저 짧은 순간이지만 당신은 더 의식적이고 중심 잡힌 존재가 되기 위한 매우 크고 중요한 노력을 기울이고 있는 것이다. 자동차를 타고 내릴 때, 혹은 사무실이나 집에서 나올 때나 들어올 때도 만트라를 외라. 아무도 눈치 채지 못할 테지만 그것은 시간이 흐르고 나면 모든 것이 바뀌어 있게 만들 한순간의 멈춤이다. 식사 전에 만트라를 외라. 혼자서 식사하고 있다면 음식을 씹는 동안에도 속으로 만트라를 외면서 놀 수 있다. 그것을 놀이로 만들라. 일상 중에 반복되는 얼마나 많은 일들을 만트라 수행을 상기시키는 데에 활용할 수 있을까? 스마트폰을 이용하는 훌륭한 방법도 있다. 만트라 수행을 할 수 있도록 일정 시간마다 알람이 울리게 설정해 놓으라. 시간이 지나면 당신은 일상생활 속에서 만트라가 뒷전에서 늘 이어지고 있도록 마음을 훈련시킬 수 있게 될 것이다.

자아 수행을 위한 이 모든 일을 다 하더라도 운명의 날은 불가피하게 찾아온다. 어떤 사건이 일어나고, 감정과 생각이 요동을 치기 시작한다. 하마터면 놓칠 뻔했던 순간에 만트라가 간신히 당신의 주의를 붙잡아 선택의 여지를 선사해 준다. 내려갈 것인지 올라갈 것인지 말이다. 당신은 즉시 그 난장판에서 의식을 건져 내어 만트라로 돌리고, 당신의 삶은 반전된다. 만트라가 건설적인 생각을 하지 못하게 막지는 않는다. 만트라는 그저 거기에 있으면서 당신이 떨어지려고 하면 붙잡아 줄 안전망이 되어 준다. 실제로 만트라 속으로 돌아와 쉴 시간을 갖게 된다면 당신은 평화와 행복감으로 충만해질 것이다. 그것은 개인적인 마음을 벗어나는 하나의 휴가와도 같다. 가만히 앉아 있는 동안에 모든 긴장과 스트레스가 만트라의 무릎 위에서 녹아내려 버린다면 얼마나 좋겠는가? 이 모든 일이 가능하다. 그것도 공짜로. 그저 자신에게 주의를 기울이기로 마음만 먹으라. 자신을 움켜쥐고 있는 개인적 마음의 손아귀에서 힘이 빠지게 만드는 법을 만트라 수행이 가르쳐 주고 있음을 알아차리라.

자신으로부터 자신을 해방시키기 위한 마지막 기법은 일반적으로 지켜보는 의식(witness consciousness)이라고 하는데, 여기에는 강력한 이완과 해방의 수행이 포함되어 있다. 지켜보기는 다른 방법들보다 더 깊다. 종국에 가면 여기서는 마음을 다룰 필요가 없어지기 때문이다. 긍정적 사고는 부정적인 생각을 대체할 긍정적 생각을 만들어 내게 한다. 만트라 수행은 마음의 낮은 층에서 위로 오르기 위해 평화롭고 안정된 환경을 제공하는 마음의 층을 만들어 내게 한다. 지켜보는 의식이란 단지 자신이 마음의 작동을 알아 차리고 있음을 알아차리는 것이다. 마음과 상호작용할 필요가 없다. 아무것도 할 필요가 없다. 그저 마음이 생각을 지어내고 있는 것을 알아차리는 자가 되라. 그러면 당신은 생각들을 알아차린다. 그러기 위해서는 지어내어지고 있는 생각들에 당신이 흔들려서는 안 된다. 생각이 당신을 괴롭힌다면 당신은 객관적인 관찰자의 자리에서 일어나서 마음을 바꿔 놓으려고 애쓸 것이다. 진정으로 지켜보는 의식이 되려면 생각은 제멋대로 존재하도록 내버려 두고, 자신이 그것을 알아차리고 있다는 사실만을 알아차리라.

지켜보는 의식을 진정으로 경험해 보고 싶다면 그저 앞을 바라보라. 거기에 있는 것이 보이는가? 그에 대해 생각하지 말고, 그저 보라. 그것이 지켜보는 의식이다. 그것이 그저 보기(just seeing)이다. 당신은 거기에 있는 것을 그저 지켜보고 있다. 이제 고개를 돌려 주변을 돌아보라. 그저 보는 그 현장감에 익숙해지도록 연습하라. 보이는 것에 대해 당신의 생각이 뭐라고 말하고 싶어 하는 것을 알아차리라. 외부의 사물을 알아차리듯이 그저 그 생각들을 알아차릴 수 있는가, 아니면 그것에 대해 뭔가를 해야만 하는가? 생각과 감정들, 그것은 스스로 저절로 올라온다. 괜찮다. 그것을 그저 알아차리라.

마음과 가슴 속에서 일어나고 있는 일을 관찰할 수 있는 상태에 이르면 당신은 자신이 그 안에서 일어나고 있는 일에 대해 늘 편안치는 않다는 사실을 깨달을 것이다. 그뿐 아니라 당신은 그에 대해 의지적으로 뭔가를 하려 나서는 경향이 있다. 그건 매우 자연스러운 일이다. 의지적으로 뭔가를 하고 싶다면, 할 일이 있다. 힘 빼고 쉬라. 이것은 물론 본능적인 일은 아니다. 당신은 그것을 제거하여 자신을 내면의 혼란에서 보호하고 싶어 한다. 그 같은 노력은 일을 더 악화시킬 뿐이다. 당신은 그 혼란된 에너지에 끼어들지 않고 그저 힘 빼고 쉴 수도 있다. 처음에는 이것이 불가능해 보인다. 당신은 '혼란'이 힘을 빼게 만들려고 애쓰고 있었으니까. 그러지 말고 '당신'이 힘을 빼라. 혼란을 알아차리는 당신 자신은 혼란이 아니다. 당신은 혼란을 지켜보고 있고, 그 앞에서 얼마든지 힘 빼고 쉴 수 있다.

당신은 훨씬 더 안쪽, 의식의 자리에서 마음과 가슴의 춤을 지켜보고 있다. 그 안쪽, 그것은 매우 자연스러운 자리이다. 생각과 감정에 휩쓸려 들지 않으면 당신은 그저 힘 빼고 알아차릴 수 있다. 그에 대해 생각하지 말라. 일어나고 있는 일을 보는 순간, 그저 힘 빼고 쉬어라. 어깨의 힘을 빼고, 배에서 힘을 빼고, 엉덩이의 힘을 빼고, 가장 중요한 것은, 가슴에서 힘을 빼라. 가슴 자체는 힘을 빼려 들지 않더라도 가슴 주변부는 힘을 뺄 수 있다. 당신은 그 안에 의지의 힘을 지니고 있으니, 그것을 사용하라. 그 의지로써 할 일이 여기 있다. 힘 빼고 놓아 보내라. 먼저 처음의 저항을 풀고, 올라오는 혼란한 에너지를 놓아 보내라. 이렇게 하면 당신은 사실 혼란을 일으키는 삼스카라가 놓여날 수 있도록 여유 공간을 만들어 주는 것이다. 당신은 그것이 풀려날 수 있도록 더 많은 여지를 주고 있다. 삼스카라가 만들어 내는 생각과 감정을 붙들고 씨름하지 않기 때문이다. 마침내 씨름은 더 이상 벌어지지 않는다. 당신이 참나의 자리와 소란한 마음 사이에 거리를 만들어 냈기 때문이다. 해방되기 위해서는 둘 사이에 거리가 필요하다. 주체와 대상 사이에 말이다.

영성이란 당신이 보고 있는 대상을 바꾸기 위한 것이 아니라 대상을 받아들이되 거기에 휩쓸려 들지 않기 위한 것이다. 마음과 가슴이 무엇을 하고 있든 간에 그것과 함께 평화를 느끼며 초연히 지내기 위한 것이다. 마음과 가슴에서 나올 수 있는 모든 것과 완전히 편안해지면 그것들은 더 이상 내부에 혼란을 일으키지 못할 것이다. 당신은 아직 거기까지는 모르지만 그것이 사실이다. 마음과 평화를 이루면 그때도 마음이 계속 지껄이는지를 사람들이 종종 묻는다. 마음은 당신이 편안해하지 않기 때문에 지껄인다. 그리고 어떻게 하면 당신이 원하는 것을 얻게 하여 당신을 편안케 해 줄 수 있을지를 궁리하느라 애쓴다. 당신이 그 안에서 편안해지면 지껄일 일도 훨씬 줄어든다. 사랑하는 사람과 함께 있을 때는 어떻게 하면 사랑을 찾을 수 있을지를 궁리하지 않는다. 당신은 그저 아름다운 사랑을 경험하고 있을 뿐이다. 마찬가지로 당신이 그 안에서 편안하다면 어떻게 하면 편안해질지를 궁리할 필요가 없다. 그저 평화로운 행복의 고요한 상태 속으로 들어가서 쉴 것이다. 그렇게 되려면 자신의 생각과 감정에 대해 편안해져야만 한다. 그 속에서 힘을 빼고 쉬는 것이 그것들에 대해 편안해지기 위한 좋은 출발점이다. 생각과 감정을 대면하여 의지로써 이완하지 못한다면 당신은 그것에 대해 뭔가를 해야만 할 것이다. 당신은 그 속으로 휩쓸려 들어가서 당신을 괴롭히는 것을 뜯어고치기 위해 뭔가를 하려고 할 것이다. 그보다는 그저 힘을 빼고 쉬면서 삼스카라가 풀려날 수 있도록 여지를 주는 편이 낫다. 편안히 힘을 빼고 지켜보는 의식 속으로 들어가서 쉴 때, 당신은 일어나고 있는 현실에 자신을 내맡기고 있는 것이다.

먼저 힘을 빼고 뒤로 기대라. 알아차리는 당신은 알아차리는 대상과 거리를 두고 있다. 그에 대해 생각할 필요는 없다. 그저 그 안에서 당신이 보고 있는 그것, 곧 생각과 감정은 모두가 별개의 것들이고 당신에게서 저만큼 떨어져 있다는 것을 알아차리라. 이제 그것들의 시끄러운 소음에서 물러나 뒤로 기대앉으라. 마음과 가슴은 소음을 일으킨다. 그것은 문제될 것 없다. 그저 힘 빼고 쉬면서 그 소음에서 물러나라. 소음에서 물러날 때, 당신은 자신(의식)

과 의식의 대상(생각과 감정) 사이에 거리를 만들어 내고 있는 것이다. 그 이격 속에서 삼스카라는 그 에너지를 풀어낼 공간을 얻는다. 그것은 불편한 느낌일 테지만, 그렇게 느끼는 것은 자연스럽다. 당신이 경험하고 있는 불편은 풀려나고 있는 삼스카라의 불편함이다. 그것은 고통과 함께 저장되어 있었다. 그래서 그것은 고통과 함께 풀려난다. 당신이 허용한다면 말이다. 이것은 모든 고통을 종식시키는 고통이다.

낮은 가지에 달린 과일

저장된 고통의 덩어리를 놓아 보내는 최선의 방법은 훈련이다. 피아노를 배우기 위해 음계 연주를 연습하듯이, 혹은 운동에 숙달되기 위해 훈련을 하듯이, 놓아 보내는 법을 배우려면 훈련을 해야만 한다. 훈련은 단순한 것부터 시작한다. 우리는 이것을 낮은 가지에 달린 과일(low-hanging fruit : 따기 쉬운 열매, 즉 가장 하기 쉬운 일_옮긴이)이라 일컫는다. 그럴듯한 이유도 전혀 없이 마음속에 혼란을 일으키는 상황이 날마다 무수히 발생한다. 앞 차 때문에 스스로 자신을 괴롭히는 것은 아무런 이득도 없는 일이다. 그것은 자신을 약 올려서 성마르게 만든다. 그것의 손익을 분석해 보면 백 퍼센트 손해일 뿐 이득은 전무하다. 그런 습성을 놓아 보내는 것은 쉬울 것

같지만 실제로는 그렇지 않다. 당신은 자신이 습관적으로 세상이 내가 원하는 대로 굴러가야만 한다고 생각하고 있다는 사실을 깨닫게 될 것이다. 턱도 없는 고집인데도 말이다. 세상이 그러한 것은 세상이 그렇게 되도록 만든 온갖 영향력들 때문이다. 투덜대는 것으로 날씨를 바꿔 놓을 수는 없다. 당신이 현명하다면 현실에 맞서는 대신 현실에 대한 자신의 반응부터 고치기 시작할 것이다. 그리하여 자신과의 관계 그리고 다른 모든 것들과의 관계를 변화시킬 것이다.

당신도 할 수 있음을 스스로 입증하기 위해 가장 작은 것부터 시작해 보라. 이 단계에서 할 수 있는 자기 수행은 놓아 보내기를 훈련하는 것이다. 비교적 쉬운 상황에서 힘을 빼고 놓아 보낼 수 있게 되면 그보다 큰 상황도 더 잘 다룰 수 있음을 깨닫게 될 것이다. 당신은 자신을 잘 다룰 수 있도록 자신을 훈련시키고 있는 것이다.

삶 속의 많은 경험들이 낮은 가지에 달린 과일의 범주에 속한다. 놓아 보내기에 좋은 연습 중 하나는 날씨와 당신 사이의 관계다. 믿든지 말든지지만 날씨 문제만 잘 이용해도 엄청난 영적 성장을 이룰 수 있다. 날씨는 늘 거기에 있다. 더운 날, 추운 날, 바람 부는 날, 건조한 날, 습한 날 그리고 그 중간의 온갖 날씨 말이다. 날씨는 당신과 아무런 상관관계도 없다. 날씨는 그렇게 되도록 만드는 자연의 힘들에 좌우된다. 날씨 앞에서 마음의 혼란을 다루지 못한다면 무엇인들 다룰 수가 있겠는가? 날씨 때문에 투덜대는 것은 백 퍼센트 손해에 이득은 전무한 짓의 완벽한 본보기다. 날씨를 두고 투덜대면 어떤 이득이 있는가? 열 받기밖에는 아무것도 없다. "이 놈의 날씨를 어떻게 손볼 수가 없나. 끔찍해. 하루 종일 비지땀을 흘렸네. 에이 지겨워!" 지겨웠다니, 축하한다. 당신의 불평은 날씨 를 털끝만큼도 바꿔 놓지 못했다.

마침내 당신은 자기 수행을 시작한다. 마음이 날씨를 탓하면 그에 맞서 싸우지 말라. 원한다면 긍정적인 사고를 해도 좋다. 예컨 대 마음이 '에이 더워, 왜 이렇게 더운 거야' 하고 투덜대기 시작한다면 거기에 휘말려 들지 말고 이렇게 자문하라. '날씨가 왜 더워졌을까? 덥다는 것은 무슨 뜻일까?' 마음을 가동해서 9,300만 마일 밖에 있는 한 별이 너무나 뜨거워서 당신도 실제로 그 열기를 느끼고 있다는 사실을 상기하라. 그건 경이로운 일이다. 더 높은 차원의 마음을 가동하여, 현실을 탓하기보다는 그것을 있는 그대로 받아들이고 감사하라. 이렇게 할 때 당신은 의지로써 마음을 긍정적이고 건설적인 일에 사용하고 있는 것이다. 스스로 자신을 더 높이 끌어올리고 있는 것이다.

이런 긍정적 사고 훈련도 이롭기는 하지만, 당신이 궁극적으로 해야 할 일은 힘을 빼고 과거의 혼란을 풀어놓는 것이다. 힘을 빼고 풀어놓기만 하면 날씨가 그토록 덥게만 느껴지지는 않을 것이다. 당신은 그 안쪽 깊은 곳에서 더위라는 경험을 지켜보고 있다. 의식의 자리로 깊숙이 물러나서 힘을 빼고 풀어놓으면 당신은 투덜대는 자신의 부분으로부터 떨어져서 쉬고 있게 된다. 마음속에서는 분명 불평이 이어지고 있다. 그것을 부인해야 할 이유는 없다. 하지만 소음이 나오는 곳에서 뒤로 물러나서 쉬고 있으면 당신은 참나의 자리로 들어서게 될 것이다.

힘 빼고 풀어놓을 때, 두 가지 일이 일어난다. 첫째, 당신은 마음을 흔들어 놓는 원인과 싸우기를 그만둔다. 그러면 붙들려 있던 것이 풀려날 수 있는 여유 공간이 생긴다. 둘째, 실제로 당신은 참나의 자리로 물러나 앉아서 영적으로 성장해 가게 된다. 날씨에 대해서 그렇게 할 수 있으면 앞 차에 대해서도 그렇게 할 수 있고, 낮은 가지에 달린 과일과 같은 모든 상황에 대해서도 그렇게 할 것이다. 그러면 당신은 날마다 성장해 간다. 자신이 수행하고 있는 대상이 낮은 가지에 달린 과일이 맞는지를 감별하는 방법은, 마음속에서 놓아 보내는 것만으로도 상황이 해결된다는 것이다. 달리 할 일은 없다. 당신이야말로 유일한 문제였다. 문제를 만들어 내기를 놓아 보내 버리면 문제는 해결된다. 날씨를 받아들이면 그밖에는 할 일이 없다. 괜히 상대하여 스스로를 괴롭히던 쓸데없는 일들을 받아들이고 나면 그밖에는 할 일이 없어진다. 그것이 낮은 가지에 달린 과일을 감별하는 방법이다.

반면에 어떤 상황에 대해 반응하기를 그쳤는데도 처리해야 할 일이 당신 앞에 아직도 남아 있다면 밖에서 더 해야 할 일이 있는 것이다. 일자리를 잃고 나서 부정적인 반응을 놓아 보냈다면 잘했다. 하지만 당신은 아직도 밖에 나가서 새로운 일자리를 구해야만 한다. 놓아 보내기가 당신을 삶의 의무에서 벗어나게 해 주지는 않는다. 삶을 놓아 보내는 것이 아니라 삶에 대한 개인적인 반응을 놓아 보내는 것이기 때문이다. 개인적인 반응은 상황을 건설적으로 처리할 수 있도록 도와주지 못한다. 실제로 그것은 판단력이 흐려지게 만든다.

이 모든 일을 하고 나면 당신은 마음속 혼란의 대부분이 낮은 가지에 달린 과일의 범주에 속한다는 사실을 깨닫게 될 것이다. 문제가 생기는 유일한 이유는 당신이 그것을 문제로 여겼기 때문이다. 당신이 문제인 것이다. 그리고 그것은 밖에서 해결할 수가 없다. 안에서 해결해야만 한다.

32

과거

자동차를 타고 가는데 길가의 간판이 과거에 당신을 괴롭혔던 어떤 일을 상기시킨다. 어쩌면 그것은 8년 전에 일어났던 일이었을 수도 있다. 그 때문에 마음이 흔들렸다면 무슨 이득이 있는가? 당신은 방금 아무 이유도 없이 하루를 망친 것이다. 단지 과거에 어떤 것이 당신을 괴롭혔다는 사실이 그 일이 아직도 당신을 괴롭혀야 할 이유가 되지는 못한다. 사실 그 일은 더 이상 일어나고 있지 않다. 그런 일을 다시는 겪고 싶지 않기 때문에 당신은 그것이 얼마나 나쁜 일이었는지를 기억해야만 한다고 생각하고 있는 것이다. 그것은 마치 배앓이를 일으켰던 음식을 집에 가져가서 날마다 맛보면서 그것이 얼마나 배를 아프게 만들었는지를 기억해야만 한다고 우기는 것이나 마찬가지다. 당신은 상한 음식에 대해서는 그렇게 하지 않으면서 나빴던 경험에 대해서는 왜 그러고 있는가?

이제 우리는 영적 성장을 위해 또 다른 농익은 과일에 주의를 기울여 볼 준비가 되었다. 당신의 과거 말이다. 처음에는 당신이 동의하지 않을지도 모르지만, 이 또한 백 퍼센트 손해에 이득은 전무한 범주에 속한다. 과거에 일어났고 지금은 일어나고 있지 않은 일에 아직도 괴로워하는 것이 대체 무슨 이로울 일이 있겠는가? 그것은 이미 지나갔다. 일어나지도 않고 있는 일에 괴로워하는 것이 이로울 일은 전무하다. 반대로 손실은 엄청나게 많다. 당신의 정신과, 감정과, 신체의 총체적인 해로움 말이다.

그 대신 경험이 실제로 일어나고 있을 때 그것이 온전히 당신을 통과해 가도록 허용한다면 그것은 아무런 상처도 남기지 않고 당신 존재의 중심에 닿으며 당신의 일부가 될 것이다. 당신은 그저 그 경험에서 배우고 성장해 갈 수 있다. 하나의 경험을 온전히 소화하고 나면 그것이 다시 일어날 때는 어떻게 대해야 할지를 절로 알게 된다. 아이 적에 뜨거운 난로에 손을 데었다고 해도 그 고통스러운 경험을 마음속 깊이 간직해 놓을 필요는 없다. 난로는 뜨거워서 위험하다고 늘 상기시킬 필요가 없다. 그렇게 한다면 당신은 그 경험에서 단순히 배움을 얻는 대신 삼스카라를 만들어 낸 것이다. 걱정하지 말라. 다시는 뜨거운 난로에 손을 대지 말아야 한다는 사실을 당신은 너무나 잘 알고 있을 테니까.

마찬가지로 운동이나 악기를 한번 배우고 나면 그것을 어떻게 하는지를 늘 생각하고 있어야만 하는 게 아니다. 그것은 제2의 본성이 된다. 배운 내용이 당신의 온 존재 속으로 동화되었다는 뜻이다. 그것은 너무나 자연스러운 일이 되어서 그것을 할 때 방법을 새삼스럽게 다시 생각해야 할 필요가 없다. 당신의 모든 과거 경험은 이래야 한다. 실제로 필요할 때는 애쓰지 않아도 벌써 출동해 있고, 쓸데없이 아무 때나 출몰하여 당신을 괴롭히지는 않는다. 경험을 잘 맞이하여 제대로 처리하면 그것은 언제나 대기해 있으면서 당신을 모시지, 결코 따라다니며 성가시게 굴지는 않을 것이다.

다음 연습은 생각하는 마음에게 상황을 떠넘기지 않고 제대로 처리한다는 것이 어떤 것인지를 이해할 수 있도록 도와줄 것이다. 잠시 눈앞의 광경을 바라보라. 그것을 보는 것이 당신에게는 얼마나 어려웠는가? 물론 그것은 아무런 힘도 들지 않았다. 당신은 즉석에서 그것을 보았다. 바로 그때 세상에서 가장 훌륭한 화가가 당신에게 전화를 걸어 당신이 본 것을 그림으로 그리고 싶다고 한다면 어떻겠는가? 모든 것을 그에게 묘사해 주려면 얼마나 많은 시간이 걸릴까? 모든 색채와 빛의 반사와 재료의 다양한 질감 등 낱낱의 세부적인 것 말이다. 그것은 아주 긴 통화가 될 것이다. 하지만 당신은 그 모든 것을 눈 깜박할 사이에 보았다. 의식이 그저 보는 것과, 마음이 그 본 것을 처리하려고 애쓰는 것 사이의 차이점이 바로 이것이다.

이 차이는 삶의 모든 경험에서도 마찬가지다. 어떤 경험을 할 때, 그것은 그냥 내부로 들어와서 의식을 곧바로 건드린다. 마음이 나서서 그것이 바람직한 것인지 아닌지, 그래서 저장해 놓을지 말지를 판단할 필요가 없다. '생각할' 필요도 없이 눈앞의 광경을 샅샅이 볼 수 있었던 것과 마찬가지로, 당신은 경험을 마음속에서 가로막을 필요 없이 당신 존재 속으로 오롯이 받아들여 소화할 수 있다. 온전히 처리하여 당신의 온 존재 속으로 맞아들인 경험보다 더 풍성한 것은 없다.

까마득한 역사가 된 것을 새삼스럽게 생각으로 감정으로 다루어야 할 필요가 없도록, 진정으로 작별하고 싶은 과거의 일들이 당신에게는 얼마나 많은가? 사실 깊은 영성에 도달하기 위해서는, 끝내지 못한 과거는 당신 안에 남아 있을 수 없다. 그것은 가고 없어야 한다. 억눌려 있는 게 아니라 사라지고 없어야만 한다. 시간이 지나면 당신은 갇혀 있던 패턴이 사라진 다음에 남는 것은 오로지 영성의 물결뿐임을 깨달을 것이다. 남아 있는 그것은 여태껏 존재할 수 있었던 것 중에서도 가장 아름다운 것이다.

어떻게 하면 과거를 놓아 보낼 수 있을까? 그것은 매우 단순하다. 과거의 장애물은 날마다 스스로 올라온다. 그러면 그것을 놓아서 보내 버려라. 이것은 승부 게임이 아니다. 그냥 단순하다. 외부의 사건이 저장된 이미지가 올라오게 만든다. 좋다. 올라오게 두라. 삶 속에서 당신의 삼스카라를 건드리는 일들이 일어날 것이다. 삼스카라가 그 안에 있다면 건드려진다. 세상은 각자의 성장을 위해 완벽하게 마련되어 있다. 하지만 당신이 생각하는 이유 때문은 아니다. 모든 사람이 세상을 저만의 장애물을 통해 바라보고 있기 때문에 세상이 그들의 성장에 안성맞춤이 되는 것이다. 그것은 로르샤흐 잉크자국 테스트와도 같다. 그 잉크 자국이 당신의 문제를 부각시키도록 완벽하게 맞춰져 있는 것은 아니다. 당신은 잉크 자국을 당신의 문제라는 필터를 통해 바라봄으로써 거기에다 당신의 문제를 투사한다. 바로 그 때문에 동일한 잉크 자국이 모든 내담자를 진단하는 데에 훌륭하게 쓰일 수 있는 것이다. 동일한 세상이 각자의 성장을 위해 완벽하게 작동하는 것처럼 말이다. 저 바깥에 실제로 무엇이 있는지를 알고 싶다면 당신 내부의 문제를 제거해야만 한다.

과학자들은 저 바깥에는 사실상 아무것도 없다고 말한다. 단지 전자와 중성자와 양성자로 이루어진 원자들밖에는. 양자물리학은 거기서 더 나간다. 그들은 거기엔 사실상 입자와 파동의 성질을 동시에 지닌 순수한 에너지의 양자장밖에 없다고 말한다. 이 에너지장에서 방출되는 아원자 입자들(쿼크와 렙톤과 보손)이 우리의 온 우주를 이루고 있다. 당신은 이런 입자들에 대해서는 무관심하기 짝이 없지만 그것들이 만들어 낸 구조물들은 당신의 감각을 통해 들어오고, 당신이 저장해 놓은 장애물들에 부딪히고, 내면이 불편해진다. 내면을 불편해지게 만들고 있는 것은 당신이다. 아원자 입자들은 그런 일을 할 수 없다. 당신 자신을 해방시키려면 혼란을 알아차리는 순간 놓아 보내라. 애초의 혼란이 마음을 장악해 버릴 때까지 우물쭈물하지 말라. 당신은 실제로 흥분하기도 전에 자신이 흥분하기 시작하고 있음을 완벽하게 알아차리고 있다. 당신은 그것을 느낀다. 뭔가가 당신을 괴롭히기 시작할 때 당신은 그것을 느낀다. 영적으로 성장하고 싶다면 그 순간이 수행을 할 때다.

이것이 영적 성장의 핵심이다. 자기 수행을 시작하면 당신은 내면에다 살기에 아름다운 장소를 만들어 내게 될 것이다. 이것이 당신의 결혼이나 가족보다 더 중요하다. 이것이 당신의 직장이나 경력보다도 더 중요하다. 당신은 그런 간접적인 일이 아니라 가장 직접적인 자기 수행을 하고 있는 것이다. 아름다운 내면의 환경을 만들어 내고 나면 당신은 멋진 결혼생활, 멋진 가정생활, 그리고 멋진 직장을 다 가질 수 있다. 하지만 내부가 난장판이라면 당신은 이런 외부환경을 그저 문제 회피용으로만 이용하려고 발버둥 치고 있을 것이다. 단기간은 이것이 먹힐 수도 있지만, 모래 위에 집을 짓고 싶은가? 그 대안은 그런 덩어리들이 올라오기 시작할 때,

그 변화를 감지하는 순간 힘을 빼고 쉬는 것이다. 그것의 정체를 알게 될 때까지 기다리지도 말라. 그저 힘 빼고 놓아 보내라. 당신은 삼스카라를 정신적 차원에서가 아니라 에너지 차원에서 처리할 수 있다. 이것이 훨씬 더 깊은 차원이다. 그 안에 있는 장애물들은 거기에 머물러 있고 싶어 하지 않는다. 그것은 올라와서 놓여나고 싶어 한다. 내맡기기란 장애물에 저항하여 밀쳐 내는 대신 놓아 보내는 수행이다. 당신은 과거의 혼란이 올라올 때 그것이 늘 편안하지만은 않다는 것을 깨달을 것이다. 그 일들은 처음 일어났을 때도 편안하지 않았다. 그래서 밀쳐 냈던 것이다. 이제 그것이 풀려나려고 애쓰고 있는데 당신은 다시금 그것을 밀어내서 한 십 년 더 처박아 둘 텐가? 이것은 자기 수행에 관심이 없는 사람들에게나 늘 일어나는 일이다.

삶의 목적은 저장된 이미지를 놓아 보내는 것임을 당신도 결국은 진지하게 받아들이게 될 것이다. 갇혀 있는 당신의 과거는 당신을 신께 다가가지 못하게 가로막고 아름다운 삶을 누리지 못하게 한다. 인간관계나 돈벌이에 쏟아붓는 것과 같은 진지한 노력을 내부의 장애물로부터 당신을 해방시키는 일에 쏟아붓기를 배우라. 이 점을 명심하라. 그것은 포기가 아니라 정화다. 그것은 안과 밖 양면으로 아름다운 삶을 누리기 위해 내부를 청소하는 일이다. 성장 과정의 어떤 지점에서, 당신은 자신을 해방시키는 일은 과거의 혼란을 놓아 보내는 과정의 불편쯤은 얼마든지 감수할 만한 일임을 깨닫게 될 것이다. 운동선수들이 올림픽에 나가기 위해 어떤 일을 겪어 내는지를 보라. 그들은 여러 해 동안 지옥 훈련에 자신을 밀어넣은 대가로 금메달을 따낸다. 그리고 그들은 잠시 자부심을 느낀다. 그다음에는 어떻게 될까? 메달은 벽의 장식품이 된다. 우리는 그 같은 노력의 일부를 모든 것을 얻는 일에 투자하는 것에 대해 이야기하고 있다. 그러면 그 노력의 결실은 시간이 아무리 흘러도 끊임없이 수확될 것이다. 내면에 그런 민감한 장애물들이 없는 상태를 상상해 보라. 당신 주변에 펼쳐지는 세상을 그저 그대로 즐길 수 있는 상태를 상상해 보라. 당신은 삶을 온전히 음미하면서 온 가슴으로 삶 속으로 뛰어들 수 있다. 이보다 더 가치 있는 일이 과연 있을까?

이것이 과거를 기꺼이 놓아 보낼 때 일어나는 일이다. 이것은 매우 중요한 영적 수행이다. 당신은 자신의 과거를 돌아보면서 "고마워"라고 말할 수 있어야 한다. 어떤 일이 일어났든 상관없다. 명심하라. 이 우주에서는 매 순간 무수한 일들이 일어나고 있지만 당신은 그중 오직 하나만을 경험한다. 당신이 보게 되는 그 하나의 경험을 어찌 감사히 음미하지 않을 수 있겠는가? 당신은 지구로 내려왔고, 그것이 당신이 가졌던 경험이었다. 그것이 당신의 삶이다. 당신이 하게 되었던 일련의 경험들 말이다. 자신의 과거를 사랑하고 감사하며 음미하기를 배우라. 그것을 온전히 맞아들이고, 그 가르침에 감사하라. 그리고 거기에 뭔가 잘못된 것이 있었다는 식의 모든 판단을 놓아 보내라. 당신의 과거는 당신만의 고유한 것이다. 그것은 일어났다. 그것은 성스럽고 아름답다. 당신 외의 그 누구도 그런 경험을 가진 적이 없다. 또한 아무도 그런 경험을 가지지 못할 것이다. 당신의 과거를 받아들여 포옹하고 입 맞추라. 죽을 때까지 그것을 사랑하라.

명상

많은 수행법이 당신의 영적 여행을 도와줄 수 있다. 수행해 가는 동안 당신의 목표는 장애물을 저장해 놓기를 그치는 것임을 언제나 명심하라. 놓아 보내기 과정에 주말 안거 수행이 도움이 된다면 그렇게 하라. 어떤 심리요법이 가슴을 열어서 놓아 보낼 수 있게 해 준다면 그렇게 하라. 명상은 오랜 세월 동안 높이 인정받아 온 영적 성장의 기술이다. 명상을 하기 위해서는 마음과 감정과의 해묵은 관계를 놓아 보내야 한다. 다양한 형태의 명상법이 있지만 그 중 가장 근본적인 것은 생각 속에 빠져드는 당신의 중독증을 놓아 보내는 것이다. 호흡에 집중하고, 숨을 헤아리고, 만트라를 외고, 에너지를 느껴라. 달리 말해서, 마음속에서 올라오는 생각을 제외

한 무엇에든 의식을 집중하라. 명상 수행을 하다 보면 일상생활 속에서도 놓아 보내는 능력이 크게 향상된 것을 발견하게 될 것이다. 명상 방석에 앉아 힘 빼고 풀어놓는 것이 일상생활 속에서 힘 빼고 풀어놓는 것과 동일한 과정이 된다. 그리하여 마침내는 자신이 하루 종일 더 투명한 마음으로 머물러 있으면서 안과 밖에서 일어나고 있는 일들을 늘 알아차리고 있게 되었음을 발견할 것이다. 이 명료한 현존감이야말로 명상의 선물 중 하나다.

많은 명상법이 있다. 아는 명상법이 없다면 다음의 단순한 명상법을 시도해 볼 수 있다. 하루에 두 번씩 잠시 앉아 있기로 결심하라. 날마다 같은 시간에 하는 것이 좋다. 이것은 다른 어떤 일보다도 이 내면의 작업에 더 큰 중점을 두는 자기규율을 요구한다. 대부분의 사람들은 날마다 정해진 시간에 식사하고 잠잘 수 있다. 직장 일과 애정관계에서도 정해진 시간을 낼 수 있다. 자신에 대한 이 내면의 작업은 당신의 다른 어떤 일보다도 더 중요하다. 종국에는 당신이 날마다 하는 그 어떤 일보다도 이것이 삶의 질에 더 큰 영향을 미칠 것이다. 오늘날의 많은 스승들이 아침과 저녁에 15분간 앉아서 명상하는 것을 초보자에게 좋은 방법이라고 말한다. 이것만으로도 큰 이익이 있을 것이다. 고요한 장소에 앉아 있을 시간만 따로 마련해 두라.

그 시간 동안 무엇을 해야 할까? 하지 말아야 할 것은 영적인 체험을 기대하는 것이다. 그것을 기대하다가는 결국 실망하면서 명상을 그만둬 버리게 될 테니까. 당신은 피아노의 음계 연습을 하기 위해 피아노 의자에 앉는 것과 동일한 목적으로 명상 방석에 앉는다. 배우기 위해서 말이다. 잠시 앉아서 피아노 연습을 하고, 일어날 때는 베토벤의 곡을 연주할 수 있게 되기를 기대한다면 당신은 금방 피아노를 그만둬 버릴 것이다. 명상도 마찬가지다. 앉아서 명상을 하는 이유는 마음이 생각을 만들어 내고 가슴이 감정을 만들어 내는 동안 그 안에서 의식이 깨어 있게 하는 법을 배우기 위해서이다. 그 안에서 일어나는 일은 무엇이든 다 괜찮다. 그것을 객관적으로 관찰할 수만 있다면 말이다. 이것을 알아차리기 명상(mindful meditation)이라 한다.

어떤 사람은 이렇게 말한다. "난 명상을 할 수가 없어요. 앉아 있으면 마음이 도대체 입을 다물 줄을 모른다니까. 그저 끊임없이 지껄여요." 사실 이것은 꽤 좋은 상태다. 자신이 마음이 아니라는 것을 알고 있으니까 말이다. 그는 실제로 마음이 15분 동안 끊임없이 지껄이는 것을 지켜보며 알아차리고 있었다. 대개는 그것을 알아차리지도 못한다. 대개는 마음이 지어내고 있는 생각 속에 홀딱 빠져든다. 이번에는 그도 그것을 알아차리고 그것이 멈출 줄을 모른다는 것도 알아차렸다. 그것 자체가 지켜보는 의식의 한 형태다. 그는 생각 속에서 넋을 놓고 있는 대신 생각을 지켜보고 있었다.

피아노를 연습하다가 실수를 했다면 그것은 연습시간으로서 나쁘지 않다. 모든 연습시간은 배우기 위한 것이다. 마찬가지로 나쁜 명상 같은 것은 없다. 단지 그 안에서 일어나는 일을 알아차리기를 연습하는 것, 그것뿐이다.

물론 단순히 마음을 알아차리는 것보다 더 높은 수준의 명상도 있다. 하지만 기대는 금물이다. 기대란 단지 또 다른 마음의 방랑 여행일 뿐이다. 당신은 자기 수행에 전념하기로 마음먹었으므로 거기에 앉아 있다는 점을 스스로 다짐하라. 외부의 훼방이 많지 않은 시간이므로 그 자리에 오롯이 있기를 연습할 수 있는 것이다. 그게 전부다. 내부에서 목격되는 광경이 별로일 수도 있지만, 당신은 그것과 함께하기를 배우고 있다. 당신을 흥분하게 만들던 것들과 평화롭게 함께하기를 배우는 중인 것이다.

영적인 수행법들의 목적을 잘 이해하려면 당신이 마음에 중독되어 있다는 사실을 깨달아야 한다. 당신은 약물에 중독된 사람들보다도 더 깊이 마음에 중독되어 있다. 사실, 사람들이 약물을 사용하기 시작하는 이유는 마음의 끊임없는 지껄임에서 벗어나기 위해서이다. 사람들이 술을 마시기 시작하는 이유도 그것이다. 마음은 함께 살기가 불가능한 지경까지도 갈 수 있다. 당신도 다른 사람들과 비슷하다면 당신은 마음이 지껄이는 말 한마디 한마디에 중독되어 있을 것이다. 마음이 갑자기 "난 여기가 싫어. 떠나고 싶어"라고 말하면 당신은 떠난다. 마음이 "여기 있으면 좋은 일이 생길 것 같아. 여기서 좀 있고 싶어"라고 말하면 당신은 그대로 머문다. 당신은 자신의 생각에 빠져 있고, 마음이 하는 말이면 무엇이든 따른다. 사실은 마음이 당신의 구루다. 그리고 당신은 그 관계에서 빠져나와야 한다.

마음과의 관계를 바꾸는 것이 영적 여정의 중요한 부분이다. 마음과 싸우고 생각에 저항하는 것으로는 되지 않는다. 마음에 귀 기울이지 않는 법을 배워야 한다. 당신은 의식(consciousness)이고, 마음은 의식의 대상물이다. 마음이 지껄이고 있는 중에도 마음에서 주의를 철수시킬 수 있어야 한다. 가장 쉬운 방법은 다른 것에 주의를 두는 것이다. 그저 호흡만 지켜보라. 시간이 흐르면 당신은 들숨과 날숨을 지켜보고 있을 때는 마음에 빠져들지 않는다는 것을 깨닫게 될 것이다. 호흡을 지켜보는 아주 단순한 이 명상법을 해보면 당신은 자신이 얼마나 마음에 중독되어 있었는지를 깨닫게 될 것이다. 당신은 앉아서 잠시 호흡을 지켜보면서 마음에 휩쓸리지 않고 있다. 하지만 그다음 순간 당신은 생각 속에 빠져서 허우적거린다. 이런 일들이 일어날 것이다. 15분 동안 앉아서 호흡을 지켜보는 것이 불가능할 수도 있다. 괜찮다. 그건 당신이 마음에 얼마나 깊이 중독되어 있는지를 알려 주는 것일 뿐이다.

호흡 지켜보기를 잊어버리는 이유는 마음이 하고 있는 말에 의식이 흔들렸기 때문이다. 달리 말해서, 당신은 호흡을 지켜보기를 그만두고 마음을 지켜보기 시작한 것이다. 그렇게 된 것을 알아차리는 순간 자신을 나무라며 좌절하지 말라. 그저 호흡 지켜보기를 다시 시작하라. 이 모든 일의 목적은 주의의 통제력을 훈련하여 그것을 당신의 것으로 되찾아 오는 것이다. 주의를 어디에다 주느냐가 삶의 경험을 좌우한다. 어디에다 주의를 줄지를 의식적으로 결정할 권리는 당신이 가져야만 한다. 마음으로부터 주의를 돌리는 법을 터득하기 전까지 당신에게는 아무런 선택권도 없다. 마음이 무슨 말을 지껄이든 당신은 거기에 주의를 바친다.

우리가 이야기해 온 이 단순한 명상법에 한 가지 요소를 더할 수도 있다. 호흡을 지켜보기를 그쳤다는 사실을 금방 알아차리게 되지는 않을 것이다. 생각 속에 홀딱 빠져든 채로 15분이 지나가 버릴 수도 있다. 더 빨리 알아차릴 수 있도록, 호흡을 지켜보는 대신 호흡을 헤아리라. 들숨과 날숨을 합하여 하나로 세고 그다음 두 번째 호흡, 이런 식으로 말이다. 하지만 백까지 세지는 말라. 스물다섯 번까지 세고 다시 시작하라. 이렇게 하면 호흡에서 주의가 떠날 때 더 빨리 알아차릴 것이다. 들숨/날숨… 하나, 들숨/날숨… 둘, 들숨/날숨… 셋. 숨이 아랫배를 들락거리는 것을 지켜보라. 스물다섯까지 세고 다시 하나로 돌아가는 동안 그저 앉아서 호흡을 지켜보라. 예컨대 마흔셋까지 센 것을 깨닫는다면 그저 하나부터 다시 시작하라. 그에 대해서 아무런 생각도 할 필요 없이 그저 하나부터 시작하면 된다. 이제 당신에게는 자리를 지켜야만 할 일이 생긴 것이다. 스물다섯을 센 다음에 하나로 돌아가려면 당신은 호흡을 지켜보면서도 충분히 깨어 있어야만 한다. 여기에는 생각이 필요 없다. 깨어 있는 의식이 필요할 뿐이다.

어떤 사람들은 명상하는 동안 염주를 굴린다. 또 어떤 사람들은 만트라를 왼다. 이것은 모두 떠도는 잡념 외의 다른 것에 의식을 붙들어 둘 수 있도록 돕는 방법들이다. 그러니 명상은 쉽다. 그것이 뭔가 영적인 체험을 하기 위한 것이 아니라는 점만 이해한다면 말이다. 그에 대해서는 염려를 내려놓아라. 그저 그 자리에 오롯이 있기만을 연습하라. 이것을 규칙적으로 행하면 일상생활 중에 삼스카라가 건드려질 때도 자신이 그것을 깨어서 의식하고 있음을 깨닫게 될 것이다. 이제 문제는 당신의 결심의 강도일 뿐이다. 마음이 요동하기 시작하는 순간마다 당신은 기꺼이 힘을 빼고 풀어 놓겠는가? 아니면 아직도 장애물을 방출하거나 싸고도는 그 게임을 한판 더 돌리고 싶은가?

더 큰 덩어리 다루기

진정한 영적 수행은 삶의 매 순간을 자기 해방에 바치기를 요구한다. 삶은 당신의 진정한 스승이다. 삶은 당신을 시험해서 참나로부터 멀어지거나 아니면 돌아오게 만든다. 삶은 당신의 친구다. 삶에서 일어나는 모든 일은 자신에게서 자신을 해방시키는 일―거듭나기 위해 죽기―에 능숙해지기 위한 훈련의 기회다. 낮은 가지에 달린 과일을 열심히 따서 과거의 삼스카라가 풀려나는 동안에도 참나의 자리에 오롯이 머물면 당신은 더욱 의식적인 존재가 될 것이다. 당신은 힘겨운 대화를 나눈 후에도 더 이상 중심자리를 찾아 돌아올 필요 없이 그 모든 경험 중에도 늘 그 자리에 머물러 있을 것이다. 처음에는 이것이 쉽지 않을 테지만 그저 계속해서 수행하

라. 이것을 삶에서 가장 중요한 일로 만들어라. 실제로 그렇기 때문이다. 실로 이것이야말로 유일하게 이성적인 삶의 길이다. 이것은 종교적인 행위가 아니다. 단지 깨어 있기로 결심함으로써 자신에게 훌륭한 일을 하는 것이다.

꾸준히 놓아 보내다 보면 당신은 마침내 영구적으로 중심자리에 머무는 경지에 이를 것이다. 당신은 참나의 자리에 안착하고, 남은 생 동안 그 자리를 결코 떠나지 않게 된다. 어떤 일이 일어나든, 누가 죽든, 누가 당신을 떠나든 상관없다. 그런 모든 일이 여전히 일어날 수 있지만 당신은 그에 대해 어떻게 할지를 결정할 힘을 지니고 있다. 이전에는 가져 본 적이 없는 시간이 생길 것이다. 사건과 그에 대한 당신의 반응 사이의 시간 말이다. 일들이 마치 슬로모션 화면처럼 펼쳐지기 시작한다. 반응적인 생각과 감정조차도. 이것이 힘을 빼고 놓아 보낼 시간을 준다.

이제 우리는 더 큰 덩어리들을 처리할 준비가 되었다. 놓아 보내다 보면 작은 덩어리들은 줄어들고 더 큰 덩어리들이 스스로 올라올 것이다. 매우 강렬한 꿈을 꾸기 시작할 수도 있다. 자동차를 운전하는 중에 느닷없이 강렬한 감정을 느끼기 시작할 수도 있다. 괜찮다. 이유를 알 필요는 없다. 그것은 단지 에너지, 곧 샥티가 올라오려고 하는 것이다. 당신이 그럴 수 있도록 여유 공간을 내어 주었기 때문이다. 샥티는 당신의 절친이다. 내면의 이 에너지 흐름은 당신을 돕고 있다. 그리고 그것은 언제나 상승하려고 한다. 당신은 계속 놓아 보내는 것 외에는 아무것도 할 필요가 없다. 정말 나쁜 상황이 벌어지면 어쩌라고? 집에 불이 나면? 일자리를 잃는다면? 그것은 분명 낮은 가지에 달린 과일이 아니다. 당신이 이 길에 진심이라면 어떻게 해야 할까? 먼저 놓아 보내라. 언제나 당신의 인간적인 반응부터 먼저 놓아 보내야 한다. 흥분하여 상황에 대처할 수 없게 된다면 좋을 게 무엇인가? 이 피투성이의 현장을 처리할 수 없다면 당신은 사고 현장에서 아무런 쓸모도 없는 자가 된다. 맨 먼저 당신의 개인적인 반응을 놓아 보내라. 그러면 최상의 컨디션에서 상황을 보살필 수 있게 된다.

현실의 삶에서 예를 들어 보자. 열여섯 살짜리 아들의 학교 사물함에서 약물이 발견되었다는 전화를 받는다. 세상을 살다 보면 이런 골치 아픈 일들이 일어난다. 싫어도 일은 처리해야만 한다. 어쩌면 당신의 마음은 이렇게 지껄이기 시작하리라. '맙소사, 이 녀석이 어떻게 나한테 이럴 수가 있어? 내가 뭘 잘못했지? 남편이 미쳐 날뛰겠네. 우리 관계는 이미 문제투성이인데 어쩌면 이게 끝판이 될지도 모르겠군. 내가 왜 이런 일을 겪어야 한단 말이야?' 당신의 이런 온갖 신파극이 아들의 문제와 대체 무슨 상관이 있단 말인가? 그건 당신의 문제이고 당신이 놓아 보내야 한다. 당신 내부의 장애물을 가지고 외부세계를 대해서는 안 된다. 그 모든 개인적인 지껄임은 지금의 문제와 아무런 상관도 없다. 상관있는 것은 이 상황이 당신이 지닌 장애물에 부딪혔고, 지금 당신은 아들의 문제가 아니라 자신의 문제에 반응하고 있다는 사실이다. 이것을 그대로 방치한다면 당신은 모든 결정을 자신의 기분이 좋아지게 만들어 줄 쪽으로 내릴 테지만, 그것은 십중팔구 당면한 상황을 위해서는 최선이 못 될 것이다.

상황을 개인적으로 받아들인다면 당신은 귀찮은 경험을 피함으로써 자신을 보호하려 들 것이다. 하지만 눈앞의 힘든 상황은 그런 역학에 변화를 가져올 기회다. 그 방법은 상황에 대한 모든 개인적 반응을 놓아 보내는 것이다. 그저 놓아 보내라. 상황을 놓아 보내는 것이 아니라 상황에 대한 당신의 반응을 놓아 보내는 것이다. 교장실로 가라. 하지만 자신을 방어하러 가는 것이 아니다. 당신의 아들에게 도움이 필요하기 때문에 가는 것이다. 이 상황에서 교장 선생님이 도움을 필요로 하기 때문에 가는 것이다. 당신은 학부모이고 아들을 책임져야 하기에 가는 것이다. 건설적인 태도로 분위기를 끌어올리도록 최선을 다하라. 자신의 당혹감과 두려움과 온갖 개인적 반응에 빠져 있으면 이렇게 할 수가 없다.

요는, 눈앞의 상황에 적절히 대처할 수 있도록 개인적인 반응은 놓아 보내야 한다는 것이다. 사업에서도 마찬가지다. 회의에서 사람들이 사업계획을 의논하고 있다. 당신은 거기에 기여할 만한 멋진 아이디어를 가지고 있다. 그래서 그것을 꺼내 놓았지만 무시되고 만다. 마음이 괴롭다. 당연한 일이다. 당신의 내면에는 에고가 있고, 그는 계속 괴로워할 것이다. 이제 회의가 끝날 때까지 당신은 실쭉해져서 아무런 의견도 내놓지 않거나, 아니면 당신의 아이디어가 그리 터무니없는 게 아니었다는 반론을 계속 제기할 것이다. 당신은 더 이상 그 회의에 같은 편으로 속해 있지 않다. 당신의 존재는 사업을 위한 것이 아니라 자신을 위한 것이 되어 버렸다. 그렇게 일해서는 안 된다. 당신 배후의 동기가 자신을 위한 것이 되어서는 안 된다. 눈앞에 일어나고 있는 일에 도움을 줄 수 있어야만 한다. 당신은 언제나 눈앞에 펼쳐지는 그대로의 삶을 절대적인 최상의 힘으로 받들어 모셔야만 한다.

놓아 보내기의 과정이 자기 수행의 방법이 된다. 당신이 내려야 할 유일한 결정은 이것이다. 놓아 보낼 것인가, 말 것인가? 그것은 당신의 선택이다. 꾸준히 자기 수행을 하든가, 아니면 마는 것이다. 개인적인 생각과 감정을 일으키는 내부의 장애물은 삼스카라 찌꺼기일 뿐, 아무것도 아니다. 그것은 당신이 감당해 내지 못했던 과거의 문제에서 비롯되었고, 그것이 당신을 잘못된 방향으로 이끌어 간다. 자신의 더 높은 자아를 표현하는 법을 배우라. 삶과 조화를 이룬, 당신 존재의 더 깊은 부분을 표현하라.

계속 놓아 보내라. 영적인 길의 알파와 오메가는 자신을 놓아 보내는 것이다. 이렇게 하면 무슨 일이 일어날까? 그것이 이제부터 우리가 살펴볼 것이다. 우리는 모든 사람에게 삶이 각기 다른 의미로 다가가는 것을 살펴볼 것이다. 당신에게는 어떤 일이 일어났는지, 당신은 어떻게 했는지는 아무런 상관이 없다. 그것은 정말 중요하지 않다. 내부의 삼스카라를 놓아 보내고 나면 그것은 더 이상 당신의 삶에 영향을 미치지 못한다. 과거에서 진정으로 해방되는 것이다. '해방된 삶(living untethered)'의 의미는 바로 이것이다. 그것은 자기 자신을 놓아 보내는 것, 붓다께서 가르치신 대로 개인적인 자아를 초월하는 것, 그리스도께서 가르치신 대로 거듭나기위해서 죽는 것이다. 그것이 모든 영적 가르침의 핵심이요, 그것이 진리이다. 내면의 수행을 기꺼이 하고자 하기만 한다면 모든 사람은 스스로 자신을 해방시킬 수 있다.

PART 8

받아들이며 살기

갈힌 에너지 다루기

한 가지 분명한 것은 우리는 모두가 내면에서 깨어 있는 의식이라는 사실이다. 문제는 무엇을 의식하고 있는가이다. 때로는 압도적으로 덮쳐오기도 하는, 끊임없이 변화하는 에너지가 내부에 있다는 것을 거의 모든 사람이 알고 있다. 사람들은 그 에너지의 정체를 이해하지는 못하더라도 삶 속에서 버텨내기 위해 그 에너지를 밀쳐 내거나, 아니면 밖으로 표출하여 풀어내려고 애쓴다. 양쪽의 노력이 모두 저마다의 문제를 일으키지만 그 안에서 익사하는 것보다는 낫다.

실제로 사람이 물에 빠지면 어떻게 하는가? 그는 가라앉지 않으려고 떠 있는 널빤지나, 뭐라도 단단한 것을 붙잡으려 애쓴다. 이것이 대부분의 사람들이 삶을 살아가는 방식이다. 그들은 빠져 죽지 않으려고 손에 잡히는 대로 뭐든지 붙잡고 있다. 그들이 붙잡고 있는 것은 대개 외부에 있는 것들이다. 그들은 사람들이 나를 좀 더 존중해 주고 조금만 더 잘 대해 주면 속이 그토록 썩지는 않을 텐데, 하고 생각한다. 누구든 나를 진정으로 사랑하고 진심으로 대해 주면 좋을 텐데, 하고 말이다. 문제는 운 좋게 원하는 것을 얻게 되면 그는 목숨을 위해 그것을 붙잡고 결코 놓아 보내려 하지 않는다는 것이다. 그것이 저만의 문제를 일으킨다. 그보다 더 나쁜 것은 만약 외부세계가 그가 원하는 것을 더 이상 주지 않으면 그는 다시 물속으로 가라앉기 시작한다는 것이다.

그 안에서 익사하지 않으려고 자신이 얼마나 외부세계를 붙들고 있는지를 알고 싶다면 외부세계가 당신이 원하는 대로 굴러가지 않을 때 어떤 일이 생기는지만 살펴보라. 가까운 지인이 당신 마음속의 이상에 어긋나는 행동을 한다면 어떤 일이 생기는가? 당신의 마음과 가슴에는 불이 난다. 이것은 그가 실제로 아무런 짓도 하지 않아도 일어난다. 당신의 마음에 불을 붙이려면 이런 생각 하나면 충분하다. '남편이 날 떠나면 어떡하지? 샐리의 남편도 떠나 버렸잖아. 샘이 날 떠난다면 난 죽어 버릴 거야.' 이 생각 하나로도 당신은 고통과 혼란에 빠진다. 안에서 온갖 에너지가 요동친다. 왜 이런 일이 일어날까? 그것은 당신이 마음속에다 붙들 수 있는 든든한 자리를 다져 두려고 애써 왔기 때문이다. 모든 것이 그 자리를 어느 정도 다져 주는 한 당신은 비교적 안전하고 괜찮다고 느꼈다. 하지만 당신은 외부의 것에 매달림으로써 자기 존재의 중심에서 멀어져 버렸다. 이것이 우리가 늘 하고 있는 짓이지만, 그건 먹히지 않는다. 영적으로 성장해 가려면, 중년의 위기 대신 아름다운 삶을 살고자 한다면, 내면의 수행이 필요하다.

중년의 위기는 평안을 위해 반평생을 싸우고 매달리며 입지를 다져왔는데 안녕하지 못할 때 일어난다. 결혼하여 아이도 낳고 일자리도 있지만 당신은 자유롭지 못하고 마음에 평화가 없다. 사실 중년의 위기는 너무나 자연스러운 결과여서 중년의 위기를 겪지 않는 것이 더 놀라운 일이다. 반생이 지나고 나서야 당신은 자신의 생각이 먹히지 않았음을 깨닫는다. 당신은 아직도 평안치 않다. 물론 마누라가 좀 더 고분고분하다면, 아이가 학교에 잘 다닌다면, 직장에서 존경받는다면 당신은 평안해질 것이다. 이렇게만 되고, 그 위에 수입만 든든하다면, 일단 평안할 것이다. 하지만 속으로는 그것이 언제라도 뒤집어질 수 있음을 안다. 그래서 당신은 그 자리를 지키기 위해 몸부림쳐야만 한다. 이것이 인생이 싸움터인 이유다.

대안은 마음속의 쓰레기를 청소하는 것이다. 그러면 언젠가는 자신이 더 이상 가라앉지 않고 있다는 것을 깨닫게 될 것이다. 당신은 망망한 허공 속을 맴도는 한 떠돌이별 위에 앉아 있다. 그것이 우리의 실상이다. 토성 무인탐사선 카시니(Cassini)가 200만 마일 밖에서 지구를 찍은 사진을 보내왔다. 지구는 깜깜한 허공 속의 먼지 같은 한 점에 불과하다. 그 무수한 별들 중에서도 가장 멋진 행성에 떨어졌는데 어찌 평안하지 않을 수가 있을까? 과학자들이 우주 망원경으로 샅샅이 뒤져 봤지만 이 놀라운 행성 지구와 비슷하기라도 한 것은 어디서도 찾을 수가 없었다. 말하자면 당신은 복권에 당첨된 것이다! 당신은 언제나 흥분과 도전과 성장의 기회를 선사해 주는 이 놀라운 행성 위에 떨어진 것이다. 거기에는 온갖 색깔과 형상과 소리가 있다. 이 행성은 믿기지 않도록 놀랍다. 그런데 당신은 뭘 하고 있는가? 당신은 괴로워하고 있다. 당신을 괴롭게 만드는 것은 이 행성이 아니다. 당신이 그 안에 품고 있는 것들 때문이다.

그러니 논리적인 의문은 이것으로 귀결된다. 당신은 왜 그 모든 덩어리를 그 안에 담아 두고 있는가? 그리고 그 덩어리를 그 안에 저장해 둘 거라면 왜 그걸 좀 더 멋진 덩어리로 만들려고 하지는 않는가? 사람들은 취미로 온갖 물건을 수집한다. 어떤 이들은 숟가락을, 혹은 찻잔을, 아니면 우표를, 또 아니면 동전을 전 세계에서 찾아 모은다. 당신은 취미생활을 위해 비상한 생각을 떠올렸다. 나쁜 경험을 수집하자. 그게 당신이 한 짓이다. "난 내가 겪어 본 모든 나쁜 경험들을 수집해서 그것이 평생 날 괴롭힐 수 있도록 이 안에다 보관해 놓을 테야." 이것이 어찌 좋은 일이 될 수 있겠는가? 계속 그렇게 하면 당신은 나쁜 경험을 더욱 더 많이 끌어 모을 것이고 당신의 삶은 날이 갈수록 그 무게에 짓눌릴 것이다.

당신은 정말로 자신의 삶을 그토록 힘들게 만들 작정인가? 본질적으로 당신은 스스로 불행을 불러들이고 있고, 그러고는 밖으로 나가서 세상이 어떻게든 당신을 행복하게 만들어 줘야 한다고 억지를 부리고 있다. 당신이 그 안에서 자신을 불행하게 만들고 있는데 세상이 당신을 행복하게 만들어 줄 수는 없다. 단순한 얘기다. 당신이 고통의 근원을 놓아 보내는 작업을 해야만 한다. 영적인 길은 언제나 자신을 놓아 보내는 일에 관한 것이다. 그리고 그것은 갇혀 있는 에너지를 처리하는 것을 뜻한다.

내부에 갇힌 에너지는 쌓이고 쌓여서 당신이 처리하지 않는다면 풀려나올 구멍을 찾아낸다. 그것은 분노나 말다툼이나 몸싸움, 혹은 걷잡을 수 없는 돌출 행동으로 풀려나올 수도 있다. 이처럼 무의식중에 에너지가 풀려나게 두면 당신에게는 그것을 지배할 힘이 없다. 에너지는 삼스카라가 택하는 대로 가장 저항 없는 길을 따라 흘러갈 것이다. 그것을 그냥 내버려 두면 통제되지 않은 에너지는 다음에도 쉽게 흘러갈 수 있도록 당신의 내부에 골을 파서 물길을 낼 것이다. 그런 에너지 흐름은 하나의 습관이 된다. '지배력을 잃은' 당신은 외부에 나가서 하게 될지도 모를 언행으로써 건강하지 못한 삶을 초래할 뿐만 아니라 같은 식으로 또다시 지배력을 잃어버릴 위험성을 더욱 높여 놓는다. 이것은 온갖 골치 아픈 문제를 불러올 수 있다. 당신이 내면에서 지배력을 잃어버리는 순간, 말썽이 일어난다. 이치는 너무나 단순하다.

에너지가 갇히는 과정을 이해하고 그 에너지를 표현해 내면 우리는 자신의 과거의 행동에 대해서만이 아니라 타인에 대해서도 연민을 품게 된다. 연민이란 사람이 그렇게 행동하는 근본 원인을 이해하는 것이다. 사람들은 내면에 갇힌 에너지를 다루지 못하여 어려움을 겪는다. 그리고 대부분의 경우 그 에너지를 더 높은 차원으로 흘려보내는 법은 배운 적이 없다. 우리의 존재에는 더 높은 차원이 있다. 그리고 저 낮은 차원의 에너지는 높은 차원으로 끌어올려질 수 있다. 당신은 내부의 에너지가 스스로를 방출하도록 내버려 두는 대신 훨씬 더 높은 차원에서 그것을 다루는 법을 배울 수 있다. 그것을 억눌러야 한다는 뜻이 아니다. 당신의 선택은 방출 아니면 억압으로 한정되어 있다. 곧 논하게 될 테지만, 제3의 선택인 전환이 있다. 그것이야말로 진정한 영성이 들어서는 곳이다.

36

에너지의 전환

억압은 내부의 에너지를 가두어 놓는다. 소통되지 않는 표현은 그 힘이 낭비된다. 에너지를 가장 차원 높게 사용하는 법은 전환 (transmutation)이다. 대부분의 사람들이 에너지의 전환에 관해서는 아무것도 모르고 있지만, 이것이야말로 영성의 핵심이다. 지금 당신 본연의 에너지 흐름은 삼스카라에 의해 낮은 에너지 중추들 속에 갇혀 있다. 그 에너지가 풀려나오려고 하면 당신은 그것을 도로 억누르거나, 아니면 증기처럼 밖으로 분출되도록 내버려 둔다. 길게 보면 이런 외적 방출은 아무것도 해결해 주지 못한다. 그 에너지는 돌아와서 당신의 장애물 뒤에 다시 쌓일 뿐이다. 에너지의 방출은 일시적인 미봉책이다. 왜냐하면 에너지가 갇혀 있게 하는 원인이 해소되지 않았기 때문이다.

에너지가 올라오려고 할 때 그것을 그 흐름을 가로막고 있는 장애물을 제거할 기회로 여긴다면 어떨까? 에너지는 삼스카라를 밀쳐 내어서 그것을 풀어놓으려고 할 것이다. 문제는 그 장애물이 고통과 함께 저장되어 있었다면 고통과 함께 다시 돌아오리라는 것이다. 경험을 다루어 낼 수가 없어서 다시 억누르거나 잠시 숨을 돌리기 위해 밖으로 방출하는 대신, 깊은 차원에서 힘을 빼고 풀어내면 장애물이 저항 없이 지나가도록 놓아둘 수 있다. 이것이 '에너지 전환'이 의미하는 것이다. 그것은 올라오는 에너지가 장애물을 말끔히 쓸어 내게 함으로써 그 힘을 긍정적으로 이용한다.

이것이 내부의 에너지를 가장 차원 높게 다루는 방식이다. 그것을 영적 성장을 위해 이용하는 것 말이다. 내부의 에너지를 당신을 가두어 놓는 장애물을 놓아 보내는 데에 이용하라. 고통과 괴로움을 가져오는 것은 그런 장애물들이다. 장애물은 당신을 특정한 조건에서만 평안해질 수 있게 허용해 줄 뿐이다. 이것이 삶에 대한 불편과 불안과 두려움을 만들어 낸다. 그 불편함 때문에 사람들은 온갖 잡다한 것을 추구해 보지만 그것은 더 많은 혼란을 불러올 뿐이다. 혼란과 일시적 해소라는 이 쳇바퀴 돌기에 대해서는 우리 모두가 잘 알고 있다. 이제 당신은 그보다 훨씬 더 높은 삶의 길이 있음을 안다. 기꺼운 마음으로 장애물을 놓아 보내면 시간과 함께 에너지는 상승하여 빠져나갈 길을 찾을 것이다. 그것은 길을 가로막고 있던 삼스카라를 쓸어 내고, 그러고 나면 당신은 자신이 이전에 어떤 상태였는지를 기억조차 못하게 될 것이다. 특히나 자신이 주변 사람들을 이전에 어떻게 대했는지는 떠올리기가 힘들어진다. 과거로 돌아가서 "정말 죄송합니다. 제가 정신이 없었어요." 하고 말하고 싶어질 것이다. 당신은 자신이 '그 안에서' 좀 더 편안해지기 위해서 얼마나 교묘하게 인간관계를 이용해 왔는지를 깨닫게 될 것이다. 장애물이 청소되기 시작하면 에너지는 가슴속으로 들어올 길을 찾아내고, 당신을 위로하고 붙들어 줄 것이다. 인간관계는 자연스럽게 사랑과 관심과 타인을 위한 봉사로 변해 갈 것이다. 그것은 더 이상 필요의 만족이나 통제를 위한 것이 아니다. 이것이 에너지가 당신 안에서 자유롭게 솟아오를 때 일어나는 일이다.

장애물을 놓아 보내면 에너지는 절로 위로 솟아오른다. 그것과 더 이상 싸울 필요가 없어진다. 에너지는 상승하고 싶어 한다. 늘 명심하라. 에너지는 상승을 원한다. 거기에 어떤 강제력도 가할 필요가 없다. 에너지가 자유롭게 솟아오르도록 놔두는 것이 장기적인 영적 성장을 위해 최선이다. 장애물이 제거되고 나면 당신은 끊임없이 상승하는 에너지의 흐름을 느끼게 될 것이다. 당신은 샥티가 너무나 아름다운 것을 표현하고자 한다는 것을 마침내 깨닫고 숨을 멈출 것이다. 당신은 '모든 이해를 넘어서는(빌립보서 4장 7절)'

평화를 깨닫기 시작할 것이다. 아무것도 필요가 없어진다. 당신 본연의 상태는 너무나 아름답다. 당신은 그 자체로서 온전하고 완전하다. 이것은 오직 당신이 얼마나 기꺼이 에너지를 다루는 이 수행을 하고자 하는가에 달려 있다. 실제로 수행을 하면 샥티는 더욱더 높이 상승하여 높은 에너지 중추들에서 흘러나오는 환희의 샘물이 된다. 그러면 세상과 당신의 관계는 송두리째 변하여 매우 아름다워진다. 당신이 외부에서 얻으려고 애썼던 것들이 이제는 안에서 절로 일구어 내어지고 있다. 당신은 사랑과 황홀경으로 가득차 있게 된다. 그리스도는 이것을 이렇게 묘사했다. "사람이 빵으로만 살 것이 아니요, 하나님의 입에서 나오는 말씀으로 살 것이라(마태복음 4장 4절)." 당신은 내면으로부터 넘쳐나는 영속적인 에너지의 흐름을 지니게 된다.

내부의 에너지 흐름을 전환시키는 것이야말로 세상의 모든 괴로움에 대한 답이다. 사람들이 내면의 온전함을 느끼고 깊은 사랑과 평화의 지속적인 흐름에 넘쳐 있다면 서로 싸울 일이 없을 것이다. 제 안에서 스스로 만족한다면 무슨 이유로 다른 사람을 해치고 빼앗고 죽이겠는가? 사람들을 밖에서 몸부림치도록 몰아내는 것은 내부의 몸부림뿐이다. 그것이 우리가 그토록 수많은 규율과 법을 필요로 하는 유일한 이유다. 그냥 내버려 두면 사람들은 내부의 혼란과 싸우면서 온갖 말썽을 일으킨다. 우리 안에는 그보다 훨씬 더 높은 무엇이 있는데, 그것은 다름 아닌 우리 본연의 상태다. 당신은 아름다운 존재다. 실로 경외를 불러일으키는 존재다. 하지만 당신이 평안하지 못하면 그 아름다움을 비추어 내지 못한다. 당신이 아무리 아름답더라도 물에 빠지지 않으려는 노력을 하지 않는다면 그리 아름답게 보이지 않을 것이다. 몸부림을 영원히 멈추려거든 장애물을 놓아 보내는 수행을 하라.

영적인 존재는 삶을 이렇게 바라본다. '나는 잠시 지구별로 내려왔고 이것이 내가 해야 할 경험들이다. 힘들긴 했지만 나는 겪어 냈고, 그 덕분에 더 나아졌다.' 그는 자신의 문제를 억눌러 놓아 그것이 삶의 밑바탕이 되도록 내버려 두지 않는다. 과거의 문제는 당신의 성장을 돕기 위해 일어난 무수한 일들 중의 하나일 뿐이다. 그게 왜 일어났는지는 알 필요가 없다. 카르마의 관점에서 그 원인과 결과를 분석할 필요도 없다. 날마다 온갖 일이 일어나고 당신은 그것이 왜 일어나는지를 알지 못한다. 그럼에도 그것을 편안히 다루어 낸다. 어떤 일을 편안하게 감당해 내지 못할 때만 당신은 그것을 이해하려고 애쓴다. 이해는 합리화를 위한 버팀목이 된다. 어떤 사건을 자신의 관념적 모델에 끼워 맞추지 못할 때, 마음은 그것이 왜 일어났는지를 알아야겠노라고 우긴다. 우선은 현실을 받아들이는 편이 낫다. 그런 다음 건설적인 방법으로 대처해 가라.

당신은 참나다. 당신은 자기 앞을 지나쳐 가는 모든 것을 지켜보는 의식이다. 당신은 그 안 깊숙이 자리 잡고 있고, 그 안의 어떤 것도 당신보다 힘세지 않다. 당신은 자유의지를 지니고 있다. 과거의 사건들이 남은 생을 난장판으로 만들도록 버려두지 말고 이미 일어난 일을 받아들이는 데에 그 자유의지를 사용하라. 자신을 삼스카라에서 해방시키라. 갇혀 있는 에너지 흐름을 강력한 영적 힘으로 전환시키라.

결의의 힘

진정으로 원하기만 한다면 당신은 매우 깊은 차원에서 놓아 보낼 수 있다. 그것은 능력의 문제가 아니다. 결의가 얼마나 강한가에 달려 있다. 내면의 수행은 외부의 작업과 다르다. 외부세계에는 물리적 제약으로 인해 이루어 낼 수 없는 일들이 존재한다. 아무리 애써도 산을 옮기거나 빛의 속도로 달릴 수는 없다. 당신은 물리적 제약을 받는다. 그러나 내부에는 그런 제약이 없다. 참나에게는 물리적인 성질이 없기 때문이다. 당신은 순수한 의식이며, 당신의 의지는 마음과 감정에 대한 완전한 지배력을 지니고 있다.

이미 살펴보았듯이, 대부분의 생각과 감정은 당신이 내부에 저장해 놓은 장애물로 인해 생겨난다. 이 장애물은 당신의 것이고,

따라서 당신은 원한다면 언제든지 그것을 놓아 보낼 수 있다. 다시 말하지만 문제는 그것이 고통과 함께 저장되었기 때문에 풀려날 때도 고통스러우리라는 것이다. 이것이 결의의 강도가 중요해지는 대목이다. 당신은 불편을 피하기보다 깊고 아름다운 삶을 마음껏 누리기를 더 원하는가? 많은 약물중독자들이 금단의 고통을 참아낸 끝에 자신의 삶을 되찾았다. 그것은 오래된 격언을 상기시킨다. 뜻이 있는 곳에 길이 있다. 당신은 장애물을 놓아 보낼 수 있다. 진정으로 원한다면 말이다. 가장 만족스러운 애정관계와 영원한 행복과 신과 동행하는 영원한 느낌을 갖기 위해서라면 당신은 무엇을 기꺼이 감수하겠는가? 당신은 어떻게 대답하겠는가? "난 너무 바빠. 그리고 어떤 불편도 감수하기 싫어"라고 말하겠는가? 아니면 도전을 받아들이고 이렇게 말하겠는가? "뭐든지. 그런 상태에서 영원히 살 수 있다면 어떤 일이라도 감수하겠어." 다행히도 당신은 그럴 능력을 가지고 있다. 그건 능력의 문제가 아니다. 다만 해방으로 가는 깊은 영적 여행을 해내고자 하는 강한 결의가 있는지의 문제다.

의지는 근육과도 같다. 그것은 훈련으로 단련된다. 이렇게 말하기를 훈련하라. "이 안에서는 내가 대장이다. 이것은 내 집이다. 이 안에 살고 있는 것은 나뿐이다. 그리고 나는 이곳을 살기 좋은 곳으로 만들 권리가 있다." 내면에서 통제 욕구에 날뛰는 독재자가 되라는 말이 아니다. 내맡기기를 배우라는 말이다. 내맡긴다는 것은 억누르기가 아니다. 통제하기도 아니다. 그것은 약한 마음을 놓아 보내라는 것이고 당신의 결의를 밀고 나갈 수 있도록 각오를 다지라는 것이다. 내맡김은 내부에 갇혀 있는 모든 것을 처리하여 지나가게 하는 것이다. 과거의 사건에 굳이 저항했던 것은 당신임을 명심하라. 그것이 삼스카라가 저장되게 만들었다. 이제는 힘 빼고 풀어내기를 배워서 그 장애물을 청소하지 않겠는가? 그리하여 내부의 에너지가 그 본성대로 아름답게 흐르는 것을 경험할 수 있도록 말이다.

내부의 장애물을 놓아 보내는 수행을 하면 당신은 고양된 내적 상태에서 살게 될 뿐만 아니라 지구에 하나의 축복이 될 것이다. 어디를 가든, 무엇을 하든, 당신은 다른 이들에게 축복의 빛이 될 것이다. 날마다 이 과정을 지켜나가면 당신은 그곳에 도달할 것이다. 따로 시간을 정해 자신이 누구인지를 스스로 상기하고 내부를 청소하는 작업을 하리라는 자신의 결의를 다짐하라. 아침과 저녁의 수행이 이 과정을 도와줄 것이다. 많은 시간이 필요하지는 않다. 편안히 이완하여 놓아 보내고 중심자리로 돌아올 시간만 있으면 된다. 그리고 잊지 말고 일상 속의 매 순간을 장애물을 놓아 보내는 데에 활용하라. 이렇게 하면 나머지 일은 절로 일어날 것이다. 그것은 당연히 일어나게 될 자연스러운 과정이다.

늘 기억하라. 당신을 자기 자신으로부터 해방하는 것은 영적인 일이다. 샥티는 해방되기를 원하는데 당신이 그것을 가로막고 있다. 샥티가 장애물을 밀고 올라오기 시작하면 당신은 그것을 도로 밀어넣으려는 습성을 보일 것이다. 샥티의 불 속에서 사는 것은 편안하지 않기 때문이다. 당신은 그 안에 과거의 혼란을 저장해 놓았고, 그것이 휘저어지는 것은 좋은 느낌이 아니다. 누군가가 당신에게 얘기를 하고 있다고 상상해 보라. 당신은 그 대화에 대해 자신감과 힘을 느끼고 있다. 그런데 갑자기 그가 당신의 장애물을 건드리는 말을 하면 당신은 발밑이 무너지듯이 기운이 쏙 빠지는 기분을 느낀다. 열성적인 수행자라면 당신은 그 상황을 성장을 위한 좋은 기회로 이용한다. 그것은 상대방과 언쟁을 벌일 시간이 아니다. 영적으로 성장해 갈 시간이다. 고요히 중심을 잡은 채 속으로 물으라. '내 안에서 무슨 일이 일어나고 있지? 어떤 장애물이 건드려져서 이런 에너지 전환이 일어난 걸까?' 그런 다음 이 상황을 성장의 기회로 이용하기 위해 힘을 빼고 에너지가 장애물을 밀고 올라오도록 허용하라. 그 과정에 끼어들지 않는 것 외에는 아무것도 할 일이 없다. 샥티가 밀고 올라오는 자신의 일을 할 것이다. 당신은 놓아 보내는 당신의 일을 하면 된다.

상황이 일어나는 순간 잊지 않고 해낼 수 있도록, 아침마다 자신의 결의를 상기하는 연습을 하라. "오늘의 목표는 장애물을 놓아 보내어 영적으로 진화해 가는 것이다." 그리고 날마다 저녁에는 이렇게 말하라. "오늘의 목표는 장애물을 놓아 보내어 영적으로 진화해 가는 것이었다." 일어난 일에 대해 결코 불평하지 말라. 그저 속으로 그날의 사건들을 놓아 보내어 그것이 삼스카라를 남기지 않도록 하라. 그 안에 아무것도 갇혀서 남아 있지 않게 하라. 이일에 익숙해지면 당신은 하루 종일 계속 놓아 보내는 법을 터득하게 될 것이다. 모든 만남에 최선을 다하고 그것을 놓아 보내라. 무엇이 일어나고 있는지를 늘 알아차리라. 당신은 그 안에 있고, 에너지가 전환되게 만드는 어떤 일이 일어나고 있다. 당신의 습성은 그것이 마음에 안 들면 밀쳐 내고 마음에 들면 붙잡는 것이다. 마치 그 안에 손이 있어서 당신이 그 손으로 내부의 경험을 통제하려고 애쓰고 있는 것 같다. 내맡긴다는 것은 그것을 하지 않는다는 뜻이다. 그것이 그 말이 뜻하는 전부다. 즉, 에너지가 바뀔 때 당신은 준비된 마음으로 의지를 가다듬고 의식의 자리에 앉아서 그것을 그저 놓아 보내줄 수 있다는 뜻이다.

에너지에 대한 당신의 반응은 담배를 끊는 등, 습관을 바꾸기로 할 때와도 비슷하다. 당신은 습관으로 돌아오려고 하는 습성을 느낄 것이다. 그것은 마치 자석이 당기는 느낌과도 같다. 장애물이 건드려질 때도 같은 일이 일어난다. 그것은 그 안으로 당신을 끌어당기는 인력을 가지고 있다. 그것을 알아차리고 지켜보아야 한다.

그것이 당신을 계속 끌어당기는 것을 알아차려야 한다. 때로 그것은 당신을 혼자 내버려 두지 않고 끌고 갈 것이다. 괜찮다. 그저 힘을 더 빼라. 그것은 전적으로 힘을 빼는 일에 관한 문제다. 의지력을 동원하여 힘을 빼고 있으면 당신은 내부의 손으로 에너지를 밀쳐 내거나 붙잡을 수가 없다.

이 이야기들이 기억에 떠오르는 때가 올 것이다. 안에서 뭔가가 깨어나서 우리가 여태껏 이야기해 온 것을 그냥 알게 될 것이다. 에너지가 당신을 끌어당기는 것을 지켜보면서 놓아 보내려 할 것이다. 실제로 어떤 일이 일어나고 있는지를 처음으로 깨달을 것이다. 당신은 자신과 씨름을 하고 있다. 당신은 그 씨름의 양편에 다 속해 있다. 당신의 한 부분은 놓아 보내려고 하고, 다른 한 부분은 에너지의 인력에 끌려가고 싶어 한다. 오래된 습관적 에너지 흐름을 진정으로 놓아 보내기로 마음먹으면 그에 필요한 모든 힘이 내부에 있음을 깨닫게 될 것이다. 그 안에 살고 있는 것은 당신뿐이다. 당신은 그저 깊이 힘을 빼고 자신과 싸우기를 멈추기만 하면 된다. 그 때 놀라운 일이 일어날 것이다. 당신을 아래로, 밖으로 끌어당기고 있던 모든 에너지가 방향을 바꾼다. 그것은 당신을 안으로, 위로 끌어당긴다. 이것이 에너지의 전환이고, 실제로 일어나는 일이다. 해방이 당신 삶의 의미가 되면 이 내면의 과정은 눈에 띄게 도약할 것이다. 당신의 중심 잡힌 결의가 삼스카라가 일으키는 그 어떤 습관적인 에너지 흐름보다도 강하다는 것을 알고 나면 당신은 그 안, 의식의 자리에 고요히 앉아서 정화의 과정이 스스로 일어나도록 내버려 두게 될 것이다. 날마다 매 순간, 당신은 위대한 자신의 존재를 탐사할 기회를 가질 것이다.

이처럼 놓아 보내는 것은 몸부림도, 통제 행위도 아니다. 그것은 그보다 훨씬 섬세하고 미묘하다. 이 비유가 어쩌면 도움이 될 것이다. 당신이 줄다리기를 하고 있다고 상상하라. 당신은 혼자서 밧줄 한 쪽에 있고 반대쪽에는 한 팀의 축구 대표 선수들이 있다. 큰일이다. 축구팀은 너무나 강력하다. 당신은 발꿈치를 땅에 단단히 박는 법, 체중을 최대한 싣는 법 등, 줄다리기에서 버티는 모든 비법을 다 배웠다. 하지만 그 모든 기술을 다 동원해도 먹히지 않는다.

그때 갑자기 영화 〈스타 워즈〉의 위대한 스승 요다가 나타나 코치를 해 준다(그는 모든 사람을 루크라고 부른다).

요다 : 루크, 넌 요령을 모르는군. 놓아 보내. 놓아 보내라, 루크.

루크 : 놓아 보내라니요, 무슨 말이에요? 놓아 보내면 이 엄청난 포스가 저를 당겨서 땅속에 처박히게 만들 텐데요?

요다 : 놓아 보내야만 한다.

루크 : 무슨 말씀인지 모르겠어요. 이 엄청난 포스가 절 끌어당기고 있는데 어떻게 그냥 놓아 보낼 수가 있죠?

요다 : 손아귀에서 힘을 빼, 루크. 손을 놓으라구.

루크 : 아뇨. 손도, 발도, 다리도, 자세도. 그건 이 게임을 끝장내는

방법인데요?

요다 : 그럼, 끝나지 루크, 손만 놓으면.

과연 그렇다. 줄다리기를 하다가 손을 놓으면 싸움은 즉시 끝날 것이다. 밧줄도 없고 당기는 힘도 없다. 끌어당기는 힘이 아무리 세더라도 손을 놓아 버리면 집에 가서 점심을 먹을 수 있다. 그게 애초부터 당신이 정말로 원했던 것의 전부다. 누가 축구팀을 전부 집으로 데리고 가라고 했는가? 그저 힘 빼고 놓아 보내라. 그러면 그 모든 몸부림이 끝난다. 그것이 바로 내맡김이란 것이다. 당신은 그 안에 있고 에너지가 당신을 그 속으로 끌어당기고 있다. 제발 맞서 싸우지 말라. 그저 내부의 손에서 힘을 빼고 놓아 보내라. 이것이 마치 선문답처럼 들리더라도 괜찮다. 선문답이 맞으니까. 당신은 강해야 할 필요가 없다. 지혜로워지기만 하면 된다. 당신이 그저 힘을 빼고 놓아 보내 버리면 갇혀 있는 에너지는 당신을 아무 데도 데려갈 수 없다.

시간이 지나면 당신은 폭풍의 난장판 뒤에 있는 내면의 자리를 발견할 것이다. 당신은 그저 힘을 빼고 그 자리로 물러나 앉아 있을 수 있다. 이곳이 당신이 앉아서 내부의 난장판을 지켜보는 자리

이다. 그리고 그 자리는 흔들림 없이 고요하고 그 어떤 폭풍의 손길도 미치지 않는다. 그것이 참나의 자리이다. 참나에게로 돌아가는 길을 찾지 말라. 그저 떠나지만 말라. 이것을 명심하고 부단히 수행하면 당신은 언제나 당신만을 기다리고 있는 내면의 아름다운 경지를 발견할 것이다. 그곳은 편안히 쉴 곳이다. 당신이 해야 할 일은 오로지 끊임없이 놓아 보내는 것뿐이다. 이것이 내맡김의 삶이다.

38 더 높은 경지

더 이상 그 안에서 물속으로 가라앉지 않게 되면 당신에게는 완전히 다른 삶이 펼쳐질 수 있다. 이제 우리는 당신이 누구인지, 그 안이 어떻게 변할 수 있는지에 대한 이야기를 시작할 수 있게 되었다. 장애물들이 놓여나면 에너지는 장애물을 우회해야 하는 번거로움에서 해방된다. 당신은 갈수록 더 큰 행복감과 더 높아진 차원의 느낌을 느끼기 시작한다. 특별히 멋진 경험을 했거나 정말 좋은 날을 보냈을 때 느꼈던 것과 같은 기분이 느껴지기 시작한다. 하지만 이번에는 아무런 특별한 일도 일어나고 있지 않다. 단지 안에서 계속 더 높이높이 상승하며 기분을 고양시키는 에너지를 느끼고 있다. 당신은 그저 하늘이 푸르러서 사랑을 느낀다. 이전에는 그

정도로 압도되려면 애인과의 특별한 순간이 필요했는데 말이다. 일어나고 있는 모든 일이 내부로 들어오고, 당신은 훨씬 더 풍부하고 깊은 차원에서 그 모두를 느낀다. 이것은 당신이 더 열려 있고 더 수용적으로 변했기 때문이다. 해결하려고 애쓰던 불만이나 문제가 이제는 없다. 내부의 그 모든 난장판이 사라지고 당신은 더욱 온전하고 완전해진 느낌이어서, 외부로부터 필요한 게 아무것도 없어졌다. 당신은 필요라는 것을 완전히 다른 시야로 바라보기 시작한다.

　예전에 당신은 필요를 충족시키는 것을 최우선으로 여겼다. 현대인들의 대부분의 요구는 생리적인 것보다는 심리적인 것이다. 심리적인 요구는 사실 부자연스러운 것이다. 그것은 뭔가가 결핍되었거나 잘못되었음을 시사한다. 내면에서 온전함과 완전함을 느끼고 있다면 심리적인 요구는 생기지 않는다. 심리적 요구는 장애물에서 생겨나온다. 에너지가 해방되고 나면 당신이 느끼는 것은 사랑과 기쁨과 열정뿐이다. 이것들은 단지 상승하는 에너지를 가리키는 다른 이름들일 뿐이다. 가장 순수한 의미에서, 이 상승하는 에너지 흐름은 감정과는 다르다. 감정은 가슴에서 방출되어 당신을 그 진동 속으로 끌어들인다. 열정은 내부에서 위로 솟아나는 것이다. 그것은 전반적이고 자발적인 상승 에너지의 흐름이다. 사실 그것은 해방된 샥티다.

내부의 에너지가 해방되면 당신은 다른 누구에게서도 에너지를 얻을 필요가 없다. 내면에 너무나 많은 에너지가 넘치는 것이 이해가 안 될 정도다. 당신도 때로 정말 좋아하는 일이 일어났을 때 갑자기 내부에서 에너지가 터져 나오는 것을 경험해 본 적이 분명히 있을 것이다. 그것은 얼마나 지속되던가? 아주 잠시뿐이다. 일이 잘 안 풀려서 우울해하고 있는 자신을 상상해 보라. 그때 어떤 일이 일어난다. 어쩌면 당신을 웃으며 재잘거리게 만드는 전화 통화일 수도 있다. 그것이 당신의 에너지가 흐르게 만든다. 에너지는 늘 거기에 있었다. 하지만 전화 통화가 당신이 좋아하는 어떤 것과 맞아떨어지는 바람에 당신이 마음을 열게 된 것이다. 장애물이 잠시 동안 길을 비켜 주었고 이 모든 에너지가 상승하여 흘렀다. 사실은 장애물이 길을 막고 있지 않았다면 마음을 여는 데 전화 통화가 필요하지도 않았을 것이다. 이 때문에 장애물을 놓아 보내는 내면의 수행을 하는 것이다.

장애물이 놓여나면 에너지는 당신을 더욱더 높은 상태로 데려간다. 그 높은 상태란 것이 무엇인지는 당신도 이미 알고 있다. 더 높은 상태란 사랑에 관련된 것이다. 그것은 당신의 직업이나, 그 밖에 당신이 하고 있는 모든 일을 실로 열정적으로 대하는 태도에 관련된 것이다. 높은 차원의 에너지는 아름답다. 그것은 낮은 차원의 에너지가 표현해 내는 것보다 훨씬 더 아름답다. 마음이 열리면 삶이란 더 이상 나쁘지 않은 상태를 찾아 헤매기가 아니다. 삶이란 갈수록 부풀어 커지고 있는 긍정적 상태를 받아들이는 일이 된다. 예전에는 성장이란 분노나 불안을 더 이상 느끼지 않는 것이었다. 이제 그것은 아침에 깨어날 때 일어나기가 힘들 정도로 물밀듯 밀려오는 사랑을 느끼는 것이다. 그다음 순간에는 일하러 가고 싶은 열정이 너무 강렬해져서 당신을 침대에서 끌어내고, 하루 종일 당신을 밀어붙인다. 에너지가 흐르고 있을 때 느껴지는 기분은 이와 같다.

대부분의 사람들은 삶이 이와 같이 될 수 있으리라고는 믿지 않는다. 그들은 일하러 가고 싶어지려면 완벽한 일자리를 얻어야만 한다고 생각한다. '완벽한 일자리'를 당신은 어떻게 정의하고 있는가? 당신은 그것을 '나를 열리게 만드는 일자리'라고 정의한다. 달리 말해서 당신의 장애물과 딱 맞아떨어져서 당신의 에너지가 흐를 수 있게 하는 그런 일자리 말이다. 문제는 같은 일자리가 당신의 장애물에 잘못 부딪히면 당신은 닫히고 말리라는 사실이다. 당신은 아직도 삼스카라가 당신의 삶을 끌고 다니도록 내버려 두고 있다. 그것은 좋은 일자리를 찾아내는 문제가 아니다. 현재의 일자리에서 열정이 솟아날 수 있도록, 장애물을 놓아 보내는 문제인 것이다.

아무리 높이 도달해도 당신은 언제나 그보다 훨씬 더 높이 도달할 수 있다. 슬픔을 알지 못하면 행복도 누릴 수 없다고 말하는 자들을 믿지 말라. 그것은 사실이 아니다. 아직도 장애물로 막혀 있을 때의 삶은 그렇다. 장애물이 제거되고 나면 당신은 에너지란 늘 그렇게 아름다운 것임을 깨닫게 될 것이다. 그것은 당신의 가슴과 마음과 내부의 모든 것을 위로 끌어올려 주는, 영원히 새롭게 상승하는 환희의 물결이다. 당신은 이전보다 더욱 깨어서 의식하고 있고, 하게 되는 모든 일에 아이와 같은 열정을 쏟아낼 것이다.

이미 그토록 만족스럽다면 뭔가를 하고자 하는 동기는 왜 생겨나는지가 궁금해질 것이다. 그토록 크나큰 사랑과 행복으로 이미 충만하다면 뭐하러 구태여 일자리를 찾는단 말인가? 애정관계조차도 말이다. 대답은 간단하다. 사랑은 자신을 표현하고 싶어 하고, 열정은 창조하고 싶어 한다. 에너지가 장애물에 막히지 않고 자유롭게 흐르고 있으면 개인적인 필요는 더 이상 당신의 동기가 되지 않는다. 당신의 행위는 삶에 대한 감사와 사랑의 표현이다. 당신의 온 생애는 봉사의 행위가 된다.

당신의 인간관계도 이웃 인간에 대한 봉사와 헌신의 행위가 된다. 당신은 인간관계로부터 아무것도 필요한 게 없다. 하지만 사랑은 자신을 표현하기를 좋아한다. 내부에서 엄청난 사랑이 끓고 있으면 사람들이 당신에게로 이끌려 올 것이다. 누구를 유혹하여 당신에게 관심을 가지게 하는 따위에 대해서는 궁리할 필요가 없다.

사람들은 빛에 이끌린다. 그것은 매우 자연스러운 일이다. 특별한 사람이 생기면 당신은 아무런 대가도 기대하지 않고 밤낮으로 그에게 사랑을 쏟아붓는다. 사랑은 매우 독특한 선물이다. 그것은 주는 사람과 받는 사람 모두에게 똑같이 아름답다.

내부가 평안해지면 삶은 너무나 단순해진다. 당신은 결과를 기대하고 무엇을 하지 않는다. 매 순간이 그 자체로서 온전하고 완전하다. 당신은 내부에서 흐르고 있는 영보다 더 신성한 것은 없어지는, 그런 상태에 도달한다. 혼란의 순간이 생길 수도 있다. 하지만 그에 대해 아무것도 할 필요가 없다. 그것은 왔다가 간다. 그리고 그것은 당신이 허락하지 않는 이상 당신의 에너지 흐름에 영향을 미치지 않는다. 당신은 이 내부의 에너지가 자신이 무엇을 하고 있는지를 알고 있다는 사실을 깨닫게 될 것이다. 그것은 아름다울 뿐만 아니라 지적이다. 당신이 허용하기만 하면 그것은 모든 것을 고쳐 준다. 상승하는 에너지는 당신을 대신해서 모든 내면의 작업을 해 준다. 당신의 유일한 할 일은 끼어들지 않는 것이다. 내맡기는 것이다.

그다음에는 또 무슨 일이 일어날지 더 깊이 들어가 보자. 내면을 흐르는 에너지는 너무나 아름다워서 당신의 의식은 절로 거기에 이끌린다. 이제 당신은 외부세계에서 느껴 보기를 갈망했던 모든 것을 내면에서 경험하고 있다. 당신은 이 영적인 에너지 흐름과 완전히 사랑에 빠진다. 내부가 에너지 흐름으로 충만해지면 외부의 삶도 평안해진다. 장애물이 청소되기 전에는, 평안을 위해서는 세상이 당신이 원하는 대로 굴러가야만 했다. 이것은 나날의 삶을 몸부림으로 만들어 놓았다. 충분히 놓아 보내어서 내부의 에너지가 자유롭게 흐르게 되면 그 몸부림이 그친다. 당신은 직접 경험을 통해, 자신이 이제껏 원했던 것이란 오로지 내부의 거침없는 에너지 흐름이었음을 깨닫는다. 그리고 싸움은 완전히 종식된다.

내부 에너지의 거침없는 흐름에 매혹되는 것은 실로 멋진 연애다. 실제로 성서도 이렇게 말한다. "너희는 네 주 하나님을 온 가슴과 온 영혼과 온 힘을 다하여 사랑하라(신명기 6장 5절)." 이제 당신이 그러고 있다. 이것이 구약성경 속의 궁극의 명령이다. 그리고 예수는 그것을 여러 번 말했다. '하나님을 사랑하는 법'에 대해서는 염려할 필요가 없다. 당신의 내면에 흐르고 있는 그것은 영이어서 당신은 절로 그것을 온 가슴으로 사랑한다. 당신은 높아지기를 좋아하는데 영은 궁극의 높음이다. 그것은 그 어떤 약물이 데려다 주는 곳보다도 더 높고, 당신이 가질 수 있는 그 어떤 관계보다도 더 높다. 당신이 멈추지 않는 한 그것이 가져오는 사랑과 기쁨은 결코 멈출 줄 모른다. 댐으로 막지 않는 한 그 강물은 당신 삶의 매 순간순간을 흘러갈 것이다. 하지만 당신은 이제 더 많은 것을 안다. 에너지가 자발적으로 흐르기 시작하면 당신은 그것을 건드리려 들지 않을 것이다. 그저 그것을 존중하고 받들고 감사히 음미한다. 그리고 계속 놓아 보낸다. "감사합니다." 이것이 당신의 유일한 기도가 된다. 감사합니다. 너무나 감사합니다.

이제 이 에너지가 당신의 내면을 흐르고 있으니, 그것이 남아 있는 장애물들을 모두 청소해 줄 것이다. 그것이 당장 일어나지는 않는다. 당신이 기꺼이 그것을 자연스럽게 놓여나게 해야 한다. 당신이 허락한다면 샥티가 그것을 밀어낼 것이다. 당신의 온 삶은 영적인 것이 되고, 영혼에 관한 것이 된다. 당신은 그 아름다운 에너지 흐름 속에서 편안히 쉬고, 그것이 당신으로 하여금 청소되어야 할 것을 놓아 보낼 수 있는 힘을 준다. 당신은 곧 이 여행의 매 순간을 즐기는 법을 배운다. 그것은 당신을 해방시켜 신께로 데려다준다.

상승하는 에너지의 흐름 속으로 편안히 들어설 때, 그것이 진정한 만족의 상태이다. 만족이란 게을러진다는 뜻이 아니다. 그것은 그 안에서 흔들리지 않고 있다는 뜻이다. 당신의 내면에서 일어나고 있는 것은 너무나 아름다워서 당신은 난생처음으로 완전한 평화를 느낀다. 아무것도 구하지 않는다. 바깥세상을 내다보면 당신은 거기에 있는 것들을 본다. 거기에 있기를 원하거나 원치 않는 것을 보는 것이 아니다. 외부의 경험이 당신 내면의 그 어떤 호불호도 자극하지 않는다. 그것은 그저 들어오고, 지나가고, 당신을 있던 그대로 두고 떠나간다. 황홀한 행복의 상태에 있는 당신을.

39

세상에서 살되
속하지는 말라

투명한 내면세계의 깊은 차원에 도달하면, 당신은 현실에 만족한
다는 것이 곧 현실로부터 도피해서 상종조차 하지 않는 것을 의미
하는 것은 아님을 알게 된다. 세상은 당신의 눈앞에 계속 나타나지
만 거기에 개인적인 것은 더 이상 없다. 그것은 단지 그 순간 당신
앞을 지나쳐 가는 창조계의 한 조각일 뿐이다. 현실은 더 이상 당
신을 괴롭히지 않는다. 거기에는 당신이 필요로 하는 것이 아무것
도 없기 때문이다. 현실은 그저 존재하고 있고, 당신도 그저 존재
하고 있다. 완벽한 조화와 함께. 당신 앞에 펼쳐지는 매 순간은 당
신의 봉사를 위한 기회로서 거기에 있다. 그 봉사란 그 순간을 감
사하고 음미하는 것과 같이 단순한 것이 될 수도 있고, 눈앞을 지

나는 순간의 에너지를 당신이 높여 주는 것이 될 수도 있다. 미소, 친절한 말, 도움의 손길—이 모두가 지나가는 에너지를 높여 주는 방법이다. 자신의 일을 최선의 능력을 다 바쳐서 하는 것, 가족을 돌보는 것, 공동체 사회에 기여하는 것— 이런 단순한 행위들도 다른 어떤 일과도 마찬가지로 우주에 봉사하는 것이다.

산책을 하고 있는데 길가에 휴지 조각이 떨어져 있다고 상상해 보자. 당신은 부조화를 느끼고 그것을 줍는다. 그것은 '해야 한다'거나 '하기로 되어 있는' 게 아니다. 당신은 그저 세상을 더 아름답게 만드는 예술가다. 당신의 마음이, '이것만 줍겠어, 보이는 쓰레기를 전부 다 주울 건 아니거든'이라고 말하지는 않는다. 이렇게 말하지도 않는다. '어떤 멍청이가 여기다 휴지를 버렸어? 이런 놈들이 세상을 망가뜨린다니까.' 아니다. 당신은 삶과 조화를 이루고 있는 하나의 자발적인 존재일 뿐이다. 당신은 그 행위로부터 바라는 대가가 없다. 그건 남의 인정이나 승인을 바라고 하는 행동이 아니다. 당신은 그저 내면에서 일어나고 있는 아름다운 에너지를 눈앞의 순간과 공유하지 않을 수 없는 것일 뿐이다. 당신 앞을 지나쳐 가는 낱낱의 순간이 당신으로 인해서 더 나아질 때, 그것이 당신이 살 수 있는 가장 고귀한 삶이다. 현재의 순간을 온 가슴과 영혼으로 받들어 모셔라. 모든 사람이 이렇게 한다면 세상이 어떻게 될지를 상상해 보라.

당신 앞에 나타나는 것을 높이 모시는 것으로 시작하라. 당신 앞에 놓인 것조차 모실 수 없다면 세상을 어떻게 변화시킬 수 있겠는가? 세상의 각박함에 그토록 분노하여 주변의 모든 사람들을 날카롭게 대한다면 당신은 아무도 돕고 있지 않는 것이다. 자신의 집안에서도 조화를 일구어 내지 못한다면 나라들이 서로에게 미사일을 쏜다고 비난할 낯이 있겠는가? 모든 사람이 그렇게 산다면 세상이 평화로워질, 그런 삶을 살아야 한다. 그렇게 할 수 없다면 당신은 문제의 일부이지 해결책의 일부가 아니다. 그것은 모두가 자신을 놓아 보내기에 관한 문제다. 세상은 들어올 것이고, 그것이 당신의 삼스카라를 건드릴 것이다. 그런 일이 일어날 때 당신이 안에서 일어나고 있다고 느끼는 그것은 그 건드림에 반응하는 에너지이다. 결코 그것을 근거로 행동하지 말라. 당신은 자기 내부의 장애물로써 주변을 어지럽히고 있을 뿐이다. 거기서는 어떤 좋은 것도 나올 수가 없다.

영적인 삶이란 주어진 어떤 규율을 받드는 것이 아니다. 영적 삶이란 결코 개인적인 에너지를 근거로 행동하지 않는 것이다. 처음부터 그렇게 할 수는 없을 테니, 수행을 하라. 에너지가 혼란되면 그저 놓아 보내라. 처음의 반응은 대체로 개인적인 덩어리가 올라오는 것일 것이다. 그것을 놓아 보내면 눈앞의 순간을 좀 더 건설적인 태도로 만날 수 있게 될 것이다. 그저 이렇게 자문하라. '이 순간에 봉사하기 위해 내가 할 수 있는 일이 있을까? 나를 위해서가 아니다. 나는 이미 나를 놓아 보냈다. 이제 나는 투명하여 반응하지 않으니 스쳐가는 이 순간을 드높이기 위해 내가 할 수 있는 일이 있을까?'

　개인적인 생각과 감정의 시끄러운 반응을 놓아 보내기를 배우고 나면 매사가 명료해질 것이다. 당신은 눈앞의 상황에 어떻게 대처해야 할지를 절로 알게 된다. 의식이 깨어서 그 자리에 있으면서 주의를 오롯이 기울이면 무엇을 해야 할지를 알게 된다. 당신 앞의 순간이 당신에게 이야기해 주고 있다. 그것이 꼭 말이라야 할 필요는 없다. 땅에 떨어진 종이, 도움을 필요로 하는 사람, 그 어떤 것이든 당신이 해야 할 반응은 분명해진다. 가장 심층의 진실은, 당신이 무엇을 하는가 하는 것조차도 사실은 중요하지 않다는 것이다. 중요한 것은 당신이 어디서 나오는가 하는 것, 당신의 동기이다. 당신의 동기가 자신을 놓아 보내고 눈앞의 순간을 높이 받들어 모시는 것이라면 당신은 크게 존경받을 만하다. 먼저 자신의 개인적인 장애물을 놓아 보내고, 그런 다음 눈앞에 있는 것을 최선을 다해 모시는 것이 삶의 동기와 목적의 전부인 그런 사람을 만나 보고 싶지 않은가? 그의 동기는 순수하므로 그른 행동을 할 수가 없다. 동기 자체가 순수하고 비개인적이면 그것은 결국 널리 빛을 퍼뜨릴 것이다.

당신의 동기가 순수한지를 확인하라. 그런 다음에는 뒤를 돌아보지 말라. 누가 당신의 행동을 비난한다면 그저 사과하고 놓아 보내라. 언제든지 기꺼이 배우라. 당신이 가능한 가장 높은 자리에서 나온다면 거기에는 죄의식도, 부끄러움도 없다. 당신이 할 수 있는 최선에서 비롯된 열매는 매우 신성한 것이다. 당신이 할 수 있는 최선으로부터 뭔가 끔찍한 것이 나온다면 그것을 가지라. 그것은 당신의 것이다. 그것이 당신을 가르치게 하라. 그것이 당신을 더 나은 사람으로 만들어 주게 하라. 그러면 다음에는 더 낫게 해낼 것이다. 부디 그 때문에 기분 상해하지 말라. 아무것도 심판하지 말라. 카르마가 쌓이고 일이 정말로 꼬이는 것은 당신이 최선을 다하지 않았을 때뿐이다. 개인적으로 동요되어서 거기에 휩쓸려 들어간 것이다.

　　놓아 보내기를 수행하라. 결국 당신은 경험하고 있는 그 어떤 일에도 흔들릴 수 없는 의식의 자리에 앉아 있는 자신을 발견하게 될 것이다. 당신을 충만하게 하고 높이 들어올려 주는 아름다운 에너지가 늘 함께할 것이다. 그에 이르면 더 이상은 방법도 없고 가르침도 없다. 거기서부터는 모든 것이 절로 일어난다. 이 아름다운 에너지는 분명히 어딘가에서 나오고 있는 것이리라는 직관이 떠오른다. 요가난다는 『영원의 속삭임(Whispers from Eternity, 1949. p.156)』에서 이렇게 썼다. '오, 내가 대체 어떻게 된 걸까? 취한 채로 또 취했구나! 끝없이 이어져 밀려오는, 형언할 수 없이 성스러운 도취감에!' 이 에너지는 어디서 나오고 있는 걸까? 당신은 그것을 하나의 흐름으로 느낀다. 마치 내면에서 밀려와 위로 솟아오르는 물결처럼. 이것은 말뿐인 이론이 아니라 실제다. 당신의 내면에는 샥티의 끊이지 않는 경험이, 위로 상승하여 흐르는 영혼의 끊이지 않는 경험이 있다. 그것은 어딘가에서 나오는 것이 틀림없다. 그 근원이 있어야만 한다. 이제 당신은 집으로 돌아가는 여정의 다음 단계를 떠날 준비가 되었다. 당신은 근원을 찾기 시작한다.

마음이 이 여행을 도와줄 수는 없다는 것을 당신은 금방 깨달을 것이다. 생각에 몰두하기만 하면 의식은 참나로부터 멀어지고 에너지의 흐름도 잦아든다. 이것은 분석과 철학의 여행이 아니다. 오로지 한 가지만이 에너지 흐름의 근원을 찾아낼 수 있다. 맑은 샘물의 근원을 찾아내려면 당신은 흐름을 향해 헤엄쳐 간다. 물결을 느끼면서 그 속으로 들어간다. 샥티의 흐름의 근원을 찾아낼 때도 마찬가지다. 당신의 의식은 그 흐름을 느끼고 그 속으로 녹아든다. 이것이 당신의 영적 수행의 전부가 된다. 이것이 내맡김, 진정한 내맡김이다.

지금까지 당신은 낮은 자아를 놓아 보냄으로써 내맡기기를 수행해 왔다. 내면의 높은 에너지 흐름을 느끼는 법을 배웠으니 이제는 거기에 자신을 내맡겨라. 이 마지막의 내맡김이 일어나기 전까지는 아직도 주체-대상의 경험이 남아 있다. 의식(주체)이 샥티의 흐름(대상)을 경험하고 있다. 그 흐름을 진정으로 알고 싶다면 그 속으로 뛰어들어 그것과 하나가 되어야 한다.

흐름과 하나가 된 상태에 다가가려면 당신의 그 분리된 느낌을 송두리째 내맡겨야만 한다. 에너지를 경험하는 것만으로는 충분하지 않다. 그 속으로 자신을 풀어놓아야만 한다. 놓아 보내는 동안 샥티의 흐름이 당신을 그 속으로 끌어당길 것이다. 그곳이 위대한 스승들이 간 곳이다. 산스크리트어로 요가란 '합일'을 뜻한다. 메허 바바는 자신이 최초로 깨달음의 높은 경지에 들어섰을 때 그것은 대양에 물 한 방울이 떨어진 것과도 같았다고 말했다. 그 물방울을 찾아보라. 찾을 수가 없다. 그것은 대양과 하나가 되어 버렸다. 그리스도는 "나와 하나님은 하나다(요한복음 10장 30절)"라고 말했다. 이 가르침도 똑같다. 이 에너지 흐름에서 자아의 느낌을 분리해 내기를 멈추면 에너지의 흐름은 당신을 그 속으로 끌어당기기 시작한다. 그리하여 당신은 그것과 하나가 된다. 요가난다는 그것을 내면에 흐르는 환희의 강이라 불렀다. 당신의 길은 그것을 찾아내고, 거기에 가서, 그 속으로 빠져드는 것이다. 이제 우리는 가장 높은 경지를 논하고 있다. 모든 사람이 이 경지를 성취할 수 있다.

우리가 어떻게 여기까지 왔는지를 기억하라. 우리는 장애물을 이 흐름 속으로 놓아 보냄으로써 여기까지 왔다. 높은 경지는 전적으로 자연스러운 경지지만, 그것을 찾으려고 애쓰지는 말아야 한다. 막아 놓고는 막히지 않은 상태란 어떤 것인지를 경험해 보려고 애쓰지 말라. 그저 막힌 것을 걷어 내라. 그러면 더 깊은 명상 상태가 너무나 자연스럽게 찾아올 것이다. 당신은 TV를 보면서 할 일을 생각하던 중에도 문득, 몇 시간이나 명상을 해도 도달할 수 없는 그런 경지에 빠져들 것이다. 당신은 샥티의 화신이 되고, 샥티는 당신을 자꾸만 자꾸만 황홀경 속으로 데려갈 것이다.

샥티의 흐름보다 더 아름다운 것은 아무것도 없다. 샥티는 당신을 너무나 충만하게 해 주어서, 당신은 다시는 샥티를 막지 않을 것이다. 어떤 일이 일어나서 자신을 방어하고 싶은 느낌이 일어나더라도 나서지 말라. 닫아 버리고 싶어 하는 당신의 부분을 먼저 놓아 보내라. 그런 다음에 외부의 것을 다루라. 매사를 당신과 깨달음 사이를 가로막고 있는 것들을 놓아 보내는 기회로 활용하라.

나날의 일상 속에서 낮은 가지에 달린 과일 따기부터 시작하고, 그다음에 당신의 과거를 놓아 보내는 단계로 나아가라. 이것이 전환이라 할 만한 것을 시작하기 위한 완벽한 방법이다. 스스로 지어 낸 혼란을 놓아 보내는 방법을 배우고 나면 불가피하게 그보다 더 큰 일이 일어날 것이다. 하지만 그간 행해 온 자기 수행 덕분에 당신은 더욱 도전적인 상황 속에서도 자연스럽게 놓아 보낼 수 있게 될 것이다. 달리 무엇을 할지를 궁리하느라 삶 속에 끔찍한 폭탄이 떨어질 때까지 지체하지 말라. 일상생활 속에서 자신을 놓아 보내는 수행을 해야 한다. 그러고 나서야 당신은 삶이 당신의 길 위에 가져다 놓는 것을 무엇이든지 다루어 낼 수 있게 될 것이다.

삶 속의 대부분의 일과 마찬가지로 이런 깊은 영적 상태에 이르는 데는 시간이 걸린다. 그저 내면의 수행을 해 나가라. 그러면 에너지가 흐르기 시작할 것이다. 내면에서 수문이 열리고 나면 당신은 상승을 위해 필요한 모든 도움을 받게 될 것이다. 당신은 이 길을 홀로 걷고 있는 게 아니다. 앞서 걸어갔던 모든 존재들이 당신을 끌어올려 주고 있다. 그저 계속 놓아 보내라. 어떤 일이 일어나든 상관 말고 계속 놓아 보내라. 이런 상태는 단번에 일어나서 계속 머물러 있지 않는다. 그것은 수시로 물처럼 밀려올 것이다. 뭔가가 열렸기 때문이다. 그게 다시 닫히더라도 문제없으니 걱정 말라. 당신은 아직도 해야 할 일이 있다. 그것을 부지런히 하라. 하지만 시간을 허용하라. 상승하는 흐름은 결코 당신을 떠나지 않을 것이다. 당신은 제 영혼(soul)을 아는 자, 영(spirit)을 아는 자가 될 것이다. 힘 빼고 더욱 깊은 상태 속으로 자신을 풀어놓을 수 있게 될 때, 당신은 마침내 깨어나 자신이 누구인지를 온전히 깨달을 것이다. 이것이 진정한 깨달음이다. 깨달음이란 영의 상태를 한번 맛본 경험이 아니다. 그것은 영으로써 영구적으로 존재하는 상태다.

아무리 깊은 경지까지 갔더라도 부디 깨달았노라고 떠들지 말라. 그 말은 삼가 위대한 스승들의 몫으로 남겨 두라. 그저 만족하라. 영적인 에고를 키우지 말라. 영성이란 '나는 영적인 사람이요' 하는 간판을 내거는 것이 아니라 그조차 놓아 보내는 것이다. 영성이란 자신을 완전히, 영원히 놓아 보내는 일이다. 중단 없이 놓아 보내면 에너지가 나서서 일을 맡을 것이다. 예전에 당신의 개인적인 자아가 자신을 드러내던 곳에서 이제는 샥티의 흐름 외에 아무것도 보이지 않을 것이다. 그 흐름에 자신을 내맡기라. 흐름에다 당신 삶을 내놓으라. 흐름 속으로 녹아들라. 그러면 그것이 당신을 데리고 남은 길을 갈 것이다. 이것이 최후의 내맡김이다.

이 가르침을 당신과 나누는 것은 매우 영광스러운 일이었다. 부디 이것이 한 번 읽고는 옛날의 삶으로 되돌아가 버리는, 그저 또 다른 한 권의 책이 되지 않게 해 달라. 이 수행을 하라. 그것은 삶을 등지라는 것이 아니다. 가장 깊은 차원에서 진정으로 삶을 경험하라는 것이다. 그 어떤 상황에서도 날마다 자신을 놓아 보내면 당신은 자신보다 더 큰 무엇을 발견할 것이다. 그것이 이 수행이 하는 일이다. 당신이 없는 곳에 신이 있다. 신이 있는 곳에 당신은 없다.

이제 그리스도께서 하늘의 왕국이 너희 안에 있다고 말한 이유를 이해하겠는가? 그것이 정확히 당신 존재의 본성이다. 당신의 높이는 머리로 헤아릴 수 없고, 당신은 이 수행을 해낼 완벽한 능력을 갖추고 있다. 계속 놓아 보낼수록 당신 내면의 상태는 더욱더 높이, 더 높이 상승할 것이다. 당신이 이 가르침에 관심을 가지고 있다는 사실 자체가 당신이 세상을 변화시켰다는 뜻이다. 자신을 해방시키는 수행을 하는 당신은 깊이 존경받을 만하다.

크나큰 사랑과 존경심으로,

마이클 A. 싱어

삶은 위대한 스승이다.

당신이 마음만 열면 낱낱의 상황이 다 당신에게 자신과 자기 앞에 펼쳐지고 있는 순간에 대해 뭔가를 가르쳐 준다. 『삶이 당신보다 더 잘 안다』를 쓰도록 이끌어 준 이 삶의 흐름에, 그 크나큰 가르침에 감사하는 것으로 이 글을 마무리한다. 또한 앞서 이 길을 걸어가서 나의 내면의 탐사를 인도해 줄 수 있었던 모든 지혜로운 존재들께도 감사를 올린다.

　나의 친구이자 프로젝트 매니저인 카렌 엔트너(Karen Entner)가 이 책을 위해 해 준 엄청난 작업을 높이 사며 겸허한 마음으로 감사를 드린다. 지칠 줄 모르고 헌신적으로 봉사하는 그녀는 이 세상에서 찾아보기 드문 책임감으로 이 작업을 완벽하게 마무리해 냈다.

　이 기회를 빌려서, 이 책이 나올 수 있도록 영혼을 쏟아 작업해 준 나의 출판사 New Harbinger Publication과 Sounds True에도 감사드린다. 두 출판사는 이 특별한 책의 기획과 마케팅과 배포 작업의 배후에서 각자의 큰 능력을 하나의 통일된 힘으로 빈틈없이 모아서 함께 일해 주었다.

초고를 검토해 준 많은 사람들께도 감사드린다. 그중에서도 초기 단계에서 세세한 의견을 제시해 주신 제임스 오데아, 밥 머릴, 스테파니 데이비스에게 따로 감사드린다.

마지막으로 자신과의 관계, 주변 세계와의 관계를 더욱 깊어지게 하는 일에 관심 있는 독자인 당신께 감사드리고 싶다. 그 안과 바깥에서 실로 무슨 일이 일어나고 있는지를 돌이켜 보는 이 일에 발 벗고 나선 당신에게는 세상을 변화시킬 권능이 있다.

마이클 A. 싱어

저자 마이클 싱어는 원래 경제학을 공부하던 20대의 평범한 대학생이었다. 여느 사람들과 마찬가지로 그의 머릿속에서도 나날의 삶에 대한 온갖 불만, 미래에 대한 불안, 끝없는 자기 의심을 쏟아내는 에고의 지껄임이 밤낮으로 쉼 없이 이어지고 있었다. 대학교 졸업을 앞두고 있던 어느 날, 그를 더 이상 평범하게 살 수 없게 만든 하나의 의문이 떠올랐다.

'마음속의 이 성가신 지껄임에 더 이상 귀를 기울이지 않고 삶이 가져다주는 것을 무엇이든 그저 오롯이 받아들인다면 어떻게 될까?' 그로부터 그의 일생에 걸친 실험이 시작되었다.

역자는 출판사에서 일하던 시절 해외의 신간을 찾아 아마존을 뒤지던 중에 그의 책 『상처받지 않는 영혼』을 처음 만났다. 당시에는 미국 시장에서 그리 주목받지 못하던 책이었지만 독자들의 이례적이고 한결같은 극찬에 이끌려서 들여다보니, 과연 내가 찾던 귀한 종류의 책이었고 반가이 번역하여 국내에 소개하게 되었다. 궁금한 마음에 이후로도 원서의 아마존 판매 추이를 계속 주시하고 있었는데, 이야말로 진정한 스테디셀러라고 할 수 있을 만큼 독자들의 입소문에만 의지하여 꾸준하고도 조용히 잔물결을 일으키고 있었다. 그러다가 급기야는 오프라 윈프리의 손에까지 들어가서 〈윈프리 쇼〉에 저자가 초대되었고, 그 이후로 저자는 세계적인 베스트셀러를 쓴 명사가 되었다.

마이클 싱어는 자신에 대해서는 거의 입을 닫고 있었는데, 2015년에 발표한 『될 일은 된다』에서 자신이 평생 벌여 온 '내맡기기 실험(surrender experiment)'의 흥미진진하고 놀라운 경험담을 자세히 술회함으로써 비로소 그가 어떻게 살아왔는지를 독자들도 알 수 있게 되었다. 저자의 책이 내가 찾던 귀한 책이 될 수 있었던 이유도 바로 거기에 있었다.

물질적 풍요의 이면에서 정신적 황폐를 겪고 있는 현대인들에게는 마음을 평화롭게 정화해 주는 내면의 작업이 절실히 필요하다. 소위 '명상'이라 불리는, 일상과 동떨어진 온갖 전문용어를 동원해야만 설명이 되던 그 작업은 최근까지도 정신세계의 '구도자'나 종교 '수도자' 들만의 전유물이었다. 출판사에서 일하면서 내가 찾았던 종류의 책은 그런 전문적인 내면의 작업을 삶과 밀착된 일상의 언어로 현대의 바쁜 생활인들에게 쉽게 안내해 줄 수 있는 책이었다.

어느 날 문득 떠오른 의문을 계기로 내면세계로 눈을 돌리기 시작했을 때, 저자는 사회 진출을 앞둔 미국의 평범한 대학생이었고,

이후로 그가 의지했던 스승은 오로지 책뿐이었다. 독자를 정신세계로 안내하는 그의 언어가 삶과 밀착되어 있어서 귀에 쏙쏙 들어오는 이유는 바로 이 때문이다. 또한 그는 케케묵고 말썽 많은 구루-제자 관계에도 관심이 없다. 오로지 독자들도 자신처럼 하루빨리 이 누추하고 지질한 에고의 감옥을 벗어나 그와는 비교도 안되게 멋진 본연의 자아로 돌아가서 변덕 없는 평화와 행복과 자유를 얻기를 바랄 뿐이다.

내면세계의 입문서라 할 수 있는 『상처받지 않는 영혼』의 후속편인 이 책 『삶이 당신보다 더 잘 안다』는 내면 작업의 실습서라고 할 수 있겠는데, 이 책은 '내면의 작업'이란 것이 사후의 천국을 바라는 적금 붓기 같은 추상적인 행위가 아니라, 자신이 끊임없이 벌이고 있는 삶과의 싸움을 그치고 내면으로 눈을 돌리기만 하면 상상도 못했던 놀라운 보상이 주어지는, 매우 구체적이고 실질적인 수행임을 각자가 몸소 확인할 수 있도록 친절하게 가르쳐 준다.

저자의 전작 『상처받지 않는 영혼』을 읽지 않은 독자는 전작을 먼저 읽어 보시기를 권한다. 부디 저자의 메시지가 이 시대의 지친 영혼들에게 자유의 날개를 찾아주는 복음이 되기를 빌면서…….

2023년 9월
역자 이균형

상처받지 않는 영혼
내면의 자유를 위한 놓아 보내기 연습

마이클 싱어 지음 | 이균형 옮김

뉴욕타임스 베스트셀러 1위의 심리학 에세이
심리학으로 마음을 해부하고, 동양의 지혜로 상처를 치유하다.

외부의 조건을 바꾸기 위해 삶과 싸우는 방법을 가르쳐 온 지금까지의 책들과 달리, 어떤 상황에서도 마음의 중심을 지키는 삶의 기술과 마음의 곤경에서 탈출하기 위한 구체적인 수행법을 알려 준다. 오프라 윈프리가 '여행 갈 때 반드시 챙겨 가는 책'으로 꼽으면서 더욱 유명해진 책으로, 현대인을 위한 마음 공부법을 제시한다.

『상처받지 않는 영혼』은 동서양의 다양한 영적 전통들을 자유롭게 인용하며 어두운 내면을 일상의 언어로 밝게 비춰 전 세계인의 공감을 이끌어 냈다. 독자들은 마이클 싱어를 불안에 시달리는 현대인의 지친 영혼을 진정한 자유로 이끄는 믿음직한 안내자로서 받아들였다.

명상 저널

상처받은 영혼을 위한 치유 라이팅북

마이클 싱어 지음 | 노진선 옮김

진정한 나를 찾아가는 여정을 기록하는 내면 여행 일지
말의 위력을 넘어 경험의 위력으로 나아가는 '쓰는 명상'

숲속의 명상가 마이클 싱어가 『상처받지 않는 영혼』에서 직접 고른 문장과 길잡이 글을 통해, 독자가 저자의 질문에 답하면서 자신의 내면을 관찰하며 과거의 상처를 발견하고 치유해 나갈 수 있도록 구성되었다. 『상처받지 않는 영혼』이 독자들을 내면의 자유로 이끄는 안내서였다면, 『명상 저널』은 독자가 자신의 마음과 감정, 에너지와 맺고 있는 심오한 관계를 '저널링(쓰는 명상)'을 통해 직접 이해하도록 도와, 참나의 자유와 행복에 도달할 수 있도록 자연스럽게 이끄는 치유의 책이다.

삶이 당신보다 더 잘 안다

초판 1쇄 발행 2023년 11월 10일
초판 5쇄 발행 2024년 11월 15일

지은이 | 마이클 싱어
옮긴이 | 이균형
감수자 | 성해영

발행인 | 정상우
편집인 | 주정립
디자인 | 석운디자인
펴낸곳 | (주)라이팅하우스
출판신고 | 제2022-000174호(2012년 5월 23일)
주소 | 경기도 고양시 덕양구 으뜸로 110, 오피스동 1401호
주문전화 | 070-7542-8070 팩스 | 0505-116-8965
이메일 | book@writinghouse.co.kr
홈페이지 | www.writinghouse.co.kr